ENTORNOS

PRIMER CURSO DE LENGUA ESPAÑOLA

Student Edition

Units 10-18

Edi USA
numen

© Editorial Edinumen, 2016

Authors:
Cecilia Bembibre, Carmen Cabeza, Noemí Cámara, Susana Carvajal, Francisca Fernández, Emilio José Marín,
Celia Meana, Ana Molina, Susana Molina, Liliana Pereyra, Francisco Fidel Riva, Equipo Espacio, and Equipo Nuevo Prisma
Coordination Team: David Isa, Celia Meana, and Nazaret Puente.

ISBN: 978-84-9179-276-5
Depósito legal: M-12813-2020

First published 2016

20 19 18 17 16 15 14 13 12 11 10 9 8 7 6 5 4 3 2 1

Printed in Spain by Gráficas Glodami ∎

Editorial Coordination:
Mar Menéndez

Cover Design:
Juanjo López

Design and Layout:
Carlos Casado, Juanjo López and Sara Serrano

Illustrations:
Carlos Casado

Photos:
See page AP 34

Editorial Edinumen
José Celestino Mutis, 4. 28028 Madrid. España
Telephone: (34) 91 308 51 42
E-mail: edinumen@edinumen.es
www.edinumen.es

Edinumen USA Office
1001 Brickell Bay Drive Suite 2700
Miami 33131, Florida
Telephone: 7863630261
E-mail: contact@edinumenusa.com
www.edinumenusa.com

Learning to communicate in Spanish can help you achieve a more vibrant and prosperous future, especially in today's globalizing world. As of 2017, **more than 470 million people speak Spanish** as a native language, making Spanish the second most common native language in the world. According to a study by the Instituto Cervantes, **45 million people in the United States** speak Spanish as a first or second language. That's a Spanish-speaking community the size of the whole country of Spain!

Spanish is the most widely spoken language in the Western Hemisphere, and an official language of the European Union, making it an important language for international business. By learning Spanish, you'll be joining 20 million other students worldwide who are learning to speak Spanish. You'll also be gaining a valuable professional skill on an increasingly bilingual continent. **¡Bienvenidos!**

HOW DO I ACTIVATE MY DIGITAL CONTENT?

In academia today, it is more important than ever for students to develop digital fluency. ELEteca is the learning management system for *Entornos*. The digital resources offered with *Entornos* allow you to engage with Spanish in the same multifaceted manner you engage with the world outside the classroom.

Your activation code for your ELEteca student account is on the inside front cover of this student edition. To redeem this code, go to https://eleteca.edinumen.es

In ELEteca, you can

- Enhance your learning in each unit through online practice provided by the program or created by your teacher

- See your grades and monitor your own progress

- Receive assignments, messages, and notifications from teachers

- Play *La Pasantía*, an interactive game for a creative learning experience

- Access the accompanying audio and video for every unit

  ¡Acción! – a video series aligned to every unit

  Voces Latinas – cultural video segments expand upon the student edition's cultural sections

  Grammar Tutorials – short clips introduce new grammar concepts and reinforce difficult skills

  Casa del Español – authentic street interviews target grammar and vocabulary

How did you learn to ride a bike? Did you sit in a chair while someone explained the fundamentals of bike riding to you, or did you go outside and give it a try yourself? Did you get better by memorizing a set of expert techniques, or did you suffer a few skinned knees until you improved?

Whether it's riding a bike or learning a language, people learn best by doing! Out-of-context grammar and vocabulary skills or exercises designed to perfect isolated language functions can be difficult to use when you want to express yourself or understand something new. Even more importantly, this kind of instruction can make us forget Spanish is a living language that people speak creatively and individually all over the world.

Entornos, an introductory Spanish course, helps you develop the language you need to connect to real-world, practical issues. *Entornos* supports communicative, empowered learning.

- **Inductive learning** helps students deepen their understanding of language through discovery and inference.
- **Real-life learning** gives immersive, relatable scenarios, and provides a framework for communication.
- **Learning strategies** reinforce learning as students understand the processes and methods that work best for them.
- **Social and emotional relevance** increases students' motivation to learn a language, boosting acquisition and retention.
- **Cultural and intercultural learning** builds global awareness while developing authentic communication skills.

INDUCTIVE LEARNING

From the first page of every unit, you will be invested in the inductive learning approach. The motivation to learn vocabulary and grammar will be driven by the language functions needed to talk about subjects you care about. *Entornos* helps you produce meaningful communication through scaffolded support of reading, writing, listening, and speaking in a media- and information-rich environment. Then, after explicit language instruction, you practice the language forms and vocabulary for true Spanish mastery.

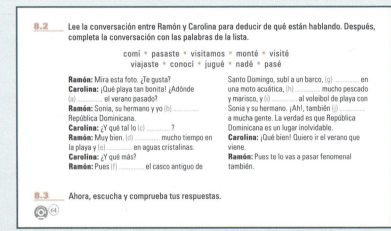

8.2 Lee la conversación entre Ramón y Carolina para deducir de qué están hablando. Después, completa la conversación con las palabras de la lista.

comí • pasaste • visitamos • monté • visité
viajaste • conocí • jugué • nadé • pasé

Ramón: Mira esta foto. ¿Te gusta?
Carolina: ¡Qué playa tan bonita! ¿Adónde (a) .... el verano pasado?
Ramón: Sonia, su hermano y yo (b) .... República Dominicana.
Carolina: ¿Y qué tal lo (c) ....?
Ramón: Muy bien. (d) .... mucho tiempo en la playa y (e) .... en aguas cristalinas.
Carolina: ¿Y qué más?
Ramón: Pues (f) .... el casco antiguo de

Santo Domingo, subí a un barco, (g) .... en una moto acuática, (h) .... mucho pescado y marisco, y (i) .... al voleibol de playa con Sonia y su hermano. ¡Ah!, también (j) .... a mucha gente. La verdad es que República Dominicana es un lugar inolvidable.
Carolina: ¡Qué bien! Quiero ir el verano que viene.
Ramón: Pues te lo vas a pasar fenomenal también.

8.3 Ahora, escucha y comprueba tus respuestas.
🎧 64

Activating prior knowledge and empowering students to predict words and structures in context allows students to focus on the meaning, not on the mechanics of the language.

REAL-LIFE LEARNING

When you are engaged in language with real-world scenarios and challenges, you become more engaged in learning important skills and content. Gone are the days when students were required to listen and not question, memorize and repeat, in preparation for a vastly different workforce than the one we have today. As times have changed, so too has the way we educate. Nurturing in-depth understanding and a passion for connection, *Entornos* maximizes real-world learning experiences so you can develop the skills needed to communicate in a rapidly evolving world.

In ELEteca, you can access *Casa del Español*, authentic person-on-the-street interviews. These videos feature a wide range of language varieties and dialects while targeting the grammar and vocabulary in an engaging context.

LEARNING STRATEGIES

Research shows that incorporating learning strategies into language curricula helps student become more effective language learners and facilitates a self-actualizing approach to achieving language goals. *Entorno's* philosophy helps you work smarter through the use of specific self-developed strategies, which have a profound influence on learning outcomes. By developing skills in learning-how-to-learn, you will better exploit classroom-learning opportunities and can more easily expand your language learning outside of the classroom.

> **3. INTERACCIÓN ORAL**
>
> **4.8** Prepare a talk to present to the class about your own day. Choose three of the four topics to address in your presentation. Use the questions as a guide.
>
> **⚙ ESTRATEGIA**
>
> **Creating an activity chart**
> Preparing a list of information ahead of time about the things people do helps you organize your description and sequence activities effectively. Creating a chart provides the order you need to make the presentation flow more smoothly.

The better students understand how they learn, remember, and processes information, the more successful they will be in their academic and professional career.

SOCIAL AND EMOTIONAL RELEVANCE

The themes in *Entornos* were developed to reflect students' interests, creating a deeper connection through relevant activities and content that is familiar. This engagement not only creates a compelling classroom experience, it also builds neural connections and long-term memory storage for language retention. Research shows that being truly engaged increases learners' attention and focus, motivates them to practice higher-level critical thinking skills, and promotes meaningful learning experiences. By embedding your interests in the speaking, listening, reading, and writing skills lessons, Entornos helps you achieve learning objectives and brings Spanish language to life.

> **PROGRESO Y NATURALEZA**
>
> El Canal de Panamá mantiene una alianza natural con su entorno. Desarrolla su actividad en medio de un país lleno de biodiversidad y situado en un valle hidrográfico donde el ser humano y la naturaleza trabajan unidos.
>
> Otro ejemplo de esta comunión hombre-naturaleza es el santuario de Las Lajas en Colombia, un bellísimo edificio perfectamente integrado en los riscos* de la cordillera de los Andes. Se suele describir como «un milagro* de Dios sobre el abismo».
>
> **¿Hay ejemplos de esta alianza hombre-naturaleza en tu país?**

Entornos taps into the relevancy to students' lives to not only motivate them to communicate and learn but to provide a framework for better language learning.

CULTURAL AND INTERCULTURAL LEARNING

Spanish is a vital, living language—which can be surprisingly easy to forget when you're conjugating endless strings of verbs. *Entornos* reminds us that the purpose of language is to connect: with ourselves and with others, in our own communities and around the world.

By calling attention to the rich diversity of Hispanic cultures around the world, *Entornos* explores opportunities to travel and experience other cultures. Understanding the customs and behaviors of the different Spanish-speaking cultures encourages a wider vision of the world. It is as important to learn how and when to use the language as it is to learn the language itself, and the different ways in which the Spanish-speaking world communicates is a focus of *Entornos*.

¿QUÉ LEES?

73% **El periódico**
56% **Un libro al año**
50% **Revistas**

Los argentinos leen el periódico (el 73% de la población), al menos un libro al año (el 56%) y revistas (casi el 50%), según un estudio reciente de la Universidad de San Martín.
Aunque mucha gente lee en la pantalla de la computadora, solo el 8% dice leer libros digitales. El resto prefiere el formato tradicional de papel.
Las preferencias literarias cambian con la edad: los mayores de treinta y cinco años prefieren leer novelas históricas, y los menores eligen libros de fantasía o ciencia ficción.

En la avenida Corrientes, Buenos Aires, hay muchas librerías.

Fuentes: NOP World Culture Score, Fundación El Libro, *La Nación*, *El Mercurio*, Universidad de San Martín.

¿Qué te gusta leer: periódicos, libros o revistas? ¿Qué tipo de literatura te gusta? ¿Lees en formato digital? ¿Por qué?

Adapted and authentic resources help students develop their perceptions of the world by raising awareness of different cultures and the interconnectedness of language and culture.

Many thanks to the following reviewers who offered ideas and suggestions:

David Alley, Georgia Southern University
Damian Bacich, San Jose State University
Marie Blair, University of Nebraska-Lincoln
Gabriela Brochu, Truckee Meadows Community College
Teresa Buzo Salas, Georgia Southern University
Patricia Crespo-Martín, Foothill College
Lisa DeWaard, Clemson University
Aída Díaz, Valencia Community College
Dorian Dorado, Louisiana State University
Erin Farb, Community College of Denver
Esther Fernández, Rice University
Gayle Fiedler Vierma, University of Southern California
Alberto Fonseca, North Central University
Amy Ginck, Messiah College
José Manuel Hidalgo, Georgia Southern University
Michael Hydak, Austin Community College
Elena Kurinski, St. Cloud University
Courtney Lanute, Edison State College
Kathleen Leonard, University of Nevada-Reno
Tasha Lewis, Loyola University of Maryland
José López Marrón, Bronx Community College
Donna Marques, Cuyamaca Community College
Markus Muller, California State University-Long Beach
Luz Porras, SUNY-New Paltz
Kristina Primorac, University of Michigan
Danielle Richardson, Davidson County Community College
Ángel Rivera, Worcester Polytechnic Institute
Fernando Rubio, University of Utah
Benita Sampedro, Hofstra University
Rachel Shively, Illinois State University
Yun Sil Jeon, Coastal Carolina University
Christine Stanley, Roanoke College
Luz Triana-Echeverría, St. Cloud University
Matthew A. Wyszynski, University of Akron

Pair icon: indicates that the activity is designed to be done by students working in pairs.

 Group icon: indicates that the activity is designed to be done by students working in small groups or as a whole class.

 Audio icon: indicates recorded material either as part of an activity or a reading text.

 Language icon: provides additional language and grammar support in presentations and for activities.

 Regional variation icon: provides examples of regional variations in the language.

 Recycling icon: provides a reminder of previously taught material that students will need to use in an activity.

ENTORNOS

PRIMER CURSO DE LENGUA ESPAÑOLA

Student Edition

10

¿DÍGAME?

- ¿Qué hacen las muchachas? ¿Dónde están?
- ¿Te gusta ir de compras? ¿Dónde vas normalmente?
- ¿Prefieres ir de compras solo/a o acompañado/a?
- ¿Alguna vez compras por Internet?

LEARNING OUTCOMES

By the end of this unit, you will be able to:

- Talk about stores and shopping for gifts
- Ask for an item and how much it costs
- Use typical phrases in a phone conversation
- Talk about new technologies

10.1 Isabel y Patricia están de compras. Relaciona las imágenes con las frases correspondientes.

a. Compra desde casa.

b. Se puede probar la ropa que compra antes de pagarla.

c. Está mirando escaparates.

d. No puede pagar en efectivo.

e. No necesita bolsas.

10.2 Completa la conversación entre Isabel y Manuel con las palabras de la lista.

en efectivo • quién • cuánto cuesta • de rebajas • contestó • qué • aló • tan

Manuel: Mira, Isabel, ¡qué camiseta (a) .... bonita hay en esa tienda!

Isabel: Sí, es verdad. Me encanta ese color. ¿Entramos a ver?

M.: Sí, vamos…

(Entran en la tienda)

Dependiente: Hola, buenos días.

M.: Hola, buenos días. ¿(b) .... aquella camiseta roja de allí?

D.: Quince pesos.

I.: ¡(c) .... barata!

M.: Sí, me gusta para Elena. Nos la llevamos.

I.: También estamos buscando un cinturón del mismo color.

D.: Miren, allí están los cinturones y todos están (d) ....

I.: Manuel, mira este cinturón rojo oscuro. Es perfecto.

M.: Sí, sí, es verdad… Entonces, nos llevamos este cinturón y la camiseta. ¿Nos dice cuánto es?

D.: Son treinta y cinco pesos. ¿Van a pagar (e) ....?

I.: Sí. Aquí tiene.

D.: Muy bien, muchas gracias. Hasta luego.

I. y M.: Adiós.

(Ring ring)

M.: ¿(f) ....? Sí, dime… Sí, estamos aquí en el centro comercial. Encontramos el regalo de cumpleaños para Elena. Vamos a mandarte una foto de lo que compramos, ¿vale? Ya vamos para allá.

I.: ¿(g) .... es?

M.: Es Patricia. Dice que Elena va a llegar a las seis y que ella está preparando la cena. Mira, vamos a mandarle una foto de la camiseta y el cinturón para ver si le gustan.

(Bing —sonido de mensaje recibido)

I.: ¿Ya te (h) ....?

M.: Sí, dice que… ¡le encantan!

I.: Vámonos ya para casa, que Elena estará a punto de llegar.

10.3 Comparte tus respuestas con un/a compañero/a. Después, escuchen la conversación y comprueben las respuestas. ¿Lo hicieron bien?

(75)

10.4 Responde las siguientes preguntas sobre la conversación.

1. En este momento Manuel e Isabel…
   a. ☐ están de compras.
   b. ☐ están en casa.

2. Hoy es…
   a. ☐ el día de Navidad.
   b. ☐ el cumpleaños de su amiga.

3. El cinturón cuesta…
   a. ☐ veinte pesos.
   b. ☐ treinta y cinco pesos.

4. Manuel y Patricia…
   a. ☐ están hablando por teléfono.
   b. ☐ están mandando textos.

5. Isabel paga…
   a. ☐ con dinero.
   b. ☐ con tarjeta.

6. Patricia llama para saber…
   a. ☐ qué tal están.
   b. ☐ cuándo vuelven.

10.5 Observa estas imágenes. ¿Qué están haciendo los muchachos?

1. ☐ Están bailando.
2. ☐ Está estudiando.
3. ☐ Están comiendo.
4. ☐ Está comprando.
5. ☐ Está escribiendo.

10.6 Habla con tu compañero/a sobre las personas de la actividad anterior. ¿Cómo son? ¿Dónde están? ¿Por qué creen que están haciendo esa actividad?

10.7 El muchacho, en la imagen c, está comprando por Internet. Escribe algunas ventajas y desventajas de realizar tus compras online.

📋
🔖 **APUNTES: Tecnología en Latinoamérica**

✓ La tecnología es, en la actualidad, una importante herramienta *(tool)* de comunicación. Los latinoamericanos quieren estar conectados con el resto del mundo: hay 255 millones de usuarios de Internet en la región (el 43 % de la población).

✓ Hacer una llamada desde cualquier lugar es fácil en Latinoamérica: el 98 % de la gente tiene acceso a la red *(network)* de teléfonos celulares.

✓ Las compras por Internet, sin embargo, no son muy populares. Solo el 31 % de los usuarios de Internet hace sus compras así. En Europa y Estados Unidos, en cambio, el 70 % de la gente hace compras por Internet.

1.A VOCABULARIO: LAS TIENDAS Y LOS NÚMEROS (100-999)

grandes almacenes = tienda departamental, tienda por departamentos, almacén

10.1 Fíjate en las siguientes tiendas y clasifícalas según el lugar donde crees que se encuentran. Después, compara tu clasificación con tu compañero/a. ¿Coinciden?

El centro comercial: _d_............................ El supermercado:..

| a la librería | b la pescadería | c la tienda de electrónica | d la perfumería |

| e la frutería | f la tienda de ropa | g la zapatería | h la carnicería |

| i la panadería | j los grandes almacenes | k la pastelería |

10.2 Relaciona estas expresiones con su definición correspondiente.

1. hacer la compra
2. ir de compras
3. tienda de electrónica
4. tiendas especializadas
5. centro comercial

a. Comercios independientes que se dedican a vender productos específicos.
b. Comprar comida, bebida y otros productos de primera necesidad.
c. Conjunto de tiendas especializadas y uno o dos grandes almacenes dentro de un edificio.
d. Comprar ropa, electrónica u otros objetos.
e. Venden allí videojuegos, música, celulares y muchos otros aparatos.

10.3 Completa los espacios en blanco con el nombre de una tienda.

a. Los viernes por la tarde me reúno con mis amigos en el ....

b. Para el Día de los Enamorados, compré una colonia para mi novia en la ....

c. Me gusta ir al .... para hacer la compra.

d. En la .... de cerca de casa venden excelente carne.

e. Prefiero comprar manzanas en la .... de la esquina.

f. Las faldas en esa .... están de rebajas.

g. Los domingos compramos una tarta de chocolate en la ....

h. Después de clase, Carlos trabaja en una .... ordenando libros.

10.4 Escucha los números de la siguiente tabla.

(76)

100	cien	400	cuatrocientos	700	setecientos
101	ciento uno	415	cuatrocientos quince	720	setecientos veinte
200	doscientos	500	quinientos	800	ochocientos
202	doscientos dos	526	quinientos veintiséis	897	ochocientos noventa y siete
300	trescientos	600	seiscientos	899	ochocientos noventa y nueve
303	trescientos tres	669	seiscientos sesenta y nueve	900	novecientos

Remember to use **y** only between the tens and ones, not after the hundreds.
- 180 ▶ ciento ochenta
- 183 ▶ ciento ochenta **y** tres

The hundreds agree in number and gender with the noun.
- doscient**os** libros / doscient**as** sillas

10.5 Escucha y escribe los números en los recuadros. Después, escribe el número en letra.

(77)

a. ░░░ .... c. ░░░ .... e. ░░░ .... g. ░░░ ....

b. ░░░ .... d. ░░░ .... f. ░░░ .... h. ░░░ ....

10.6 Fíjate en los billetes de diferentes países de Hispanoamérica. Con tu compañero/a, hagan turnos para hacer la cuenta y decir la cantidad total de dinero que se muestra en las imágenes.

Modelo: Cien y cien son doscientos nuevos soles.

nuevos soles de Perú

pesos de México

euros de España

bolivianos de Bolivia

pesos de Argentina

dólares de Estados Unidos

nuevos soles de Perú

dólares de Canadá

bolívares de Venezuela

10.7 Haz turnos con tu compañero/a, preguntando y respondiendo sobre lo que cuestan los diferentes objetos. Después, di si el precio que él/ella te dice te parece alto o bajo y cuál crees tú que es el precio correcto.

Modelo: E1: ¿Cuánto cuesta un portátil sencillo?

E2: Cuesta quinientos cincuenta dólares.

E1: Creo que cuesta más, como seiscientos dólares. / Creo que cuesta menos, como quinientos dólares.

a. una videoconsola de Nintendo   d. un mp4

b. unas botas UGG   e. unos tenis de marca *(brand name)*

c. una tableta de Apple   f. una cena en el restaurante más caro de la ciudad

» Para preguntar por el precio de una cosa:
  ¿Cuánto cuesta el celular?
  ¿Cuánto cuestan los celulares?
  ¿Qué precio tiene?
  ¿Me podría **decir el precio**?

» Para saber cuánto se debe pagar:
  ¿Cuánto es?

» En el restaurante se usa:
  La cuenta, por favor.

» Si el dependiente quiere saber la modalidad del pago:
  ¿Cómo va a pagar?
  ¿Va a pagar **con tarjeta** o **en efectivo**?

Tarjeta de crédito

Dinero en efectivo

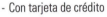

Métodos de pago:
- Con tarjeta de crédito
- Con tarjeta de débito
- En efectivo
- Con una tarjeta de regalo

10.8 Relaciona lo que dicen Pablo y la dependienta de la tienda durante su conversación. Después, compara con tu compañero/a.

La dependienta

1. ☐ Buenos días. ¿Necesita ayuda?
2. ☐ ¿Qué color prefiere?
3. ☐ El color gris es muy popular. Está muy de moda.
4. ☐ Cuesta quinientos pesos.
5. ☐ Pues… la amarilla cuesta menos.
6. ☐ Muy bien. ¿Va a pagar con tarjeta o en efectivo?

Pablo

a. ¡Uy! ¡Qué cara es!
b. Entonces, me voy a comprar la amarilla.
c. Sí, quiero comprarme una chaqueta nueva.
d. No sé, no puedo decidir entre la gris y la amarilla.
e. Con tarjeta de débito.
f. Está bien. Me llevo la gris. ¿Cuánto cuesta?

10.9 Con tu compañero/a, hagan turnos y describan qué compraron las siguientes personas y cómo pagaron. Después cuéntense cuál fue la última cosa que compraron y cómo la pagaron.

Modelo: Mi hermana .... una [falda] azul y .... [billetera].
Mi hermana compró una falda azul y pagó en efectivo.

a. Manuel .... un [saco] de dormir y..........

b. Emilia y tú .... [entradas] para el cine. Tú .... y Emilia ....

c. Tú .... unas [botas] para montar a caballo y ....

d. Mis padres .... una [computadora] para mi hermano y ....

e. Patricia .... dos [revistas] en el quiosco y ....

10.10 Lee el siguiente texto y complétalo con la expresión que falta.

las tres erres • consumo indiscriminado • consumo responsable • reciclaje

Por .... entendemos la acción de elegir los productos no solo por su calidad y precio, sino también por su impacto ambiental *(environmental)* y social, y por la conducta de las empresas que los producen. También significa consumir menos, solo lo necesario, diferenciando las cosas que son necesidades auténticas de las necesidades superfluas, frecuentemente creadas por la publicidad.

10.11 Responde las siguientes preguntas sobre tus preferencias al comprar. Después, en grupos pequeños, hagan turnos para preguntar a otros compañeros sus opiniones. Tomen nota de las respuestas.

a. ¿Qué tienda tiene buenos precios en electrónica? ¿Qué compras allí?

b. ¿Qué tienda siempre tiene muchas rebajas en ropa? ¿Te gusta comprar allí?

c. ¿Qué centro comercial de tu zona es más divertido? ¿Por qué?

d. ¿A qué tienda no vas nunca? ¿Por qué?

e. ¿Prefieres comprar en grandes almacenes o en tiendas especializadas?

f. ¿Crees que eres un/a consumidor/a responsable? ¿Por qué?

10.12 Informen a la clase sobre las preferencias de sus compañeros. ¿Qué tienen en común?

2.A VOCABULARIO: EL LENGUAJE TELEFÓNICO

¿Bueno?, ¿Aló? =
¿Dígame? (España)

» Para **responder** al teléfono:
   ¿Sí?   ¿Aló?
   ¿Bueno?   ¿Dígame?

» Para pedir a una persona que **se identifique**:
   ¿Quién lo/la llama?   ¿De parte de quién?

» Para identificarse:
   Soy…   Me llamo…

» Para **preguntar por una persona**:
   ¿Está…?   ¿Puedo hablar con…?   ¿Se encuentra…?

» Para pedir a una persona que **espere**:
   (Espere) un momento, por favor.

10.13 Escucha las siguientes conversaciones telefónicas. Después, relaciona cada conversación con las preguntas que hay a continuación.

En España, el coste de una llamada lo paga solo la persona que llama (llamadas salientes), para la persona que recibe la llamada es gratis (llamadas entrantes).

a. ● **Dime**, Pedro.
● Oye, llámame que tengo que contarte una cosa y tengo muy pocos minutos en mi cuenta *(account)* de teléfono.
● Vale, cuelga y te llamo ahora.

d. ● ¡Oh! **Tengo tres llamadas perdidas** de María.
● ¿Cuándo te llamó?
● No lo sé, no lo escuché.

b. "El teléfono al que llama está apagado o fuera de cobertura *(range)*. Puede dejar un mensaje después de la señal".

e. ● **¿Bueno?**
● Buenos días, **¿se encuentra** José?
● No, no está. **¿De parte de quién?**
● Soy Carla.
● Hola, soy su mamá. **¿Le digo algo?**
● **Sí, dígale** que lo llamé, por favor.

c. ● **¿Aló?**
● Hola, **¿puedo hablar con** Paco?
● ¿Quién? Lo siento, **tiene el número equivocado**.
● Perdón.

f. ● El celular de César suena ocupado.
● Pues mándale un mensaje de texto.

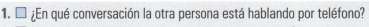

1. ☐ ¿En qué conversación la otra persona está hablando por teléfono? **3.** ☐ ¿En cuál llamó a otro número?
2. ☐ ¿En qué conversación no está la persona que busca? **4.** ☐ ¿En cuál no oyó la llamada?

10.14 Completa la tabla con las expresiones en negrita de la actividad anterior. Compara tus respuestas con tu compañero/a.

Para contestar al teléfono	Para preguntarle a alguien si quiere dejar un mensaje	Para decirle a alguien que se ha equivocado	Para preguntar por alguien
....	....	....	....
....			....
....			

Para dejar un mensaje	Para decir que tienes llamadas perdidas	Para preguntar quién llama	Para preguntar si puedes llamar más tarde
....	....	¿Quién lo/la llama?	¿Puedo llamar más tarde?

10.15 Escucha y relaciona cada conversación con su contenido.

(79)

	Suena ocupado	No está	No contesta	Está reunido	Es esa persona
a.	☐	☐	☐	☐	☐
b.	☐	☐	☐	☐	☐
c.	☐	☐	☐	☐	☐
d.	☐	☐	☐	☐	☐
e.	☐	☐	☐	☐	☐

10.16 Con tu compañero/a, ordenen la siguiente conversación telefónica. Después, comparen su respuesta con otra pareja de estudiantes. ¿Coinciden?

a. ☐ No se preocupe, no hay ningún problema. Dejo un mensaje en la escuela de esquí. ¡Buen viaje!

b. ☐ Sí…, buenos días, ¿puedo hablar con el monitor de esquí, Antonio Delgado, por favor?

c. ☐ Hotel Puente Baqueira, buenos días, ¿dígame?

d. ☐ Espere un momento, por favor.

e. ☐ Hola, soy Ricardo Vázquez. Mire, es que tenemos una reserva para un curso de esquí a mi nombre para cuatro personas y llamo para avisarle de que vamos a llegar más tarde de las ocho. Lo siento mucho.

f. ☐ Buenos días, soy Antonio Delgado, ¿en qué puedo ayudarle?

g. ☐ ¿De parte de quién?

h. ☐ Me llamo Ricardo Vázquez.

10.17 Elige una de estas situaciones y practica la conversación con un/a compañero/a. Sigan los pasos que se proponen.

Situación 1		Situación 2	
Estudiante A	**Estudiante B**	**Estudiante A**	**Estudiante B**
Suena el teléfono. Contesta.	Saluda y pregunta por un amigo.	Suena el teléfono. Contesta.	Saluda y pregunta por un amigo.
Pregunta quién llama.	Da tu nombre y explica quién eres.	Di a la persona que se ha equivocado.	Sorpréndete y di el número al que llamas.
La persona por la que pregunta no está. Pregúntale si quiere dejar un mensaje.	Deja un mensaje.	Insiste en que está equivocado y que no conoces a la persona por la que pregunta.	Insiste en que el número es correcto. Necesitas contactar urgentemente con esa persona.
Asegúrale que le darás el mensaje y despídete.	Da las gracias y despídete.	Dile que sientes no poder ayudarle y sugiérele que le mande un mensaje.	Pide disculpas y despídete.

» Para enfatizar una cualidad se usa ¡**Qué** + adjetivo!
   ¡**Qué** *bonito / grande / simpática / amable!*

» Para intensificar la cualidad de alguien o algo se usa
   ¡**Qué** + sustantivo + **más** / **tan** + adjetivo!
   ¡**Qué** *música* **más** *fantástica!*
   ¡**Qué** *abuela* **tan** *moderna!*

» Estas estructuras sirven también para enfatizar cualidades
   negativas.
   ¡**Qué** *feo / pequeño / antipático / maleducada!*
   ¡**Qué** *música* **más** *horrible!*
   ¡**Qué** *muchacho* **tan** *maleducado!*

¡**Qué… más / tan…!**

¡Qué abuela tan simpática!

10.18 Con tu compañero/a, emparejen a estas personas que están hablando por teléfono. ¿Quién está hablando con quién? Contesten según su opinión y justifiquen sus respuestas. Hay varias combinaciones posibles.

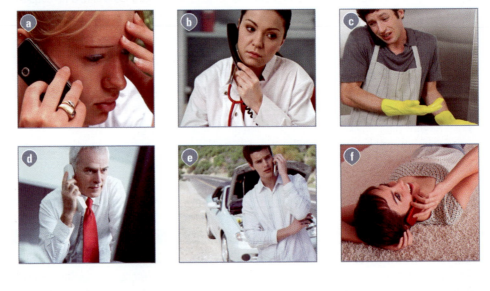

10.19 Elijan a una de las parejas que han formado anteriormente e inventen una conversación telefónica entre ellos. Tienen que aparecer dos frases que enfaticen alguna cualidad o defecto.

(Ring, ring...)
- ¿Sí? ¿Aló?
- ....
- ....
- ....

- ....
- ....
- ....
- ....

10.20 Aprendan de memoria la conversación telefónica que han inventado y represéntenla ante sus compañeros.

10.21 Contesta las siguientes preguntas.

a. ¿Te gusta hablar por teléfono? ....

b. ¿Has hablado por teléfono alguna vez en español? ....

c. ¿Qué dificultades tienes en una conversación telefónica en otra lengua? ....

d. Además del teléfono, ¿qué medios usas para comunicarte con tus amigos y familiares? ....

e. ¿Crees que el teléfono puede sustituir a una conversación cara a cara? ....

10.22 Compartan sus respuestas. ¿Coinciden? Si no es así, justifíquenlas.

PRONUNCIACIÓN

LAS PALABRAS ESDRÚJULAS

» Words that are stressed on the third-to-last syllable are called **esdrújulas**. These words always carry a written accent.

ó-pe-ra   **mú**-si-ca   **mé**-di-co   **cá**-ma-ra   sim-**pá**-ti-co

10.1 Escucha las siguientes palabras y rodea la sílaba acentuada.

a. te-le-fo-no   **c.** fan-tas-ti-co   **e.** in-for-ma-ti-ca   **g.** ul-ti-mo

b. pa-gi-na   **d.** sa-ba-do   **f.** me-di-co   **h.** u-ni-co

10.2 Escribe la tilde en las palabras anteriores en su lugar correcto.

10.3 Escribe el plural de las siguientes palabras. Escribe la tilde en el lugar correcto.

a. árbol ▶ ....   **d.** ángel ▶ ....   **g.** resumen ▶ ....

b. cárcel ▶ ....   **e.** débil ▶ ....   **h.** examen ▶ ....

c. lápiz ▶ ....   **f.** joven ▶ ....   **i.** fácil ▶ ....

árbol   lápiz   cárcel

¡EN VIVO!
Episodio 10

Efectivo o tarjeta

ANTES DEL VIDEO

10.1 Con tu compañero/a, observen la imagen 1 y contesten las preguntas. Basen sus respuestas en lo que creen que puede ocurrir. Usen su imaginación.

a. ¿Dónde están?

c. ¿Qué está haciendo cada una?

b. ¿Quiénes son?

d. ¿Qué crees que va a comprar?

10.2 Ordena las imágenes en orden cronológico. Basa tus respuestas en lo que crees que puede ocurrir. Usa tu imaginación.

☐ imagen 1   ☐ imagen 2   ☐ imagen 3   ☐ imagen 4   ☐ imagen 5   ☐ imagen 6

⚙ ESTRATEGIA

Identifying keywords
Underline the words in the following activities you think are keywords and will help you discern meaning. Then listen for them as you watch the espisode.

10.3 Mira el episodio y marca las frases que escuchas en el video.

	Sí	No
a. Buenas tardes, ¿necesita ayuda?	☐	☐
b. He visto que pone "rebajas" en el letrero de la puerta.	☐	☐
c. ¿Cuánto cuestan los marcos de fotos?	☐	☐
d. Sí, recuerde que está muy rebajado.	☐	☐
e. ¡Uy! ¡Qué cara es!	☐	☐
f. Quiero utilizar una tarjeta regalo para pagar.	☐	☐
g. Sí, son bellísimas. ¿Me podría decir el precio?	☐	☐
h. En total son 1.528 dólares. ¿Va a pagar en efectivo o con tarjeta?	☐	☐

DURANTE EL VIDEO

10.4 Elige la opción correcta. Después, vuelve a mirar el episodio para comprobar tus respuestas.

1. a. A Lorena le encanta comprar. **b.** Lorena se aburre cuando va de compras.

2. a. Lorena va a hacer un regalo a su madre. **b.** Lorena necesita decorar su apartamento.

3. a. La empleada no es amable con Lorena porque nada le gusta. **b.** La empleada es muy amable y está encantada con Lorena porque le gustan muchas cosas.

4. a. Lorena llama a Alfonso, pero tiene el número equivocado. **b.** Lorena llama a Juanjo, pero tiene el número equivocado.

5. a. Eli insiste en recoger a Lorena de la tienda con su coche. **b.** Lorena no le explica a Eli por qué la llama.

6. a. Lorena no compra todas las cosas porque no tiene dinero. **b.** Lorena no compra todas las cosas porque no tiene coche.

10.5 Ordena las frases según las escuchas.

03:59 - 04:37

a. ☐ **Lorena:** ¡Vaya! ¡Qué mala suerte! Voy a llamar a Juanjo. Él también tiene carro.

b. ☐ **Sebas:** No. Salió hace un rato. No sé dónde está. Dejó aquí su celular. ¿Quieres que le diga algo?

c. ☐ **Lorena:** ¡No lo puedo creer! ¡Tengo el número equivocado!

d. ☐ **Voz teléfono:** El número al que llama se encuentra apagado o fuera de cobertura. Puede dejar su mensaje después de oír la señal.

e. ☐ **Lorena:** No te preocupes. Voy a llamar a Alfonso. Adiós.

f. ☐ **Voz teléfono:** El número que usted ha marcado no existe. Por favor, verifíquelo.

g. ☐ **Lorena:** Hola, Sebas. ¿Está Eli?

10.6 Relaciona las frases con Lorena (L) o Eli (imágenes 4 y 6) y añade tres más para cada personaje.

a. ☐ Es castaña.
d. ☐ Está de pie.
g. ☐ Está en una tienda.

b. ☐ Es morena.
e. ☐ Es simpática.
h. ☐ Está en su casa.

c. ☐ Está sentada.
f. ☐ Está tranquila.
i. ☐ Está nerviosa.

Lorena:...
....
....

Eli:...
....
....

10.7 Habla con tu compañero/a de los siguientes temas.

a. ¿Qué piensas de las rebajas? ¿Aprovechas *(take advantage of)* este periodo para comprar más? ¿Necesitas las cosas que compras?

b. ¿Normalmente vas a comprar solo/a o acompañado/a? ¿Cómo te gusta más?

c. ¿Alguna vez te ha pasado lo mismo que a Lorena?

DESPUÉS DEL VIDEO

GRAMÁTICA

1. VERBS *SER* AND *ESTAR*

» Use the verb **ser** to:

Identify a person or thing.
Ricardo es mi hermano.
Bogotá es una ciudad.

Describe physical characteristics.
Isaac es guapísimo.

Describe an object and what it's made of.
La mesa es de madera.

Describe personality and **character traits.**
Carmen es muy simpática.

Identify origin and **nationality.**
Carlo es italiano. Es de Italia.

Give the time.
Son las tres de la tarde.

Identify professions.
Francisco es profesor.

» Use the verb **estar** to:

Express location.
Javi no está en casa.
El bosque de Chapultepec está en México.
Mi casa está lejos de la escuela.

Describe temporary situations or conditions.
Laura está enferma.
Luis está muy triste.
La tienda está cerrada los domingos.

10.1 Completa las frases con *ser* o *estar*. Después, relaciona cada frase con su contrario.

.... vieja

.... dormido

.... jóvenes

.... acompañada

.........................solo

.... contenta

.... despierto

.... enfadada

.... mayores

.... nueva

10.2 Elige dos imágenes (una con *ser* y la otra con *estar*) y añade más información a la descripción. Usa tu imaginación y habla sobre las personalidades, aspectos físicos de las personas y por qué crees que están así. Intercambia tus ideas con un/a compañero/a.

2. ADJECTIVES WITH *SER* AND *ESTAR*

» Some adjectives in Spanish change meaning when used with **ser** or **estar**.

Adjective	SER	ESTAR
aburrido/a	Ese libro es aburrido. *That book is boring.*	Estoy aburrido. *I am bored.*
abierto/a	Soy una persona abierta. *I am a sincere, candid person.*	El banco está abierto. *The bank is open.*
listo/a	¡Qué listo eres! *You are so smart!*	Ya estoy listo, vámonos. *I'm ready, let's go.*
malo/a	Ese gato no es malo. *That cat is not bad / evil.*	Ese gato está malo. *That cat is sick.*
rico/a	Carlos Slim es muy rico. *Carlos Slim is very rich.*	¡Las arepas que preparaste están muy ricas! *The arepas you prepared taste great!*

10.3 Escribe una oración para cada imagen con *ser* o *estar* y uno de los adjetivos de la lista.

a. .... b. .... c. .... d. .... e. .... f. ....

3. PRESENT PROGRESSIVE TENSE

» The present progressive tense is used to express an action in progress or the continuity of an action. The expression is made up of the verb **estar** + present participle.

Esta semana **estoy estudiando** mucho. *This week, I'm studying a lot.*
Ahora mismo **estoy comiendo**, te llamo luego. *Right now I'm eating, I will call you later.*

» To form the present participle, add –**ando** to the stem of –**ar** verbs and –**iendo** to the stem of –**er** and –**ir** verbs.

–AR	–ER	–IR
trabajar ▶ trabajando *working*	correr ▶ corriendo *running*	escribir ▶ escribiendo *writing*

Some verbs have irregular present participles:

leer ▶ **leyendo** *reading*
dormir ▶ **durmiendo** *sleeping*
pedir ▶ **pidiendo** *asking, ordering*
oír ▶ **oyendo** *hearing*

10.4 Escoge una tarjeta y hazle las preguntas a tu compañero/a. ¿Quién contestó antes?

Estudiante 1:

¿Dónde estás si estás haciendo estas cosas?

a. Estás comprando un libro.
b. Estás durmiendo.
c. Estás tomando el sol.
d. Estás viendo una película.
e. Estás bailando.

Estudiante 2:

¿Qué hora es si estás haciendo estas cosas?

a. Estás desayunando.
b. Estás durmiendo.
c. Estás cenando.
d. Estás viendo la televisión.
e. Estás hablando español.

10.5 En grupos de tres y por turnos, describan qué está pasando en las imágenes. Incluyan todos los detalles posibles. Mientras uno de ustedes describe la escena, los otros tienen que marcar la situación que menciona. ¿Comprendieron bien sus compañeros?

Situación A

Subes al autobús por la mañana. Describe qué ves.

Situación B

Llegas a casa. Todos están en la cocina. Describe qué están haciendo.

Situación C

Llegas a la oficina tarde. Tus compañeros ya están allí. Describe qué están haciendo.

4. INFORMAL COMMANDS

» Commands provide a different way to communicate with people. In English, everyday commands include saying things like: *Go straight and then make a left; Pass the salt, please;* and so on. In Spanish, informal commands are used to address a friend or someone you normally address as **tú** and are used to communicate instructions in the same way as in English.

» Use commands when you need to give instructions and ask someone to do something.

» Commands are also used to give advice or suggestions.

10.6 (81) Escucha y completa las conversaciones.

a. ● ...., ¿está en esta planta la tienda Movilandia?
   ● No, no. Para la sección de telefonía .... el elevador y .... a la tercera planta.

b. ● Hola, no sé cómo iniciar este iPod que compré ayer.
   ● Claro, no tiene batería, ... el cable.

c. ● ¿Sabes llegar al museo?
   ● Sí, ... la línea 2 del metro y .... en la primera parada.

d. ● ¿Puedo hablar un momento contigo *(with you)*?
   ● ...., ahora estoy escribiendo un e-mail muy importante, ... más tarde.

10.7 Vuelve a leer las conversaciones con un/a compañero/a y respondan.

	llamar la atención	dar una instrucción	dar una orden
a. *Perdona* se usa para…	☐	☐	☐
b. *Toma, sube, conecta* y *baja* se usan para…	☐	☐	☐
c. *Espera* y *vuelve* se usan para …	☐	☐	☐

» In Spanish, informal affirmative commands use a different form of the present tense.

Infinitive	*Tú* form, drop the *s*	Affirmative *tú* commands
tomar	tomas ▶ toma	**Toma** el metro. *Take the subway.*
volver	vuelves ▶ vuelve	**Vuelve** más tarde. *Come back later.*
subir	subes ▶ sube	**Sube** en el elevador. *Go up on the elevator.*

» Verbs that change stem in the present tense will also change stem in the **tú** command form.

	EMPEZAR E ▶ IE	**DORMIR** O ▶ UE	**SEGUIR** E ▶ I
tú	emp**ie**za	d**ue**rme	s**i**gue

» The following verbs have irregular **tú** commands in the affirmative.

Infinitive	oír	tener	venir	salir	ser	poner	hacer	decir	ir
Imperative	**oye**	**ten**	**ven**	**sal**	**sé**	**pon**	**haz**	**di**	**ve**

10.8 Gisela quiere aprender español y les pide consejo a sus amigas. Lee su conversación y completa los espacios en blanco con la forma correcta del imperativo. Compara tus respuestas con un/a compañero/a. ¿Qué consejo creen que es el más útil?

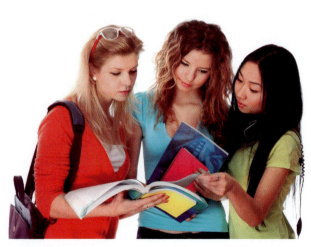

Gisela: ¿Qué puedo hacer para aprender español?
Toni: Para empezar, (a) .... (estudiar) las palabras del vocabulario y (b) .... (hacer) todos los ejercicios de gramática.
Karen: (c) .... (Leer) revistas en español. ¡Ah!, y (d) .... (llamar) a tu amiga de México. ¡(e) .... (Practicar) con ella!
Toni: Sí, también (f) .... (mirar) películas en español, (g) .... (escuchar) música latina, (h) .... (ir) a un restaurante español y (i) .... (pedir) en español.

10.9 Lee las situaciones y escoge una. Explícale la situación a tu compañero/a y pídele consejo. Tu compañero/a tiene que decirte tres cosas que hacer. Después, cambien de rol.

a. Tu compañero/a de cuarto (o de casa) está enojado. Dice que el cuarto es un desastre. Hay ropa sucia por todas partes, dice que nunca limpias el cuarto de baño y que no lavas los platos que ensucias. Pregúntale: **¿Qué hago?**

b. Quieres comprar un celular nuevo pero no sabes qué tipo quieres y en qué tienda lo debes comprar. Pregúntale: **¿Qué teléfono compro y dónde?**

c. Eres un/a estudiante nuevo/a y no conoces muy bien el campus. Tienes que ir a la oficina administrativa de la universidad después de la clase de español. Pregúntale: **¿Cómo voy?**

VIDEOCLASES
19 y 20

DESTREZAS

1. COMPRENSIÓN DE LECTURA

10.1 ¿Cuál de los siguientes medios de comunicación usas con más frecuencia? Ordénalos de más a menos usado.

a. ☐ carta
b. ☐ teléfono
c. ☐ mensaje de texto (sms)
d. ☐ correo electrónico
e. ☐ nota
f. ☐ chat
g. ☐ redes sociales
h. ☐ tarjetas de felicitación

⚙ ESTRATEGIA

Recognizing words from the same family

As you expand your vocabulary in Spanish, previously learned words can help you recognize vocabulary from the same family. You can often guess the meaning of new words you encounter in readings by using related words you have already learned with the same root. For example, *inolvidable* belongs to the same word family as *olvidar*. Find the words in the text you are able to understand because you recognize their derivatives and list them together.

10.2 Lee el siguiente texto sobre los beneficios de Internet para aprender idiomas.

Las ventajas de Internet

Inés estudia italiano en la universidad, es su asignatura favorita. Le gusta mucho el idioma, pero también la cultura italiana. El año pasado consiguió una beca Erasmus para estudiar en Roma.

–Fue una experiencia inolvidable porque allí pude hablar italiano todo el tiempo –comenta con sus amigas.

A su regreso a España, Inés piensa cada día qué puede hacer para seguir practicando. Ha preguntado a todo el mundo.

–Escribe a tus amigos de Roma –le dice su madre.

–Lee novelas de autores italianos, así puedes ampliar tu vocabulario –le comenta su profesor.

El consejo de su mejor amiga es practicar con canciones: "Escucha a cantantes italianos, con la música aprendes de una forma divertida".

Inés piensa que todos tienen razón, que todas las sugerencias de su familia son positivas, pero su amigo Elías ha encontrado la mejor:

–Tienes un montón de recursos en Internet para mejorar tu italiano. Úsalos.

–Es verdad –reconoce Inés.

–Incluso puedes encontrar un ciberamigo –añade Elías.

–Sí, buena idea –dice Inés–. Creo que si combino todos los consejos que tengo voy a mejorar mucho. Vamos a la biblioteca y me ayudas a buscar algunas páginas de Internet, ¿vale?

–¡Vamos! –responde Elías.

10.3 Inés recibe muchos consejos. Vuelve a leer el texto y completa el siguiente cuadro.

¿Qué consejo?	¿Quién se lo dio?

10.4 ¿Conoces el significado de estas palabras? Escribe una definición para cada una de ellas.

a. beca   b. un montón   c. inolvidable   d. ciberamigo

2. EXPRESIÓN ESCRITA

10.5 Piensa qué actividades haces para practicar y mejorar tu español y haz una lista. La siguiente tabla te puede ayudar a organizar tus ideas.

Para aprender vocabulario	Para entender más	Para expresarme mejor	Para saber usar las reglas gramaticales	Para saber más sobre la cultura

10.6 Escribe un correo a un/a compañero/a de clase que está empezando a estudiar español y dale algunos consejos sobre cómo aprender más dentro y fuera de clase. Basa tus consejos en tu propia experiencia.

⚙ ESTRATEGIA

Identifying your audience

When you write an e-mail to a friend, it is essential to organize it logically and to use the correct tone. In this type of informal communication, the greeting and closing of the e-mail is just as important as the content. Make sure your e-mail is clear. Two well-organized paragraphs should be sufficient to express your thoughts and ideas.

3. INTERACCIÓN ORAL

10.7 ¿Qué medios de comunicación crees que son más útiles cuando se trata de aprender un idioma? ¿Por qué?

Aprender idiomas

⚙ ESTRATEGIA

Preparing for an oral debate

Before you present an oral argument, make sure you have all the elements you need for an organized and clear argument. Prepare ahead of time the vocabulary you will need to present and defend your position. When listening to others, ask questions about their proposals and defend your own thoughtfully.

10.8 Debate con tu compañero/a sobre el punto anterior. ¿Coinciden ustedes en las respuestas? Defiendan su posición con argumentos claros.

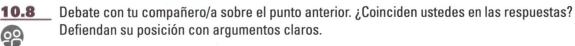

Ciudad de México, capital de México

LAS REDES SOCIALES en México

El impacto de las **redes sociales** en América Latina es enorme. **Argentina** y **México** son dos de los países que más participan en estas redes. En México, el **40.6%** de la población se conecta a Internet cada día y esta cifra sigue aumentando. Pero, **¿cuáles son los peligros*** de estas redes?

Dos muchachas mexicanas consultan su celular.

Kany García, la cantante puertorriqueña de padre español, es una de las más buscadas en Internet en México.

LAS REDES SOCIALES EN AMÉRICA LATINA

El impacto de las redes sociales en América Latina es enorme. Argentina y México son los países donde más se usan. México, por ejemplo, tiene cuarenta y siete millones de usuarios diarios de Facebook, mientras que Argentina tiene veintidós millones. México, además, está en primer lugar en cuanto a usuarios de Twitter.

Cinco de los países más activos en las redes sociales en todo el mundo están en América Latina. Estos son: Argentina, México, Perú, Chile y Colombia.

La cifra de usuarios de redes sociales en toda América Latina será de 324.000 millones en 2017.

¿Usas Facebook? ¿Para qué lo usas? ¿Usas Twitter? ¿Cuál prefieres? ¿Por qué?

USUARIOS EN MÉXICO

Pero es México el país que más interesa a las redes sociales. Con una población de más de 113 millones de personas y menos de la mitad que se conecta a Internet a diario, todavía hay espacio para crecer*.

«Los mexicanos visitan Google, Facebook y Yahoo, y lo hacen durante un promedio de cuatro horas y nueve minutos al día. El 90% de usuarios de Internet usa Facebook en este país», dice María Gallanes, periodista de *Notimex*, la mayor agencia de noticias mexicana.

De hecho, México es ahora el quinto país del mundo que más se conecta a las redes sociales, por detrás de Rusia, Argentina, Tailandia y Turquía.

Y tú, ¿cuánto tiempo te conectas a Internet cada día / semana / mes?

EL PODER DE LAS REDES SOCIALES

«Las redes sociales tienen mucho poder* en el mundo occidental y los mexicanos las han recibido con los brazos abiertos. Las redes sociales son un arma de doble filo* y los mexicanos se están dando cuenta de que no es oro todo lo que reluce*», dice Filiberto Cruz, investigador de seguridad en las redes sociales en México.

«Estas redes facilitan la comunicación en un país enorme, donde muchos jóvenes emigran a las grandes ciudades, dejando* a sus familias en ciudades más pequeñas o zonas rurales», continúa Cruz.

«Las redes sociales son muy efectivas cuando se quiere promocionar o divulgar información o incluso denunciar algo», dice Cruz.

«Pero el crimen organizado también usa la información que todos publicamos en Internet de forma abierta. Hay que ir con cuidado*», comenta Filiberto Cruz.

> ¿Piensas que las redes sociales son poderosas? ¿Te parece positivo o negativo? ¿Por qué?

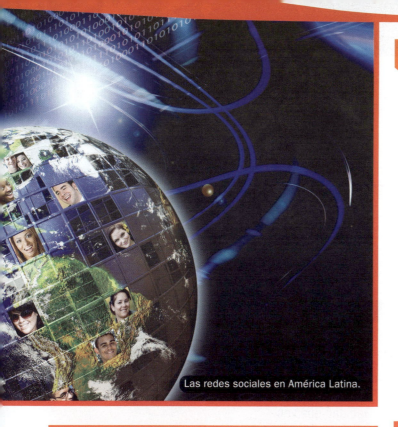

Las redes sociales en América Latina.

¿QUÉ INTERESA A LOS MEXICANOS?

Los sitios que más interesan a los mexicanos son los relacionados con los videos (96%), la música (70%), la televisión (46%) y las películas (37%). No obstante*, durante eventos como las elecciones presidenciales, los sitios de noticias y política reciben muchos más visitantes. Durante las últimas elecciones, por ejemplo, el 97.3% de usuarios mexicanos visitó estas páginas.

Facebook y Twitter, las redes favoritas en América Latina

> Y tú, ¿qué sitios sueles visitar?

¿QUÉ PIENSAN LOS JÓVENES?

«Yo soy consciente de la inseguridad», dice Manu López, estudiante de Ciencias Políticas en Ciudad de México. «Los estudiantes usamos las redes para intercambiar información, denunciar desigualdades o socializar con los amigos y la familia. Me parecen muy útiles».
«Se publica información de forma tan anónima que a veces es fácil no darse cuenta* de que todo el mundo puede acceder a ella», dice Rebeca Silva, estudiante de Economía.

> Y tú, ¿para qué usas las redes sociales? ¿Te preocupa la seguridad en la red?

REALIZA UNA INVESTIGACIÓN RÁPIDA EN INTERNET PARA ENCONTRAR LOS DATOS SIGUIENTES:

a ¿Cuántos usuarios de Facebook hay en EE. UU.?

b ¿En qué posición de usuarios de Facebook piensas que está EE. UU.?

c ¿Qué tres países tienen más usuarios de redes sociales?

VOCES LATINAS

Las redes sociales en México

GLOSARIO		
un arma de doble filo – a double-edged sword	**dejando** – leaving	**no obstante** – however
crecer – to grow	**ir con cuidado** – to be careful	**el peligro** – danger
darse cuenta – to realize	**no es oro todo lo que reluce** – all that glitters is not gold	**el poder** – power

Fuentes: Pew Research, *El País*, *Business Review America Latina*, *La Nación*, Comscore, Facebook, Twitter, eMarketingHoy, Translate Media, *El Universal*, *Notimex*, mediameasurement.com y entrevistas.

EN RESUMEN

Situación

¡Feliz cumpleaños, Mar!
Your friend's birthday is coming up and you and your friends want to do something special to celebrate.

LEARNING OUTCOMES | ACTION

LEARNING OUTCOMES	ACTION
Talk about stores and shopping for gifts	**10.1** Tus dos amigos y tú van a hacerle un regalo de grupo y una cena especial para celebrar el cumpleaños de Mar. Se reúnen en un café para hacer planes. Decidan qué van a comprar, quién lo va a comprar, dónde y cómo lo van a pagar. Hablen también sobre la cena y qué va a preparar cada uno. Usen el vocabulario de la unidad y el imperativo para asignar tareas.
Ask for an item and how much it costs	**10.2** Tus amigos te eligen a ti para comprar el regalo. Basándote en las decisiones que hicieron en la actividad anterior (regalo, tienda, precio), ve a comprar el regalo. Elabora con un/a compañero/a una conversación de la escena en la tienda. Usen las expresiones típicas en una conversación entre cliente y dependiente.
Use typical phrases in a phone conversation	**10.3** Es el día del cumpleaños de tu amiga, Mar, y tus amigos (David, Chema, Víctor y Beatriz) acaban de llegar. En ese momento recibes una llamada telefónica de Celia, una amiga que está enferma y no puede venir. Cuéntale qué están haciendo todos. Usa las expresiones típicas en una conversación telefónica.
Talk about new technologies	**10.4** Durante la cena, sale el tema de los últimos modelos de teléfonos inteligentes. Habla con tus compañeros sobre los teléfonos y las nuevas tecnologías. Tienen que decir los pros y los contras de estas tecnologías y cómo las usan.

LISTA DE VOCABULARIO

Las tiendas The stores

la carnicería meat department / butcher shop
la frutería fruit and vegetable store
los grandes almacenes department store
la librería bookstore
la panadería bakery (bread)
la pastelería bakery (cakes and pastries)
la perfumería beauty supply shop
la pescadería fish store / market
el supermercado supermarket
la tienda de electrónica electronics store
la tienda de ropa clothing store
la zapatería shoe store

En la tienda In the store

¿Cómo va a pagar? How are you paying?
el consumidor consumer
¿Cuánto cuesta? How much does it cost?
¿Cuánto es? How much is it?
la cuenta the check
de rebajas on sale
en efectivo in cash
el escaparate shop window
hacer la compra to do the food shopping

ir de compras to go shopping
¿Me podría decir el precio? Could you tell me the price?
la publicidad publicity, advertisement
¿Qué precio tiene? What is the price?
tarjeta de crédito / débito credit / debit card
tarjeta de regalo gift card

Por teléfono On the phone

¿Aló? Hello (when answering the telephone)
¿Bueno? Hello (when answering the telephone)
¿De parte de quién? Who is calling?
dejar un mensaje to leave a message
¿Dígame? Hello (when answering the telephone)
la llamada perdida missed call
No contesta. No answer.
el número equivocado wrong number
¿Se encuentra…? Is… there?
¿Sí? Hello (when answering the telephone)
suena ocupado busy signal

Descripciones Descriptions

acompañado/a accompanied
abierto/a candid, open
aburrido/a boring, bored
despierto/a awake
dormido/a asleep
listo/a smart, ready
malo/a bad, sick
ocupado/a busy
rico/a rich, tasty
solo/a alone

Palabras y expresiones útiles
Useful words and expressions

las desventajas disadvantages
¡Qué + adjetivo! How + adjective
¡Qué + sustantivo + más + adjetivo! What a + adjective + noun
¡Qué + sustantivo + tan + adjetivo! What a + adjective + noun
las ventajas advantages

11
ERAN OTROS TIEMPOS

Hablamos de…	Vocabulario y comunicación	¡En vivo!	Gramática	Destrezas	Sabor latino	En resumen
• El pasado	• **Las características:** Asking and giving opinions and asking why • **Las personalidades:** Expressing agreement and disagreement	• **Episodio 11 Nuestra serie favorita:** Listening for specific information	• Imperfect tense of regular verbs • Time expressions with the imperfect • Imperfect tense of irregular verbs	• **Viaje en el tiempo** – **Comprensión de lectura:** Identifying historical dates and events – **Expresión escrita:** Using the Internet to research a topic – **Interacción oral:** Visualizing your topic	• **El doce de octubre**	• **Situación:** Una reunión familiar • Vocabulario
	Pronunciación					
	• Los diptongos					

Recordando viejos tiempos

- ¿Quiénes aparecen en la foto y qué están haciendo?
- ¿Tienes recuerdos de tu familia? ¿Y de tu infancia?
- ¿Te gusta escuchar historias sobre el pasado de tus padres y abuelos?
- ¿Tienes fotos antiguas?

LEARNING OUTCOMES

By the end of this unit, you will be able to:

- Ask someone for their opinion
- Give your own opinion
- Express agreement and disagreement
- Describe personalities and characteristics
- Talk about the past and the way things used to be

El pasado

11.1 Observa la imagen de Julián y su familia y contesta las preguntas.

a. ¿Quiénes son estas personas?

b. ¿Qué relación familiar tienen entre ellos?

c. ¿Dónde están?

d. ¿Qué están haciendo?

e. ¿Qué ropa llevan?

f. ¿Cuál es su estado de ánimo?

g. ¿Quién hace la foto?

h. ¿Qué día de la semana crees que es?

11.2 Escucha la conversación entre Julián y su abuelo Esteban y responde las preguntas.

82

Julián: ¿Qué es eso, abuelo?

Abuelo: Un álbum de fotos antiguas.

J.: A ver. ¡Qué joven te ves en esta foto! ¿Por qué vas vestido así?

A.: Porque yo jugaba en el equipo de béisbol de la universidad.

J.: ¿Eras jugador de béisbol, abuelo? **¡Anda ya!**

A.: Que sí, y entrenábamos todos los días.

J.: ¿En serio? Cuéntame más.

A.: Bueno, eran otros tiempos, **yo creo que** más difíciles.

J.: **¡Qué va!** Ahora, es casi imposible jugar en el equipo de la universidad.

A.: No estoy de acuerdo contigo. Simplemente

hay que trabajar duro.

J.: Si tú lo dices… ¿Y qué otras cosas hacías cuando tenías mi edad?

A.: Como a tu edad trabajaba mucho, solo salía con los amigos algunos fines de semana.

J.: ¿Ibas a la discoteca?

A.: No, *je, je*. Antes no había muchas, hacíamos fiestas en las casas de los amigos. También íbamos los domingos al campo para pasar el día. Pero debía regresar temprano a casa, porque me despertaba muy pronto los lunes para ir a trabajar.

J.: ¡Qué vida tan diferente!

a. ¿Qué trajo el abuelo Esteban a casa de Julián?

b. ¿Qué piensa Julián de la foto de su abuelo?

c. ¿Cree Julián que su abuelo jugaba en el equipo de béisbol de la universidad?

d. ¿Qué opina el abuelo de su época?

e. ¿Cree Esteban que es imposible jugar ahora en el equipo de béisbol de la universidad?

f. ¿Qué hacía el abuelo los fines de semana?

11.3 Completa las siguientes frases utilizando las expresiones en negrita de la conversación anterior.

a. ● .... la vida antes era mejor que ahora.
   ● .... con tu opinión.

b. ● ¿Entonces no quieres venir?
   ● .... Seguro que la reunión es muy aburrida.

c. ● Me dijo que de joven era millonario.
   ● .... No lo creo.

d. ● A mí me parece que los muchachos de ahora lo tienen todo muy fácil.
   ● Yo pienso que no, pero ....

11.4 Clasifica las expresiones del ejercicio anterior en la columna correcta, siguiendo el ejemplo.

Dar una opinión	👍 Expresar acuerdo *(agreement)*	Expresar acuerdo parcial	Expresar desacuerdo 👎
	Estoy de acuerdo.		

11.5 Usa otra vez estas expresiones para mostrar acuerdo o desacuerdo. Trabaja con tu compañero/a.

Modelo: En general, la vida de mi abuelo era más divertida que la mía.
E1: Estoy de acuerdo.
E2: ¡Qué va!

a. En general, la vida de mis padres era más fácil que la mía.

b. Mis padres tenían más tiempo libre que yo.

c. Mis padres hacían más deporte que yo cuando ellos tenían veinte años.

d. Mis padres tenían que estudiar más que yo.

📋 APUNTES: El béisbol en República Dominicana

✓ El béisbol es el deporte nacional de República Dominicana, y se practica desde 1866.

✓ En este país hay muchos jugadores famosos, como Alfonso Soriano, Alberto Pujols y David Ortiz, que juegan en Estados Unidos. Hasta el momento, más de 385 jugadores dominicanos han participado en las grandes ligas.

✓ Los jugadores dominicanos ganaron en 2013 el Clásico Mundial de Béisbol, una competición internacional muy importante.

✓ República Dominicana ha llegado a ser el principal lugar de entrenamiento de béisbol fuera de los Estados Unidos.

1.A VOCABULARIO: LAS CARACTERÍSTICAS

11.1 Los siguientes adjetivos se usan para hablar de características de lugares y cosas. Relaciona el adjetivo con su definición en inglés.

1. impresionante		**a.** *entertaining, enjoyable*	
2. práctico/a		**b.** *healthy*	
3. emocionante		**c.** *impressive*	
4. aburrido/a		**d.** *dangerous*	
5. relajante		**e.** *relaxing*	
6. peligroso/a		**f.** *practical*	
7. entretenido/a		**g.** *exciting*	
8. saludable		**h.** *boring*	

La Patagonia es impresionante.

Montar en las barcas de Xochimilco es entretenido.

11.2 Completa las frases con los adjetivos aprendidos.

a. Me encanta hacer *puenting*. Es muy ....

b. Para mí, hacer caminatas por la montaña es .... Prefiero la playa.

c. El Salto Ángel, en Venezuela, es .... Mide 979 metros de altura.

d. El diccionario online de la Real Academia de la Lengua Española es muy .... Puedes consultar palabras fácilmente.

e. Para mi madre lo más .... es ir a un spa en Hidalgo, México.

f. Mis amigos corren por Central Park porque es muy ....

g. Mis padres piensan que montar en motocicleta es .... y por eso no me permiten comprarme una.

h. Me encanta ir de compras. Para mí es muy .... ir de tienda en tienda.

11.3 ¿Cuáles son los adjetivos opuestos a los siguientes? Puedes consultar la lista de 11.1 para responder. Después, pon ejemplos de actividades que, para ti, representan estos adjetivos.

Modelo: Para mí, usar el GPS es práctico, pero consultar mapas es inútil.

a. .... ≠ inútil   **d.** .... ≠ normal y corriente

b. .... ≠ monótono/a   **e.** .... ≠ estresante

c. .... ≠ poco saludable   **f.** .... ≠ seguro/a

11.4 Escribe tus respuestas a estas preguntas. Usa tu imaginación.

¿Qué es para ti...

a. ...un deporte peligroso?

e. ...una película entretenida?

f. ...un hábito saludable?

b. ...una tarde aburrida?

g. ...una actividad relajante?

c. ...un monumento impresionante?

d. ...un objeto práctico?

h. ...un momento emocionante?

11.5 ¿Cómo clasificarías estas situaciones? Usa los adjetivos que has aprendido. Ahora, compara con tu compañero/a. ¿Tienen las mismas respuestas?

Modelo: Llevar siempre tu tarjeta de crédito.
Llevar siempre mi tarjeta de crédito es una costumbre muy práctica.

a. Correr todos los días veinte minutos.
b. Caminar solo a las cuatro de la mañana en una ciudad desconocida.
c. Pelar cinco kilos de papas.
d. Dormir la siesta en una hamaca junto al mar.
e. Un día sin usar el celular.
f. Un paseo en helicóptero sobre el volcán Arenal en Costa Rica.
g. Saltar en paracaídas desde un avión.

11.6 ¡Vamos a jugar! Trabajen en parejas para completar la tabla con actividades, lugares, momentos... según los adjetivos de las columnas. Sigan el modelo. Avisen cuando hayan completado su tabla. Por cada actividad correcta no repetida, reciben un punto. La pareja con más puntos gana.

impresionante	práctico/a	peligroso/a	emocionante	saludable
el glaciar Perito Moreno	llevar una batería de repuesto para el celular	montar en bici sin casco	montar en globo	comer fruta

>> Para **preguntar por una opinión**:

¿Qué piensas / opinas sobre las películas de Alfonso Cuarón?

¿Qué te parece su última película?

¿Cuál es tu opinión sobre su trabajo como director de cine?

>> Para **dar una opinión** positiva o negativa:

(Yo) **pienso / creo / opino que** (no) son muy buenas.

(A mí) **me parece que** (no) tiene un buen argumento.

A mí (no) **me parece un** buen director.

>> Para **expresar duda**:

No te puedo decir.   **No sé qué decir.**   **¡Yo qué sé!**

>> Para preguntar y responder el porqué de algo, se usa **¿por qué?** y **porque**:

● **¿Por qué** estudias español?

● (Estudio español) **Porque** me gusta mucho.

El director de cine mexicano
Alfonso Cuarón

11.7 Relaciona cada pregunta con una respuesta lógica.

1. ¿Cuál es tu opinión sobre el señor Benítez?
2. ¿Crees que el español es fácil de aprender?
3. Opino que el queso español es fantástico.
4. ¿Qué piensas sobre los libros de J. K. Rowling?
5. ¿Qué te parece la nueva profesora?
6. Pienso que Inglaterra es un país bonito.

a. Para mí, no. Prefiero el francés.
b. Opino que son muy buenos.
c. En mi opinión, es un buen director.
d. Me parece que es muy inteligente.
e. Creo que sí.
f. Sí, es verdad.

11.8 ¿Estás de acuerdo con las siguientes opiniones? Escribe si estás de acuerdo o no y explica por qué.

a. Cálculo es la materia más difícil de este año.
b. El mejor deporte es el baloncesto.
c. Las películas que vimos este año fueron horribles.
d. El chino es la lengua más importante del mundo.

11.9 Por turnos, pregunta a tu compañero/a su opinión sobre los temas indicados. Justifiquen sus opiniones explicando por qué. Sigan el modelo.

Modelo: E1: ¿Qué piensas de los gatos?
E2: No me gustan.
E1: ¿Por qué?
E2: Porque no son sociables.

Estudiante 1:

Pregunta a tu compañero/a por:

los hámsteres	los idiomas
el fútbol	bailar
la música romántica	la comida rápida

Estudiante 2:

Pregunta a tu compañero/a por:

los perros	el rap
el básquetbol	el dinero
la literatura	la comida vegetariana

11.10 Con tu compañero/a, expresen su opinión sobre los siguientes temas. Si no están de acuerdo, justifiquen su respuesta explicando por qué.

Modelo: Yo creo que las redes sociales son muy entretenidas, pero también un poco peligrosas. ¿Tú qué opinas?

las redes sociales

las vacaciones

los deportes

tu pueblo o ciudad

los parques de atracciones

11.11 Une los adjetivos con su imagen correspondiente. Después, escucha el audio para comprobar tus respuestas.

a. ruidosos   **d.** soso   **g.** perezoso

b. bromista   **e.** cariñoso   **h.** impuntual

c. estresada   **f.** habladora

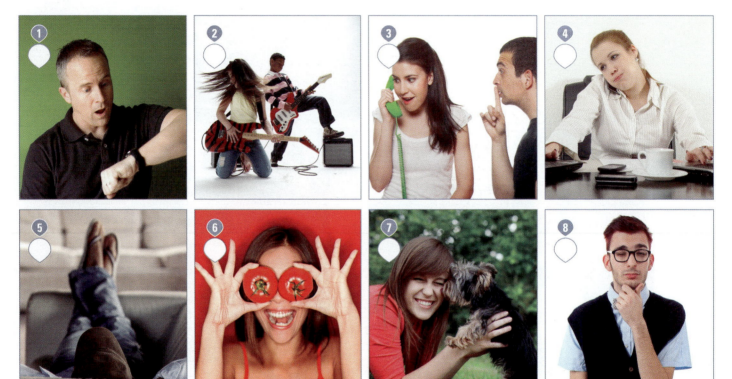

11.12 Relaciona los adjetivos de la actividad anterior con sus opuestos.

a. frío/a ▶ ....   **e.** silencioso/a ▶ ....

b. callado/a ▶ ....   **f.** trabajador/a ▶ ....

c. aburrido/a ▶ ....   **g.** puntual ▶ ....

d. divertido/a ▶ ....   **h.** tranquilo/a ▶ ....

11.13 Julio está describiendo a su familia y a sus amigos. Lee las oraciones y añade la palabra apropiada para completar las descripciones. Después, compara tus respuestas con las de un/a compañero/a.

a. Mi abuela siempre me da besos y me abraza. Es una persona ....

b. Los amigos de mi hermano hacen mucho ruido cuando vienen a casa. Son muy ....

c. A mi tío le gusta hacer bromas y nunca habla en serio. Es ....

d. Mi hermana no hace nada en casa. Nunca jamás limpia su habitación. Es muy ....

e. Casi nunca llega a la hora. Es bastante ....

f. Es bastante amable, pero no tiene mucho sentido del humor. Es una muchacha muy ....

11.14 Escucha cómo Javier cómo describe a Ana y a Daniel. Después, escribe los rasgos de sus personalidades.

Ana ▶ ...., ... y ....
Daniel ▶ ...., ... y ....

11.15 Completa la tabla describiendo a las personas que se indican. Usa los adjetivos que has aprendido y explica por qué los usas. Después, comparte las descripciones con tu compañero/a. Sigan el modelo.

¿Quién?	Descripción	¿Por qué?
yo	muy hablador	Siempre estoy hablando por teléfono.
Yo		
Mi mejor amigo/a		
Mi hermano/a		
Mis profesores		
Tu compañero/a		

To intensify the meaning of an adjective, use:

muy   un poco
bastante   a veces

To soften the meaning of an adjective that may be perceived as negative, use "un poco":

*Yo soy **un poco** perezosa por las mañanas. No me gusta levantarme temprano.*

Modelo: E1: ¿Cómo eres?

E2: Soy muy hablador. Siempre estoy hablando por teléfono. ¿Y tú?

E1: Yo soy bastante... ¿Cómo es/son tus...?

11.16 Escribe un texto breve sobre ti e incluye algunas de las cosas que te gusta hacer. En grupos de tres o cuatro, intercambien sus textos. Cada uno debe leer el párrafo de otra persona y adivinar quién lo escribió. Después, hagan turnos para añadir información sobre lo que piensan uno del otro.

Modelo: Yo soy un muchacho deportista y muy sociable. Mis amigos dicen que soy divertido y hablador. Me gusta jugar al fútbol y hablar por teléfono.

11.17 ¿Te sorprendió alguna descripción de tus compañeros? ¿Por qué?

» Acuerdo total
Estoy de acuerdo (contigo).
¡Totalmente!
¡Por supuesto!
Tienes razón.
¡Sí, claro!

» Acuerdo parcial
Estoy en parte de acuerdo (contigo).
No estoy totalmente de acuerdo contigo.
Si tú lo dices…

» Desacuerdo
No estoy de acuerdo (contigo).
¡Para nada!
¡Anda ya!
¡Qué va!
¡Que no!
¡Qué dices!

Note that unlike English, double negatives are grammatically correct in Spanish.

» Se usan expresiones negativas como **para nada**, **ni**, **nunca jamás** para reforzar el significado de **no**.
*   **No** *me gustó* **para nada**.
*   *Tú* **no** *tienes* **ni** *idea de lo que estás hablando.*
*   **No** *quiero hablar de eso* **nunca jamás**.

11.18 Lee las siguientes opiniones y expresa acuerdo o desacuerdo, según las indicaciones.

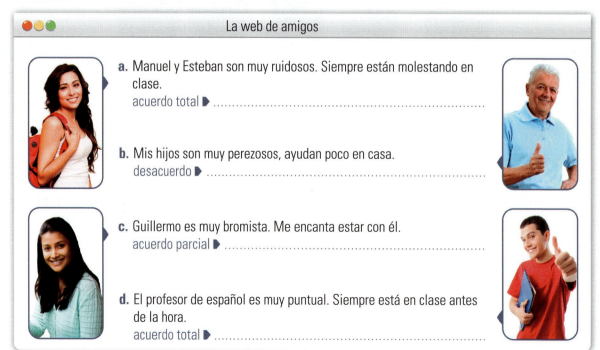

La web de amigos

a. Manuel y Esteban son muy ruidosos. Siempre están molestando en clase.
acuerdo total ▶ ....

b. Mis hijos son muy perezosos, ayudan poco en casa.
desacuerdo ▶ ....

c. Guillermo es muy bromista. Me encanta estar con él.
acuerdo parcial ▶ ....

d. El profesor de español es muy puntual. Siempre está en clase antes de la hora.
acuerdo total ▶ ....

11.19 Escucha y completa las siguientes conversaciones con la expresión que falta. Después, escoge el significado correcto de esa expresión.

1. ● Hay unas nubes muy negras en el cielo, yo creo que esta tarde va a llover.
   ● ....

   a. ☐ la mujer cree que va a llover.
   b. ☐ la mujer cree que no va a llover.

2. ● ¿Tú crees que el cine latinoamericano está de moda? A mí me parece que sí. Hay muchas películas en este momento con proyección internacional, ¿verdad?
   ● Uf, ...

   a. ☐ la mujer no está de acuerdo con él.
   b. ☐ la mujer está de acuerdo parcialmente con él.

3. ● ¡Mira qué vestido tan bonito! ¿Por qué no te lo compras? Seguro que te ves muy bien, ¿no crees?
   ● ....

   a. ☐ la mujer está de acuerdo con él.
   b. ☐ la mujer no está de acuerdo con él.

11.20 Prepara tus respuestas sobre los siguientes temas y explica por qué. Después, comparte tu opinión con un/a compañero/a y comenta su reacción. ¿Están de acuerdo en alguno de los temas?

el mejor cantante
la mejor película
la mejor comida
la mejor ciudad

Modelo: el mejor director de cine

E1: Para mí, Guillermo del Toro es el mejor director de cine mexicano, es muy trabajador y hace películas de mucha acción.

E2: ¡Totalmente! / No estoy totalmente de acuerdo contigo. / ¡Qué va!

PRONUNCIACIÓN

LOS DIPTONGOS

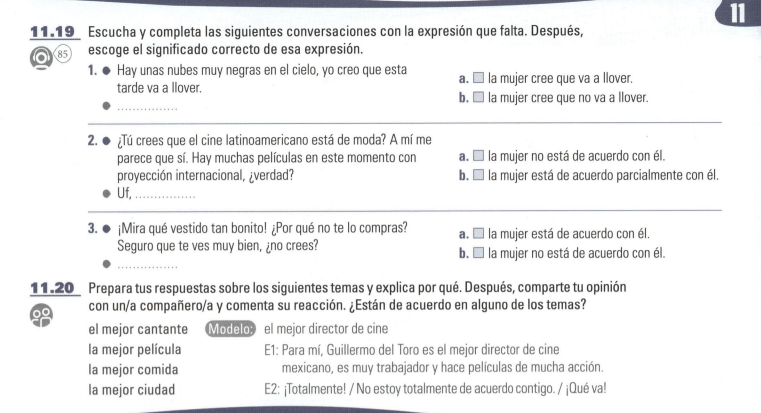

» Diphthongs are combinations of vowels that form a single syllable. Their individual vowel sounds do not change, but they blend together to form a single syllable. Diphthongs occur when:
   – the vowels **i** and **u** appear together in the same syllable;
   – the vowel **i** appears in combination with either **a**, **e**, **o** in the same syllable;
   – the vowel **u** appears in combination with either **a**, **e**, **o** in the same syllable.

– **i** and **u** together: f**ui**mos ▶ fui-mos
   c**iu**dad ▶ ciu-dad

– **i** and **a** together: p**ia**no ▶ pia-no
   b**ai**lar ▶ bai-lar

– **i** and **e** together: p**ie**nso ▶ pien-so
   vól**ei**bol ▶ vó-lei-bol

– **i** and **o** together: s**oi**s ▶ sois
   millonar**io** ▶ mi-llo-na-rio

– **u** and **a** together: c**ua**dro ▶ cua-dro
   auto ▶ au-to

– **u** and **e** together: f**ue**go ▶ fue-go
   d**eu**da ▶ deu-da

– **u** and **o** together: antig**uo** ▶ an-ti-guo
   estad**ou**nidense ▶ es-ta-dou-ni-den-se

» As long as these pairs of vowels are together, they will form a diphthong, regardless of which one comes first: **ai**-re, vi**a**je.

» Note that, when there is a written accent over the letters **i** / **u**, the diphthong is broken or "split" and the two vowels are pronounced separately: d**í**-a; ba-**ú**l.

11.1 Separa las siguientes palabras en sílabas.

a. aunque   **c.** Europa   **e.** tierra   **g.** ciudad   **i.** trueno   **k.** automóvil
b. aire   **d.** reina   **f.** radio   **h.** agua   **j.** fuimos   **l.** muy

Nuestra serie favorita

1   2   3

ANTES DEL VIDEO

11.1 Con tu compañero/a, respondan las preguntas.

a. ¿Conoces la serie *Juego de tronos*? ¿Te gusta?
b. ¿Cuál es el argumento *(plot)* de esta serie?
c. ¿Qué series son tus favoritas?

11.2 Mira las imágenes y relaciónalas con las siguientes frases. Basa tus respuestas en lo que sabes ya de los personajes. Usa tu imaginación.

a. Leyó los libros antes de ver la serie.
b. Está viendo la serie con Juanjo.
c. Le ha gustado muchísimo el episodio.
d. Salta encima del sofá después de ver un episodio.
e. Está viendo la serie encima de la cama.
f. Está viendo la serie con Sebas.

DURANTE EL VIDEO

11.3 ¿Quién dice estas frases? Relaciónalas con las imágenes de los amigos.

a. Cada episodio es mejor que el anterior.   Imagen ....
b. Me encanta ese tipo. ¡Es el mejor!   Imagen ....
c. Los libros son mejores aún que la serie.   Imagen ....
d. Esta es la mejor serie de la historia.   Imagen ....
e. ¡Está padrísimo!   Imagen ....
f. ¡Maravilloso! ¡Qué gran episodio!   Imagen ....

⚙ ESTRATEGIA

Listening for specific information
When you listen to someone talking about something or someone, one of the most important things is to listen the adjectives they use and not necessarily every word they use. Adjectives serve as keywords not only to decipher meaning, but also help to interpret the speaker's point of view.

11.4 Vuelve a mirar el episodio y escribe los adjetivos que se dicen sobre cada personaje.

Tyrion	Jon Snow	Arya Stark	Bran Stark	Daenerys	Tywin Lannister

11.5 Mira este segmento otra vez y compáralo con esta conversación. Señala las cinco diferencias que hay.

`01:08 - 01:35`

- ☐ Maravilloso, ¡qué buen episodio!
- ☐ Sí, esta serie es absolutamente fantástica.
- ☐ Me encantan casi todos los personajes, ¡son tan fascinantes! ¿No te parece?
- ☐ Sí, pero mi preferido es Tywin Lannister.
- ☐ Pero, ¡qué dices!
- ☐ En serio, me encanta. Es el que tiene la personalidad más fuerte, me encanta.
- ☐ ¡No lo puedo creer!

11.6 Completa como en el modelo.

Modelo: Es muy guapo. Es guapísimo.

a. Es muy inteligente. Es…
b. Es muy importante. Es…
c. Es muy divertido. Es…
d. Es muy interesante. Es…
e. Es muy viejo. Es…

11.7 Con un/a compañero/a, elaboren una conversación similar a la de los protagonistas del episodio. Comenten qué les pareció la serie, cuál es su personaje favorito y por qué. Representen la conversación delante de la clase.

11.8 Escucha a tus compañeros y marca en el cuadro en qué cosas están de acuerdo y en cuáles no.

DESPUÉS DEL VIDEO

Misma opinión	Opinión diferente

GRAMÁTICA

1. IMPERFECT TENSE OF REGULAR VERBS

» You have already learned to talk about actions in the past using the preterit tense. Spanish has another past tense, the imperfect, which has different uses from the preterit. Here are the forms of regular verbs in the imperfect.

	HABLAR	COMER	VIVIR
yo	habl**aba**	com**ía**	viv**ía**
tú	habl**abas**	com**ías**	viv**ías**
usted/él/ella	habl**aba**	com**ía**	viv**ía**
nosotros/as	habláb**amos**	com**íamos**	viv**íamos**
vosotros/as	hablab**ais**	com**íais**	viv**íais**
ustedes/ellos/ellas	hablab**an**	com**ían**	viv**ían**

» Notice the accent mark over the **í** in all the endings for –**er** and –**ir** verbs. Only the **nosotros** form has an accent in –**ar** verbs.

» Verbs that change stem in the present do not change stem in the imperfect.
  *Cuando **tenía** cinco años **quería** ser veterinaria.*   *When I was five years old, I wanted to be a veterinarian.*

» The imperfect form of **hay** is **había**.
  *Antes **había** más tiempo libre.*   *Before, there used to be more free time.*

» The imperfect is used:
  – To express habitual actions or ongoing actions in the past.
      *Antes **salíamos** todos los fines de semana.*   *Before, we went (used to go) out on weekends.*
      *Cuando **era** niño, **tenía** mucha energía.*   *When I was a child, I had (used to have) a lot of energy.*

  – To describe people or circumstances in the past.
      *Mi abuelo **era** muy trabajador.*   *My grandfather was very hardworking.*

  – To "set the stage" for an event that occurred in the past.
      *Aquella tarde yo **estaba** leyendo en el parque cuando empezó a llover.*   *That afternoon, I was reading in the park when it started to rain.*

11.1 El abuelo de Diego está recordando algunas de las cosas que hacía en Ecuador cuando era niño. Completa el texto con la forma correcta del imperfecto del verbo adecuado. Compara tus respuestas con un/a compañero/a.

Mira, Diego, cuando yo era niño, solo (a) .... (querer / tener) jugar y estar fuera. (b) .... (jugar / pasar) a las escondidas *(hide and seek)* con mis amigos. Me (c) .... (gastar / gustar) correr detrás de ellos cuando los encontraba. También (d) .... (tener / poder) un yoyó con el que siempre (e) .... (hacer / trabajar) trucos. En esa época, la moneda de Ecuador era el sucre. Con un sucre (f) .... (comprar / decir) montones de dulces. A menudo mi mamá me (g) .... (pasar / llevar) al parque y allí (h) .... (subir / leer) a los columpios *(swings)* y (i) .... (pasar / comer) allí toda la tarde. ¡Qué buenos tiempos aquellos!

11.2 Escribe tres frases sobre qué hacías cuando eras pequeño/a. Una de ellas debe ser falsa. Tu compañero/a tiene que adivinar cuál es.

11.3 ¡Vamos a jugar! Con tu compañero/a, hagan turnos para conjugar en imperfecto los verbos de la tabla. Para ganar el juego, consigan tres en raya *(in a row)*. Continúen jugando para ver cuántas veces pueden ganar. ¿Quién es el campeón?

preparar (él)	vivir (nosotras)	estudiar (ella)	viajar (tú)	leer (ellos)	abrir (él)
trabajar (yo)	hablar (ustedes)	tener (ellas)	dormir (nosotros)	beber (tú)	correr (nosotros)
comer (ellos)	jugar (tú)	cantar (yo)	salir (ustedes)	tomar (ella)	hacer (ellos)

2. TIME EXPRESSIONS WITH THE IMPERFECT

» The imperfect is often used with the following expressions that describe habitual or ongoing actions in the past.

– antes
Antes me gustaba el chocolate, ahora no.
Before, I used to like chocolate a lot, now I don't.

– entonces
Entonces la vida en México era diferente.
Back then, life in Mexico used to be different.

– de pequeño/a
De pequeño jugaba mucho.
When I was a child, I used to play a lot.

– de joven
De joven mi madre pasaba los veranos con sus abuelos.
When she was young, my mother used to spend her summers with her grandparents.

– cuando
Cuando Pedro estudiaba en la universidad, no salía mucho. *When Pedro studied at the university, he didn't go out much.*

11.4 Completa las oraciones con una expresión de la lista y la forma correcta del verbo en el imperfecto.

de pequeño/a • antes • de joven • cuando

a. ...., las mujeres no (trabajar) .... fuera de casa.

b. .... mis padres eran jóvenes, (pasar) .... los fines de semana en el campo.

c. ...., mi abuela (tener) .... más energía y (jugar) .... mucho con nosotros.

d. ...., (tomar, yo) ....el autobús para ir a la escuela.

11.5 Con un/a compañero/a, hablen sobre lo que hacían en el pasado y lo que hacen ahora. Usen las actividades de la lista y las expresiones de tiempo.

Modelo: De pequeño, montaba en monopatín. Ahora, juego al fútbol.

– acostarse a las…
– escuchar (tipo de música)…
– leer…
– salir con…
– celebrar…
– estudiar…

– levantarse a las…
– usar la computadora para…
– comer…
– jugar…
– querer ser (profesión)…
– vivir en…

3. IMPERFECT TENSE OF IRREGULAR VERBS

» There are only three irregular verbs in the imperfect tense.

	SER	VER	IR
yo	era	veía	iba
tú	eras	veías	ibas
usted/él/ella	era	veía	iba
nosotros/as	éramos	veíamos	íbamos
vosotros/as	erais	veíais	ibais
ustedes/ellos/ellas	eran	veían	iban

11.6 Julián escribió una redacción sobre la época de su abuelo. Completa el texto conjugando los verbos en el imperfecto.

La España de los 60

En casa, mi abuelo dice que cuando él (a) .... (ser) niño, la situación en España (b) .... (ser) más difícil que ahora. Busqué en Internet algunas cosas sobre esa época. Por ejemplo, España (c) .... (estar) gobernada por Franco y en nuestro país (d) .... (haber) una dictadura, lo que significa, entre otras cosas, que la gente no (e) .... (tener) libertad.
También (f) .... (haber) muchas personas que (g) .... (emigrar) a otros países europeos como Francia, Alemania o Suiza en busca de trabajo.
Las familias (h) .... (ser) muy grandes. Las mujeres (i) .... (poder) tener una media de cuatro o cinco hijos y habitualmente no (j) .... (trabajar) fuera de casa. Muchas familias no (k) .... (tener) coche ni (l) .... (ver) la televisión.
Tampoco (m) .... (ir) de vacaciones al extranjero. Las principales aficiones de los españoles (n) .... (ser) el fútbol y las corridas de toros.
¡Cómo hemos cambiado!

11.7 Compara tus respuestas de la actividad anterior con un/a compañero/a. Después, vuelvan a leer el texto y respondan las siguientes preguntas.

a. ¿Quién gobernaba durante esa época *(period)*? ¿Era presidente o dictador?

b. ¿Qué tenía la gente? ¿Qué cosas no tenía?

c. ¿Adónde iban muchas personas? ¿Qué buscaban?

d. ¿Cómo era la vida de las mujeres?

11.8 ¿Cómo era la vida en los años 60 en tu zona de Estados Unidos? Escribe un párrafo describiendo esa época de la historia. Investiga en Internet si necesitas más información. Sigue las siguientes pautas *(guidelines)*.

– ¿La vida era más fácil o difícil que ahora? ¿Por qué?

– ¿Cómo era la vida de las mujeres?

– ¿Iban las familias de vacaciones? ¿A qué otros lugares iban?

11.9 Escucha ahora esta grabación en la que diferentes personas hablan de cómo Internet cambió sus vidas. Señala para qué usan Internet.

	Chatear	**Correo electrónico**	**Información cultural**	**Vacaciones**
a. Llamada 1	☐	☐	☐	☐
b. Llamada 2	☐	☐	☐	☐
c. Llamada 3	☐	☐	☐	☐

11.10 Escucha otra vez y relaciona cada afirmación con la persona a quien describe.

	María	**Pedro**	**Rosa**
a. Antes perdía mucho tiempo planeando sus vacaciones.	☐	☐	☐
b. Antes era más difícil conocer a gente nueva.	☐	☐	☐
c. Antes solo podía hacer un par de excursiones.	☐	☐	☐
d. Antes solo iba a los museos de la ciudad.	☐	☐	☐
e. Antes no le gustaba escribir cartas.	☐	☐	☐
f. Antes tenía que llamar a las agencias de viajes.	☐	☐	☐

11.11 Comenta con tus compañeros cómo usaban las tecnologías cuando estaban en la escuela secundaria y cómo las usan ahora.

Modelo: Antes usaba Facebook para comunicarme con mis amigos, ahora uso…

11.12 Pregunta a tu compañero/a por su niñez. Usa las imágenes para formular dos preguntas para cada tema. Después, usa las preguntas para entrevistar a tu compañero/a. ¿Tienen mucho en común? Presenten los resultados a la clase.

habitación

¿..?

amigos

¿..?

juegos electrónicos

¿..?

ropa

¿..?

**VIDEOCLASES
21 Y 22**

DESTREZAS

1. COMPRENSIÓN DE LECTURA

11.1 ¿Qué te sugiere el título del texto? Imagina que puedes viajar en el tiempo, ¿dónde te gustaría ir?

11.2 Lee el siguiente texto. ¿De qué acontecimiento histórico se habla?

⚙ ESTRATEGIA

Identifying historical dates and events

In order to understand a reading, it is sometimes necessary to recognize the historical context in which the story takes place. Focus on the dates and names of the people and places that are mentioned to help you put the events in context. If necessary, use the Internet to research.

Viaje en el tiempo

Estela se despertó más temprano de lo normal. Cuando abrió los ojos se asustó, porque no reconocía la habitación. Estaba en casa de sus abuelos cerca del Paseo Bulnes, pero los muebles eran diferentes: los muebles de los abuelos no eran tan antiguos como aquellos. Había mucho ruido, podía oír sirenas, bombas en la dirección del Palacio de La Moneda donde vivía el presidente, Salvador Allende. Miró por la ventana y vio aviones militares y una multitud de fuerzas armadas. Llevaban uniformes de otra época y quemaban libros en la calle.

Había fuego y humo. En las paredes había carteles con la foto de un señor con lentes oscuras. Estela se preocupó más, porque empezó a escuchar gente que hablaba dentro de la casa, susurraban asustados y una mujer lloraba. De repente, oyó el ruido de la puerta y la mujer dijo: "Carlos no vive aquí". Unos hombres que vestían de azul abrieron la puerta y Estela cerró los ojos. Un segundo después los volvió a abrir. El lugar era otra vez la habitación que ella conocía y su abuela estaba allí con ella. Le secaba el sudor de la frente y decía:

"Tranquila, cariño, era una pesadilla". Estela estaba confundida y preguntó: "Abuela, ¿quién es Carlos?". La abuela la miró sorprendida: "Creo que tu abuelo te contó demasiadas cosas y eres muy pequeña para entender la triste historia de este país.

Ahora, vístete rápido, hoy es once de septiembre, es el cumple del abuelo, ¿recuerdas?".

11.3 Elige la opción correcta.

1. Lo que Estela vio y escuchó en su sueño...

   a. era un golpe de Estado *(coup)*.

   b. era una noticia en la televisión.

   c. era un viaje en el tiempo.

2. Las personas que Estela escuchaba en casa...

   a. estaban felices y contentas.

   b. estaban asustadas.

   c. la llamaban por su nombre.

3. ¿Qué quiso decir la abuela cuando dijo: "Era una pesadilla"?

   a. Que era un sueño muy feo y desagradable.

   b. Que Estela estaba enferma.

   c. Que Estela tuvo una experiencia triste.

4. ¿A qué época se traslada Estela en su pesadilla?

   a. A una época de un Chile feliz.

   b. A una época trágica para Chile.

   c. A una época de libertades en Chile.

11.4 Mira estas fotos y decide cuál corresponde al sueño de Estela y por qué.

Yo creo que la foto que corresponde al sueño de Estela es la .... porque ....
....
....

2. EXPRESIÓN ESCRITA

11.5 Fíjate en la fecha del final del texto e investiga en Internet qué pasó en Chile ese mismo día en 1973. Después, escribe una crónica de lo que pasó siguiendo los datos que has encontrado.

⚙ ESTRATEGIA

Using the Internet to research a topic

Often times a web page will offer too much information on a particular historical event. A good way to start is by researching the date of the event moving to other sites until you find the information that is the clearest to follow. It is always a good idea to check with more than one source to compare.

3. INTERACCIÓN ORAL

11.6 Recuerda un momento de tu vida que te impactó y que crees que vas a recordar siempre. Cuéntaselo a un compañero/a.

⚙ ESTRATEGIA

Visualizing your topic

When trying to recall details about a specific event in the past, it helps to think about the event and visualize what happened. Start by recalling the setting and other visual elements that will help you recall the details leading up to the action. Try to visualize the following:

– Qué tiempo hacía.

– Con quién estabas.

– Por qué estabas ahí.

– Sobre qué hora ocurrió.

Mujeres bolivianas celebran el Inti Raymi, una fiesta tradicional inca.

EL DOCE DE OCTUBRE

El doce de octubre, varios países celebran el Día de la Resistencia Indígena.

Con la llegada de los españoles al continente americano en el siglo XV, empezó un proceso de intercambio entre culturas muy diferentes. Hoy, el aniversario del descubrimiento de América es una fecha de reflexión sobre el impacto de ese intercambio... ¡Una fecha muy polémica*!

UN POCO DE HISTORIA

Con la llegada de Cristóbal Colón al continente americano en el siglo XV, los españoles quisieron crear una sociedad similar a la europea de aquella época en el Nuevo Mundo. Una parte importante de la colonización española fueron las misiones, que eran poblaciones de indígenas a cargo de monjes* jesuitas, dominicos y franciscanos. Su objetivo era convertir a los habitantes de América a la religión católica. Tanto los conquistadores como los misioneros trataron duramente* a los indígenas, sometiéndolos* físicamente y destruyendo su cultura.

La combinación de las guerras de la conquista, el trabajo forzado y la llegada de enfermedades hasta entonces inexistentes en América ocasionó la muerte de millones de indígenas. Los historiadores aún discuten el número de muertos. Según Bartolomé de las Casas, un fraile dominico que trabajó en Latinoamérica y defendió a los indígenas del maltrato*, más de veintitrés millones de indígenas murieron entre 1492 y 1542.

¿Fue la conquista de Norteamérica tan violenta como la de América Latina? Investiga y compara.

EL DOCE DE OCTUBRE

Han pasado más de cinco siglos desde la llegada de Colón al continente y cada aniversario es, para españoles y latinoamericanos, una ocasión para reflexionar sobre el significado de esta fecha.

El doce de octubre, España celebra su Fiesta Nacional, también conocida como Día de la Hispanidad, porque recuerda, según la ley 18/1987, el momento en que el país «inicia un periodo de proyección lingüística y cultural más allá de los límites europeos». Se celebra con un desfile militar al que asisten la familia real* y representantes del Gobierno y de las comunidades autónomas.

En Latinoamérica, el doce de octubre también es, tradicionalmente, un día de fiesta. Pero, aunque en algunos lugares se celebra el encuentro entre dos civilizaciones, otros sitios han convertido esta fecha en una oportunidad para reivindicar las culturas indígenas.

¿Qué nombre recibe el doce de octubre en EE. UU.? ¿De qué manera se conmemora la herencia hispana en este país?

El presidente boliviano Evo Morales (en el centro)

LA IDENTIDAD LATINOAMERICANA

«América Latina es una tierra de encuentros de muchas diversidades: de cultura, religiones, tradiciones y también de miedo* e impotencia. Somos diversos en la esperanza y en la desesperación», dice Eduardo Galeano, periodista y escritor uruguayo.

Actualmente, los latinoamericanos intentan construir una nueva identidad para la región, subrayando* las cosas en común. Una de ellas es el respeto por las comunidades indígenas.

Evo Morales, presidente de Bolivia y primer indígena en ocupar ese cargo, inauguró en 2014 la Conferencia de los Pueblos Indígenas y dijo que, después de años de discriminación, son estos pueblos quienes deben protagonizar un cambio en la región.

¿Qué lugar ocupan los pueblos indígenas actualmente en EE. UU.? ¿Son respetados o discriminados?

REALIZA UNA INVESTIGACIÓN RÁPIDA PARA ENCONTRAR LOS DATOS SIGUIENTES:

a ¿En qué estados de EE. UU. hubo misiones jesuíticas? Nombra uno.

b El Mes de la Herencia Hispana se celebra en EE. UU. desde el quince de septiembre hasta el quince de octubre. ¿Por qué se eligió el quince de septiembre para iniciar la celebración?

c ¿A qué comunidad indígena pertenece Evo Morales?

Fuentes: *El País*, Infobae, *La Vanguardia*, página web del Gobierno de EE. UU.

UN DÍA CON NUEVOS NOMBRES

«Antes, este día se llamaba Día de la Raza y celebraba el colonialismo», dice Valentina, una muchacha venezolana. «Pero, desde 2002, el doce de octubre recuerda a los nativos que resistieron a los conquistadores. Por eso, en mi país, y también en Nicaragua, se llama Día de la Resistencia Indígena». Más aún, hay quienes piensan que el doce de octubre es el aniversario de un genocidio, y que, por lo tanto, no hay nada que celebrar. «Al cabo de cinco siglos de negocio de toda la cristiandad, ha sido aniquilada una tercera parte de las selvas americanas», dice Eduardo Galeano. «Los indios, víctimas del más gigantesco despojo* de la historia universal, siguen sufriendo la usurpación de los últimos restos de sus tierras, y siguen condenados a la negación de su identidad diferente. Se les sigue prohibiendo vivir a su modo y manera, se les sigue negando el derecho de ser».

En Argentina, el doce de octubre se llama, desde 2010, Día del Respeto a la Diversidad Cultural. Es un homenaje a la variedad de etnias y culturas de la región.

Como has visto, los pueblos indígenas sufrieron muchas injusticias durante la colonización española de Latinoamérica. ¿Existen los mismos sentimientos entre los indígenas de Norteamérica con respecto a las adquisiciones territoriales de EE. UU.? ¿Qué injusticias han sufrido los indios nativos americanos a lo largo de la historia?

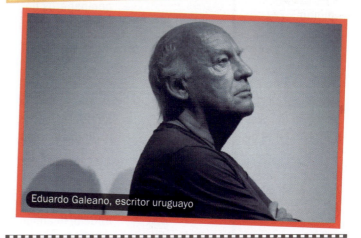
Eduardo Galeano, escritor uruguayo

GLOSARIO

el despojo	plunder
duramente	harshly
la familia real	royal family
el maltrato	mistreatment
el miedo	fear
el monje	monk, priest
polémico	controversial
sometiéndolos	submitting them
subrayando	highlighting

VOCES LATINAS

Puerto Rico, una isla única

EN RESUMEN

Situación

Una reunión familiar

You have invited a friend from college over for a barbecue with family and friends. This is the first time he/she will be meeting them.

LEARNING OUTCOMES	ACTION
Describe personalities and characteristics	**11.1** Habla con tu compañero/a sobre las personas que van a estar en la reunión y explícale cómo son. Menciona por lo menos a tres miembros de tu familia y describe sus personalidades y características. Después, cambien de rol.
Ask someone for their opinion and give your own opinion	**11.2** Tu amigo/a te cuenta que durante los veranos no trabaja porque prefiere disfrutar del verano. Tu primo dice que trabaja durante el verano para poder pagar sus estudios. Te preguntan por tu opinión. Diles lo que piensas y por qué. Tus compañeros tienen que opinar sobre tus respuestas también para continuar la conversación.
Talk about the past and the way things used to be	**11.3** Tu abuelo y su hermana (tu tía abuela) están escuchando la conversación anterior y empiezan a hablar sobre qué hacían durante los veranos de su juventud y cómo era la vida entonces. Hagan el papel del abuelo y la tía abuela.
Express agreement and disagreement	**11.4** Después de comer, se reúnen tu abuelo, tu amigo/a y tú y empiezan a hablar de varios temas en la sobremesa *(after-dinner conversation)*. En grupos de tres, tomen cada uno un papel y expresen su opinión sobre los siguientes temas. Cada uno tiene que reaccionar y expresar su acuerdo o desacuerdo. — el mejor presidente — la mejor cocina étnica — la mejor película del año — el mejor deportista

LISTA DE VOCABULARIO

Las características Characteristics

aburrido/a boring
divertido/a fun
emocionante exciting
entretenido/a entertaining, enjoyable
estresante stressful
impresionante impressive
indiferente indifferent
inútil useless
monótono/a monotonous, routine
ordinario/a usual, ordinary
peligroso/a dangerous
práctico/a practical
relajante relaxing
saludable healthy
seguro/a secure, safe

Las personalidades Personality traits

bromista jokester
callado/a quiet
cariñoso/a affectionate
estresado/a stressed
frío/a cold, distant
impresionante impressive
impuntual perpetually late
interesante interesting
perezoso/a lazy

práctico/a practical
puntual punctual
ruidoso/a loud, noisy
silencioso/a quiet
soso/a dull, bland
tranquilo/a calm

Expresiones temporales
Time expressions

antes before
cuando when
de joven when… was young
de pequeño/a when… was a child
entonces then

Pedir y dar opiniones
Asking and giving opinions

Me parece (que)… I think / I believe…
No sé qué decir. I'm not sure what to say.
No te puedo decir. I can't say.
¿por qué? why?
porque because
¿Qué opinas / piensas sobre…? What do you think about…?
¿Qué te parece…? What do you think about…?
¡Yo qué sé! What do I know!

Expresar acuerdo y desacuerdo
Expressing agreement and disagreement

¡Anda ya! No way!
¿Cuál es tu opinión sobre…? What is your opinion about…?
Estoy (en parte / totalmente) de acuerdo con… I agree (in part / totally) with…
ni nor, not even
No estoy (totalmente) de acuerdo con… I don't agree (completely) with…
Nunca jamás. never ever.
¡Para nada! Not at all!
¡Por supuesto! Of course!
¡Qué dices! What are you talking about?
¡Qué va! ¡Que no! No way!
Tienes razón. You are right.
¡Totalmente! Totally!

12

¡HA ESTADO GENIAL!

Estos muchachos se ríen mucho.

- ¿Qué crees que están haciendo estos muchachos? ¿Crees que lo están pasando bien?
- Y a ti, ¿te gusta bailar? ¿Lo has hecho alguna vez?
- ¿Qué haces en tu tiempo libre?
- ¿Prefieres hacer cosas solo/a o en grupo?

LEARNING OUTCOMES

By the end of this unit, you will be able to:

- Talk about recent activities
- Describe personal experiences
- Make comparisons
- Talk about staying at a hotel

Las actividades recientes

12.1 Observa la imagen y elige la opción correcta.

1. ¿Qué hicieron los amigos antes de ir de *camping*?
a. Fueron al aeropuerto.
b. Reservaron habitaciones en un hotel.
c. Prepararon las mochilas con agua, comida y mapas.

2. ¿Qué han hecho los amigos durante el día?
a. Han caminado muchos kilómetros.
b. Han esquiado en la montaña.
c. Han visto la televisión.

3. ¿Qué están haciendo ahora?
a. Están durmiendo.
b. Están descansando.
c. Están caminando.

4. ¿Dónde van a dormir?
a. En sacos de dormir.
b. En un hotel.
c. En casa.

12.2 Relaciona y forma frases sobre estos muchachos.

1. Han caminado muchos
2. Se lo han pasado
3. No se han perdido
4. Se han protegido del sol
5. Han llevado en la espalda

a. muy bien.
b. una mochila.
c. kilómetros.
d. en la montaña.
e. con una gorra.

12.3

Escucha y lee la conversación. Después, marca qué hizo cada uno durante el fin de semana. Trabaja con tu compañero/a.

Paco: ¡Hola, Marta! ¿Qué tal el fin de semana?
Marta: Bueno, un poco aburrido. He estado preparando exámenes y casi no he salido. Y tú, ¿has hecho algo interesante?
P.: ¡Yo me lo he pasado cheverísimo! Hemos estado de *camping* en Sierra Nevada de Santa Marta.
M.: ¡Qué suerte! ¿Con quién has ido?
P.: Con Emilio, un compañero de la universidad, y su hermano mayor, que es un experto montañero. Él nos ha enseñado a montar una tienda de campaña y a usar el mapa y la brújula para no desorientarnos en el campo. Yo nunca había hecho *camping*.
M.: ¡Qué divertido! ¿Y dónde han dormido?
P.: Pues en las tiendas, en nuestros sacos de dormir. Lo mejor de la excursión es que hemos visto una lluvia de estrellas por la noche. ¡Ha sido impresionante!
M.: ¿Y no les ha dado miedo encontrar animales salvajes?
P.: ¡Claro que no! Además, con Daniel estamos seguros, él sabe qué hacer en todo momento.
M.: Claro, es verdad. La gente siempre dice que a la montaña hay que ir con alguien experimentado.
P.: Sí, tienes razón. La montaña es fantástica, pero también peligrosa.
M.: ¡Qué envidia! ¡Para la próxima me apunto! Y… ya que yo no me lo he pasado tan bien, ¡espero al menos aprobar mis exámenes!

a. Marta	**b.** Paco	**c.** Daniel, Emilio y Paco

1. ☐ Lo ha pasado muy bien.
2. ☐ Ha tenido un finde aburrido.
3. ☐ Han pasado el fin de semana de excursión.
4. ☐ Han visto una lluvia de estrellas.
5. ☐ No han pasado miedo.
6. ☐ Ha aprendido a montar una tienda de campaña.
7. ☐ Ha pasado el fin de semana estudiando.

12.4

Con tu compañero/a, miren las cosas que tenía Paco en su mochila. Escriban qué ha llevado a la acampada y para qué ha usado cada cosa durante el fin de semana.

Modelo: Paco ha llevado una brújula *(compass)*. La ha usado para no perderse.

APUNTES: Acampar en Colombia
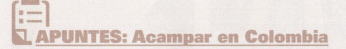

✓ En Colombia la tienda de campaña se llama "carpa".

✓ En algunos parques nacionales es necesario contratar un guía local.

✓ En Colombia hacer *camping* se ha incrementado en más de un 60 % en los últimos diez años.

✓ Hay 17 parques nacionales donde está permitido acampar.

✓ Más de 30.000 personas han practicado esta actividad en el último año.

Fuente: http://www.eltiempo.com/archivo/documento/CMS-5965607

VOCABULARIO Y COMUNICACIÓN

1.A VOCABULARIO: OTRAS ACTIVIDADES DE OCIO

Actividades de ocio y
tiempo libre: Unidad 5

12.1 88 Ya conoces algunas actividades de ocio. Aquí tienes más. Observa las siguientes imágenes
y completa los espacios en blanco con los verbos de la lista. Después, escucha el audio y
comprueba las respuestas.

hacer • jugar • esquiar • patinar • montar • salir • ir

.... de *camping*

.... senderismo

.... en bicicleta

.... con amigos

.... surf

.... a caballo

hacer *puenting* =
tirarse del *bungee*

....

.... *puenting*

.... al tenis

....

.... a un parque acuático

.... al ajedrez

12.2 Tienes dos minutos para ampliar la lista con todos los deportes y actividades de ocio que ya
conoces. Después, haz una puesta en común *(idea-sharing)* con tu compañero/a.

12.3 Lee el texto y subraya las palabras relacionadas con actividades de ocio.

México Resorts

México Resorts es su portal virtual al mundo de los mejores servicios de viajes, alojamiento en hoteles y paquetes de vacaciones en la playa. En México Resorts hemos buscado y seleccionado con mucho cuidado los hoteles con las mejores tarifas en los destinos más populares de México, para ofrecer a nuestros clientes unas vacaciones a medida en las paradisíacas playas del Caribe.

Para los amantes del mar, ponemos a su disposición una variada oferta de actividades acuáticas: pesca submarina, surf, buceo… Para los amantes de la naturaleza, ofrecemos rutas para hacer senderismo o montar a caballo. Para los más arriesgados, proponemos volar en parapente, montar en globo, hacer *puenting* o escalar. Para los que quieren conocer otra cultura, ofrecemos excursiones a los lugares de interés turístico más relevantes… Y todo ello a un precio sin competencia.

Ya no hay excusa para perderse unas vacaciones en las aguas turquesas del Caribe. Le esperamos.

¡Asegure su reserva en línea hoy mismo!

12.4 Ahora, crea tú un texto informativo similar al anterior explicando las actividades que se pueden practicar en invierno.

Aventura en invierno

Para los amantes de la nieve, Chile Resorts ofrece unas vacaciones en Portillo, en el corazón de los Andes…
....
....
....
....

Portillo, Chile

12.5 Anota cinco actividades de ocio que no has hecho nunca *(never)*. Después, busca por la clase compañeros que sí las han realizado y pregunta cuándo la han hecho por última vez.

Mis actividades	Nombre de mi compañero/a	¿Cuándo?
1.		
2.		
3.		
4.		
5.		

You will learn more about this structure later in the unit. In the meantime, here are some forms to get you started.

- esquiar ▶ he esquiado
- jugar ▶ he jugado
- salir ▶ he salido
- hacer ▶ he hecho
- montar ▶ he montado
- ir ▶ he ido
- patinar ▶ he patinado

Talking about recent activities

» Para hablar del **pasado reciente** se usa el pretérito perfecto *(present perfect)*.
- ¿Qué **has hecho** esta mañana?
- **He montado** en bicicleta.
- ¿Qué deporte **has hecho** esta semana?
- **He esquiado** en Bariloche.

» Para decir que **no has hecho** una cosa pero quieres hacerla en el futuro, se usa **todavía no** *(not yet)*.
- ¿Has montado en globo alguna vez?
- No, **todavía no** he montado en globo.

» Para decir que **sí has hecho** una cosa, sin especificar cuándo, se usa **ya** *(already)*.
- ¿Has escalado?
- Sí, **ya** he escalado. Estuve un fin de semana escalando al norte de mi región.

12.6 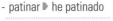 Completa la tabla con al menos dos actividades que haces con frecuencia, dos que nunca has hecho y dos que quieres hacer. Después, compartan sus experiencias y preferencias en grupos pequeños. Incluyan otros detalles para hacer sus descripciones más interesantes.

A menudo...	Todavía no...	Tengo ganas de...
montar en bici	hacer *puenting*	nadar en una piscina infinita

Modelo: A menudo monto en bici con mi abuelo. Todavía no he hecho *puenting*. Tengo ganas de nadar en una piscina infinita.

12.7 Completa las preguntas con actividades que has hecho. Entrevista a tres compañeros y escribe sus respuestas. ¿Con quién tienes más en común?

	Compañero/a 1	Compañero/a 2	Compañero/a 3	¿Cuándo?
a. ¿Has ido…?				
b. ¿Has hecho…?				
c. ¿Has montado…?				
d. ¿Has jugado…?				
e. ¿Has…?				

12.8 Escucha a estos tres amigos que hablan sobre qué han hecho esta semana. ¿Quién lo ha hecho? Escribe Pablo (P), Elena (E) o Félix (F).

a. ☐ visitar monumentos   **e.** ☐ montar a caballo   **i.** ☐ jugar al ajedrez

b. ☐ hacer senderismo   **f.** ☐ ir de excursión   **j.** ☐ montar en bici

c. ☐ nadar   **g.** ☐ tomar el sol   **k.** ☐ hacer *puenting*

d. ☐ visitar una capital   **h.** ☐ esquiar   **l.** ☐ patinar

12.9 Cuéntale a tu compañero/a qué actividades de ocio has practicado recientemente.

Modelo: Este mes he ido con mis padres a la montaña y he hecho senderismo. Allí también he montado a caballo…

Making comparisons

» Para expresar superioridad o inferioridad en comparación con tres o más personas o cosas, se usa el **superlativo**.
– *Ana es **la más** arriesgada (daring) de la clase.*
– *Juan es **el menos** deportista de la clase.*
– *Ana y Marta son **las más** arriesgadas de la clase.*
– *Juan y Paco son **los menos** deportistas de la clase.*

» Para expresar la idea de extremo, se añade **–ísimo/a/os/as** al adjetivo.
– *Ana es alt**ísima**.*
– *Juan es list**ísimo**.*
– *Ana y Marta son alt**ísimas**.*
– *Juan y Paco son list**ísimos**.*

Hacer comparaciones entre dos personas, cosas o acciones: Unidad 7

To intensify the original meaning of an adjective, drop the vowel before adding **–ísimo/a/os/as**:

- alto ▶ altísimo/a/os/as

- grande ▶ grandísimo/a/os/as

12.10 ¿Cuánto conoces a tus compañeros de clase? Forma preguntas para entrevistar a tus compañeros y descubrir cuál de ustedes es el más o el menos en cada categoría.

a. el/la más dormilón ¿Cuántas horas duermes al día?

b. el/la menos deportista ....

c. los/las más arriesgados/as ....

d. el/la menos aventurero/a ....

e. el/la más estudioso/a ....

f. los/las menos tranquilos/as ....

12.11 Piensa en lo que has hecho recientemente y contesta a estos estudiantes.

¿Qué es lo más emocionante que has hecho?

¿Has conocido a alguien muy interesante?

¿Has practicado algo aburridísimo?

¿Qué deporte has practicado que ha sido divertidísimo?

¿Has hecho algo peligrosísimo?

¿Qué es lo más original que has hecho?

12.12 Ordena la conversación entre una recepcionista de hotel y un cliente. Después, escucha el audio y comprueba.

La recepcionista

☐ Tenemos una habitación libre con una cama doble y una individual.

3 ¿Para cuántas personas?

☐ Pueden elegir lo que quieran.

1 Hostal Las Marismas, ¿dígame?

☐ Muy bien. ¿A nombre de quién va a hacer la reservación?

☐ Esta es una oferta que tenemos ahora en noviembre por ser temporada baja, les va a costar lo mismo solo el alojamiento que la media pensión.

☐ De acuerdo, pues ya queda hecha su reservación, les esperamos esta noche.

☐ ¿Cuántas noches van a estar?

☐ ¿Me puede dar un número de contacto, por favor?

☐ Son setenta dólares por noche, media pensión.

El cliente

☐ Dos.

☐ Póngala a nombre de Roberto Sánchez.

2 Hola, buenos días, quería reservar una habitación para esta noche.

☐ Pues, mejor la cena, porque pensamos estar todo el día fuera.

☐ El 611 11 11 11.

20 Muchas gracias, hasta luego.

☐ Somos tres.

☐ ¿La media pensión incluye el desayuno y el almuerzo o el desayuno y la cena?

☐ Perfecto, ¿cuánto cuesta?

☐ Nosotros solo queríamos alojamiento y desayuno.

12.13 Lee las siguientes afirmaciones y contesta verdadero (V) o falso (F), según la conversación anterior.

	V	F
a. El cliente ha pedido tres habitaciones.	☐	☐
b. En noviembre no va mucha gente.	☐	☐
c. En el precio se incluyen dos comidas al día.	☐	☐
d. El cliente solo quiere saber si hay habitación.	☐	☐

12.14 Explícale a tu compañero/a el significado de las siguientes expresiones con ejemplos en español. Tu compañero/a debe averiguar la expresión correcta.

Estudiante 1:

1. temporada baja
2. pensión completa
3. habitación doble

Estudiante 2:

1. temporada alta
2. media pensión
3. habitación individual

12.15   Une cada palabra con la imagen correcta.

1. ☐ maletas   3. ☐ escaleras   5. ☐ elevador   7. ☐ botones
2. ☐ llave   4. ☐ recepción   6. ☐ cliente   8. ☐ recepcionista

12.16   Lee el consejo que recibe Luis antes de su primera estancia en un hotel en San Juan. Completa el texto con las palabras correctas de la actividad anterior.

Primero debes llamar al hotel y hacer una reservación. Cuando llegas al hotel, debes ir a la (a) .... y registrarte. Allí, el/la (b) .... te va a dar la (c) .... de tu habitación. Para ir a tu habitación, puedes tomar el (d) .... o subir por las (e) .... Si el (f) .... del hotel te ayuda con las (g) .... hay que darle una propina. Y, sobre todo, debes ser amable con los otros (h) .... del hotel y no debes hacer ruido.

12.17   Un cliente llama a un hotel para hacer una reservación. Con tu compañero/a, creen una conversación a partir de las siguientes indicaciones.

1. Responde al teléfono.	**2.** Saluda y le dice que quiere reservar una habitación.
3. Le pregunta cuántas noches va a estar.	**4.** Le responde.
5. Pregunta para cuántas personas.	**6.** Le responde.
7. Le confirma la disponibilidad.	**8.** Le pregunta el precio.
9. Le da el precio de la media pensión.	**10.** Prefiere solo alojamiento y desayuno.
11. Insiste en que es una oferta. Sale más económica.	**12.** Pregunta qué incluye la media pensión.
13. Le responde.	**14.** Acepta.
15. Pregunta a nombre de quién hace la reservación.	**16.** Responde.
17. Confirma la reservación y se despide.	**18.** Se despide.

Para valorar acontecimientos del pasado: Unidad 9

In many countries in Latin America the preterit is more commonly used.

» Para **preguntar** sobre actividades del pasado reciente, se usa:

¿Cómo te ha ido el viaje?
¿Cómo / Qué tal te lo has pasado?
¿Qué tal te ha ido (el viaje)?

» Para **responder** valorando estas actividades:

Ha sido...	**Me ha ido**...	**Me lo he pasado**...	
genial / fantástico	de miedo	de miedo / padrísimo	ni fu ni fa
estupendo	superbién	genial	regular
divertidísimo	muy bien	estupendamente	más o menos
muy divertido	bien	superbién	
horrible / terrible	mal	muy bien	
aburridísimo	muy mal	muy mal / fatal	
un desastre			

12.18 Coloca las expresiones de valoración en su lugar correspondiente.

estupendo • ni fu ni fa • de miedo • fantástico • mal • bien • superbién
muy mal • horrible • más o menos • muy divertido

¿Cómo te lo has pasado el fin de semana?		
☺	😐	☹

12.19 Completa los espacios en blanco con la expresión adecuada del cuadro y une cada conversación con la imagen correcta. Después, escucha las conversaciones y comprueba las respuestas.

fatal • ¡ha sido genial! • ni fu ni fa

a. Natalia: ¿Qué tal el fin de semana con María?
Jorge: ¡Bah! ...., el hotel no ha estado mal. Nos hemos bañado en la piscina y hemos comido mucho. Por lo demás, hemos hecho lo de siempre: pasear y mirar tiendas. ¿Y tú?
Natalia: Yo he ido a ver una peli y ha estado bien.

b. Sergio: ¿Cómo te ha ido en el hotel?
Alberto: ...., ¡nos ha pasado de todo! Entre otras cosas, el recepcionista se ha equivocado con la reservación y nos ha tenido que llevar a otro hotel de la misma cadena pero de categoría inferior.
Sergio: Sí, es verdad. Marta me ha contado que el viaje ha sido un desastre.

c. Diana: ¿Vas a volver el año que viene a ese hotel?
Sonia: ¡Por supuesto! ....
Diana: ¿En serio? Pues lo miraré para mi próximo viaje a Miami.

12.20 Representa ahora una conversación similar con tu compañero/a. Uno de ustedes se ha alojado en un hotel este fin de semana y el otro le pregunta qué tal se lo ha pasado. Después, cambien los papeles.

12.21 Haz turnos con tu compañero/a para preguntar sobre algunas de las últimas actividades que él/ella ha hecho y cómo eran. Escoge alguna de las actividades que se proponen y sigue el modelo.

> Modelo: E1: ¿Cómo te ha ido en la universidad hoy?
> E2: Me ha ido bastante bien. / Bastante bien.

- ¿Cómo te ha ido el examen / el viaje / el día con la familia…?
- ¿Qué tal te lo has pasado el fin de semana / en las vacaciones de invierno / en la fiesta?

PRONUNCIACIÓN

LAS LETRAS *G* Y *J*

12.1 Escucha la pronunciación de las siguientes palabras.

El sonido /j/	El sonido /g/
g + e, i ▶ **ge**nte, **gi**rasol	**g** + a, o, u ▶ **ga**lleta, **go**rdo, **gu**apo
j + a, e, i, o, u ▶ **ja**món, **je**fe, **ji**rafa, **jo**ven, **ju**eves	**gu** + e, i ▶ Mi**gue**l, **gui**tarra

12.2 Escucha y escribe las palabras.

a. ....   c. ....   e. ....   g. ....   i. ....   k. ....

b. ....   d. ....   f. ....   h. ....   j. ....   l. ....

12.3 Escucha las siguientes parejas de palabras en las que varía solo un sonido. Escoge la primera que escuchas.

a. ☐ casa / ☐ gasa   d. ☐ goma / ☐ coma   g. ☐ gato / ☐ cato

b. ☐ mago / ☐ majo   e. ☐ lijar / ☐ ligar   h. ☐ cota / ☐ jota

c. ☐ coco / ☐ cojo   f. ☐ rasgar / ☐ rascar   i. ☐ miga / ☐ mica

12.4 Con tu compañero/a, completen los espacios en blanco con *g*, *gu* o *j* para formar las palabras que conozcan.

a. ca......ón   d. ......orro   g. o......o   j. ......errero   m.má......ico   o. á......ila

b. ......ema   e. ......usano   h. ......irasol   k. ......afas   n. ......untos   p. ......ía

c. ima......en   f. ......ersey   i. traba......o   l. abri......o   ñ. ......ato   q. a......ua

Un hotel con *jacuzzi*

ANTES DEL VIDEO

12.1 Hay días en los que todo sale mal. Selecciona la expresión correcta para hablar de ese sentimiento.

1. He perdido el ordenador.
a. Ni fu ni fa.
b. Ha sido genial.
c. Me ha ido muy mal.

2. No me desperté a tiempo, llegué tarde a clase y el profesor se ha enfadado.
a. Me ha ido de miedo.
b. Ha sido un desastre.
c. Me lo he pasado estupendamente.

3. He discutido con mi madre por teléfono.
a. Ha sido horrible.
b. Me ha ido superbién.
c. Ha sido estupendo.

12.2 Ordena las letras de estas palabras relacionadas con los viajes de lujo.

a. Un carro grande para ir al aeropuerto: M A L N I S U I
b. Una habitación grande: U T I S E
c. Una bañera tipo spa: Z A Z C I J U
d. Pedir una habitación: V E R S A R R E
e. Tipo de alojamiento: T H O L E
f. Si no te importa gastar mucho dinero, lo compras de primera clase: O B E L T O

12.3 Imagina que has tenido un día muy malo. Cuéntale a tu compañero/a qué te pasó. Sigan las indicaciones.

Estudiante 1:

1. Primero, poner sal en lugar de azúcar en el café.
2. Después, perder el autobús / no ir a la primera clase.
3. Finalmente, llegar a casa / compañero de cuarto no querer bajar la música.

Estudiante 2:

1. Primero, no oír el despertador.
2. Caerte de la cama.
3. Después, no poder encontrar los tenis / ir en zapatillas *(slippers)*
4. Por desgracia, perder una zapatilla en el autobús.

12.4 Mira las imágenes y elige las afirmaciones correctas. Basa tus respuestas en lo que crees que puede ocurrir. Usa tu imaginación.

a. ☐ Juanjo ha tenido un mal día.
b. ☐ Juanjo le cuenta a Alfonso el mal día que ha tenido.
c. ☐ Los muchachos se ríen en la tercera foto porque tienen mucho dinero para viajar.
d. ☐ Alfonso está en la cama en la primera foto.
e. ☐ Juanjo simula que llama a un hotel para pedir una suite lujosa.
f. ☐ Alfonso se ríe porque Juanjo no sabe expresarse bien.
g. ☐ Finalmente, se aburren de la broma y empiezan a jugar.

12.5 Mira el episodio completo y confirma tus respuestas anteriores.

DURANTE
EL VIDEO

ESTRATEGIA

Contextualizing what you see
Sit back, relax and watch the episode. Don't worry if you do not understand everything that is said or is happening. After you watch the episode, write in English all the things you remember about what you saw, heard, and think happened. Doing this will help you contextualize the information. As a result, you will see you understood more than you thought.

12.6 Mira de nuevo este segmento que se refiere al día de Juanjo y relaciona las frases.

`00:56 - 02:04`

1. El despertador…............................... •
2. El profesor…..................................... •
3. Perdió…... •
4. Finalmente encontró su portátil…......... •
5. En la clase de laboratorio….................. •
6. Discutió con…................................... •

• **a.** en la clase.
• **b.** su portátil.
• **c.** no sonó.
• **d.** su madre por teléfono.
• **e.** se enfadó cuando Juanjo llegó tarde.
• **f.** se sintió como el más tonto de la clase.

12.7 Los muchachos juegan simulando que tienen mucho dinero y que van a hacer un viaje. Mira el segmento y señala la opción correcta.

`02:45 - 05:38`

1. a. ☐ Van a viajar para conocer Colombia.
   b. ☐ Van a viajar para conocer Miami.
   c. ☐ Van a viajar para conocer Argentina.

2. a. ☐ Van a dormir toda la noche.
   b. ☐ Van a pasearse en la limusina toda la noche.
   c. ☐ Van a estar toda la noche de fiesta.

3. a. ☐ La habitación va a tener un *jacuzzi*.
   b. ☐ La habitación va a tener dos *jacuzzis*.
   c. ☐ El hotel tiene *jacuzzi* junto a la piscina.

4. a. ☐ Van a alojarse en una suite con dos camas muy grandes.
   b. ☐ Van a alojarse en dos suites diferentes.
   c. ☐ Reservan dos habitaciones normales.

5. a. ☐ Van a comprar una limusina.
   b. ☐ Una limusina blanca los va a llevar a recorrer los alrededores de Miami.
   c. ☐ Una limusina los va a esperar al aeropuerto.

12.8 Escribe una redacción en la que describes la vida de una persona muy rica. ¿Cómo es un día normal en su vida? ¿Dónde fue en sus últimas vacaciones y qué hizo?

DESPUÉS
DEL VIDEO

GRAMÁTICA

1. PRESENT PERFECT

» We use the present perfect to talk about actions that have taken place in the past but are connected with the present.

» The present perfect is formed with the present tense of **haber** and the past participle of the main verb.

» To form the past participle of a verb, drop the ending of the infinitive and add **–ado** for **–ar** verbs and **–ido** for **–er** and **–ir** verbs.

viaj**ar** ▶ viaj**ado**
*Mi hermano **ha viajado** mucho.*

com**er** ▶ com**ido**
*Los niños ya **han comido**.*

dorm**ir** ▶ dorm**ido**
*Yo nunca **he dormido** en un saco de dormir.*

» The present perfect is often used with the following time expressions that refer to the recent past:

– hoy *(today)*
Hoy me he levantado muy tarde.

– últimamente *(lately)*
Últimamente ha llovido bastante.

– este mes / fin de semana / año… *(this month / weekend / year…)*
Este año hemos viajado mucho.

– esta mañana / tarde / semana… *(this morning / afternoon / week…)*
Esta semana he trabajado en casa.

– ya *(already)*
Ya he comido tapas.

– todavía no *(not yet)*
Todavía no he ido a San Juan.

12.1 Sara nos cuenta qué ha hecho hoy. Completa las oraciones con las formas del presente perfecto.

> **Modelo:** Hoy he tenido un día muy ocupado…

a. Yo (levantarse) .... a las ocho.

b. (Ir) .... a clase a las nueve.

c. (Correr) .... por el parque.

d. (Acostarse) .... a las diez y media.

e. (Comer) .... pollo con papas.

f. (Desayunar) .... café y tostada.

g. (Hablar) .... por Skype.

h. (Regresar) .... de la escuela en bici.

12.2 Con un/a compañero/a, coloquen las actividades de Sara en el cuadro para indicar cuándo hizo las actividades que menciona.

Esta mañana…	Esta tarde…	Esta noche…
Se ha levantado a las ocho.		

12.3 Haz turnos con un/a compañero/a para decir qué ha hecho (o todavía no ha hecho) cada uno. Continúen por turnos para ver quién se queda sin actividades primero. ¡Atención! Usen *ya* y *todavía no* en las respuestas.

12.4 Completa el siguiente correo de Anselmo a su amiga Louise, en el que le cuenta qué pasó con la cancelación de su vuelo. Usa el presente perfecto y los verbos entre paréntesis.

	Asunto: Cancelación de vuelo	
De: anselmomora@email.com	Para: louisegt@email.com	

Hola, Louise:

Te he escrito este correo porque ya te (a) .... (yo, llamar) por teléfono tres veces y el teléfono aparece siempre desconectado. Esta mañana (b) .... (yo, ir) a clase, he abierto mi correo y me (c) .... (ellos, comunicar) que, a causa del viento, el aeropuerto de Madrid (d) .... (cancelar) todos los vuelos a Bogotá del jueves. Menos mal, porque después he visto a un compañero de clase y me ha dicho que tenemos una reunión muy importante este viernes por la mañana.

Esta tarde mi hermana me (e) .... (llevar) a una agencia a comprar otro billete. Allí (f) .... (nosotros, preguntar) cuándo hay vuelos y nos (g) .... (ellos, confirmar) que el lunes. Te llamo mañana para decirte el horario del nuevo vuelo.

Un beso,
Anselmo

12.5 Algunos verbos tienen participios pasados irregulares. Revisa el correo con un/a compañero/a y busquen los participios pasados irregulares para completar la tabla.

Infinitive	Past Participle	Infinitive	Past Participle	Infinitive	Past Participle
abrir ▶		escribir ▶		romper ▶	**roto**
decir ▶		hacer ▶	**hecho**	ver ▶	
descubrir ▶	**descubierto**	morir ▶	**muerto**	volver ▶	**vuelto**
		poner ▶	**puesto**		

12.6 Escribe una oración para describir algo que has hecho o no.

a. Hace un rato ....

b. Este año ....

c. Este fin de semana ....

d. Todavía no ....

e. Nunca ....

f. Ya ....

12.7 Usa las expresiones de la actividad anterior para preguntar a tu compañero/a si ha hecho alguna vez esas cosas. ¿Son sus respuestas similares o diferentes?

» Para preguntar si una persona ha hecho algo, usa:
- ¿**Alguna vez** has estado en México? *Have you ever been to Mexico?*
- No, **nunca** he estado allí. *No, I have never been there.*
- Sí, he estado una vez / dos veces / muchas veces... *Yes, I have been there once / two times / many times...*

2. INDEFINITE PRONOUNS AND ADJECTIVES

» Use indefinite pronouns and adjectives to refer to an unspecified person or thing.
- ¿Hay por aquí **alguna** cafetería?
- No, no hay **ninguna**.

Indefinite Pronouns		
People	**Things**	**People / Things**
alguien ≠ nadie	algo ≠ nada	alguno/a/os/as *some, any* ≠ ninguno/a *none, not any.*
- ¿**Alguien** sabe dónde está mi teléfono? *Does anybody know where my phone is?*	- ¿Quieres **algo** de comer? *Do you want something to eat?*	- ¿**Alguno** de ustedes habla griego? *Do any of you speak Greek?*
- No, **nadie**. *No, no one (nobody).*	- No, no quiero **nada**, gracias. *No, I don't want anything, thank you.*	- No, **ninguno**. *No, no one (not any one of us).*

» Some indefinite pronouns have masculine and feminine forms as well as singular and plural forms, and as such must agree with the nouns they replace.

Ninguno de los vasos está roto. *None of the glasses is broken.*
- ¿Hay algún estudiante de Francia? *Is there any student from France?*
- No, **ninguno**. *None.*

Algunos de mis amigos hablan francés. *Some of my friends speak French.*

Indefinite Adjectives
algún/alguna/algunos/algunas *some, any* ≠ **ningún/ninguna** *no, none, not any*

» Like most other adjectives, indefinite adjectives agree in number and gender with the nouns they modify.

No hay **ningún** estudiante de Francia. *There is no student from France.*
Tengo **algunos** libros que te van a gustar. *I have some books that you will like.*

» The plural forms **ningunos / ningunas** are rarely used as adjectives, only **ningún** and **ninguna**.

» If negative words such as **nada** and **nadie** follow the verb in a sentence, **no** or another negative word must precede the verb.

- ¿Compraste algo en la tienda?
- No, **no** compré **nada**.

- ¿Hay alguien allí?
- No, **no** hay **nadie**.

12.8 Relaciona cada indefinido con su opuesto. Después, completa las frases con el indefinido correspondiente. ¡Atención! Recuerda que estas palabras deben concordar con el nombre al que acompañan o sustituyen.

1. alguna
2. algún
3. alguien
4. alguno
5. algo

a. ningún
b. nada
c. ninguno
d. ninguna
e. nadie

a. Algunos fueron a protestar y .... volvió contento.
b. Alguien llamó por teléfono pero .... contestó.
c. Ninguno de los voluntarios pidió dinero, pero .... pidieron menos horas.
d. Algunos de los mensajes de texto llegaron, pero .... mensaje era para mí.
e. No conocemos a ninguna de tus amigas. Debes invitar a .... a casa.

12.9 Arturo tuvo una mala experiencia el otro día. Completa su descripción usando *nada, nadie* o *ninguno/a*.

El fin de semana pasado fui a la fiesta de David. La fiesta fue un desastre porque no conocía a (a) .... y (b) .... me hablaba. Tenía hambre pero no había (c) .... de comer. Vi a una muchacha con un plato de tacos, pero no me ofreció (d) .... Decidí salir de allí, pero no encontraba (e) .... puerta de salida. Cuando preguntaba dónde estaba la puerta, no me contestaba (f) .... No quería ayudarme (g) .... de los invitados. Estaba desesperado cuando, de repente, oigo a David que me dice: "Vamos, que es hora del almuerzo". Entonces me despierto y veo que estoy en clase y no en (h) .... fiesta.

3. DIRECT AND INDIRECT OBJECT PRONOUNS

» Remember that we use **direct object pronouns** to refer to someone or something already mentioned. In Spanish, direct object pronouns agree in number and gender with the noun they replace.

*Carmen no encuentra **su celular**. Cree que **lo** ha dejado en clase.*

» Indirect objects tell us **to whom** or **for whom** the action of the verb is performed. **Indirect object pronouns** are used to replace an indirect object.

» Since the indirect object pronouns **le** and **les** can have more than one meaning, a prepositional phrase is added to clarify.

- ● ***Le** he dicho **a Javier** la verdad.*
- ● *Siempre **les** digo la verdad **a mis amigos**.*

» Direct and indirect object pronouns can be used together in the same sentence. When that happens, the order of the pronouns is always the same: **indirect object** + **direct object** + **conjugated verb**.

- ● *¿Dónde has dejado mi libro?*
- ● ***Te*** ***lo*** *he dejado encima de la mesa.*

  A ti   el libro

» In cases where **le** or **les** precedes **lo, la, los, las**, the indirect object pronoun changes to **se**.

(El libro, a él) ***Le lo*** *he dejado encima de la mesa.* ▶ ***Se lo*** *he dejado encima de la mesa.*

12.10 Ana está enfadada con su hermana. Para saber por qué, completa la historia usando el pronombre correcto que se indica entre paréntesis.

Hoy me he enfadado con mi hermana. Me ha pedido un vestido y yo (a) .... (a ella) he dicho que (b) .... (a ella, el vestido) dejaba, pero si no (c) .... (el vestido) ensuciaba *(to get dirty)*. Ella (d) .... (a mí) ha dicho que vale, pero a los diez minutos (e) .... (a mi hermana) he visto en el sofá comiendo una tarta de chocolate y justo en ese momento… ¡(f) .... (el vestido) ha ensuciado de chocolate!

12.11 Responde las siguientes preguntas sobre Ana y su hermana con un compañero/a, usando el pronombre de objeto adecuado.

- **a.** ¿Quién pidió el vestido?
- **b.** ¿A quién le pidió el vestido?
- **c.** ¿Quién le dejó el vestido a la hermana?
- **d.** ¿Dónde comía la tarta?
- **e.** ¿Quién ensució el vestido?
- **f.** ¿Con qué ensució el vestido?

Both direct and indirect objects are placed before the conjugated verb.

- Julia **me** vio esta mañana en la escuela. Yo **le** regalé flores a Julia y ella **me** invitó a cenar.

12.12 Piensa en una situación similar en la que has dejado algo a un/a amigo/a o a un miembro de tu familia. Usa las pistas para empezar.

(Modelo:) E1: Una vez le dejé… a mi…

E2: ¿Qué pasó? / ¿Por qué se lo/la dejaste? / ¿Qué le dijiste?

- dinero
- teléfono celular
- las llaves del carro
- ¿…?

**VIDEOCLASES
23 Y 24**

1. COMPRENSIÓN DE LECTURA

12.1 Relaciona cada palabra con su definición.

1. puesta de sol
2. ermitaño
3. decapitar
4. albergue
5. monstruo
6. la voluntad
7. Vía Láctea
8. tumba

a. Conjunto de estrellas.
b. Personaje ficticio que da miedo.
c. Lugar donde puedes dormir y que suele ser muy barato o gratis.
d. Cantidad de dinero que voluntariamente das a alguien o que pagas por un servicio.
e. Cortar la cabeza a alguien.
f. Persona que vive sola y aislada, sin relacionarse con el mundo.
g. Lugar donde se mete el cuerpo de un muerto.
h. Cuando se termina el día y el sol se esconde.

12.2 Lee el texto.

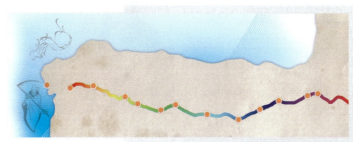

El Camino de Santiago

1 de julio

Querido diario:

Como ya sabes, hoy he empezado el Camino de Santiago. Voy a estar un mes haciendo la ruta que va desde Roncesvalles hasta Santiago de Compostela.

Esta ruta coincide con la **Vía Láctea** y, desde hace mucho, las personas la siguen porque es un camino mágico, lleno de leyendas y misterios. Los hombres venían de toda Europa y se dirigían hacia Finisterre. En aquella época se pensaba que ahí terminaba el mundo al ser el punto situado más al oeste de Europa, donde moría el sol. Creían que en esas aguas había **monstruos**. Hoy en día esa zona se conoce con el nombre de *Costa da Morte*, que en español significa "Costa de la Muerte".

Hoy ha empezado mi aventura. He caminado veinticinco kilómetros, estoy cansadísimo y ¡todavía me falta mucho! Ahora estoy en **el albergue**, que está muy bien. A lo largo de toda la ruta hay un montón de albergues donde puedes dormir y comer algo sin pagar nada o solo **la voluntad**.

Durante la comida, una señora mayor nos ha contado la leyenda de Santiago. Santiago era uno de los doce apóstoles de Jesucristo que vino a Hispania para cristianizarla.

En aquella época estaba prohibido predicar *(preach)* la religión cristiana, así que cuando volvió a su casa, a Palestina, fue **decapitado** por el rey Herodes. Dos apóstoles robaron el cuerpo y lo llevaron de nuevo a Galicia, a un pueblo que hoy se llama Padrón. Ahí vivía una reina muy mala que se llamaba Lupa. Cuando los apóstoles bajaron del barco, la reina, para reírse de ellos, les dio dos toros salvajes para que tiraran *(pull)* del carro donde transportaban a Santiago.

Dice la leyenda que, inexplicablemente, los toros lo llevaron tranquilamente hasta un bosque donde los apóstoles lo enterraron. Siglos más tarde, **un ermitaño** vio una fuerte luz sobre aquel bosque y encontró **la tumba**.

A ese lugar le llamaron *Compostela*, que significa "campo de las estrellas". A partir de entonces, la gente empezó a hacer el Camino para ver la tumba del apóstol, que hoy se encuentra en la Catedral de Santiago, y muchos continúan la ruta hasta Finisterre para ver **la puesta de sol**.

La verdad es que ha sido una historia interesantísima. Creo que en este viaje voy a aprender mucho. Ahora ya me voy a dormir que mañana va a ser un día duro…

12.3 Contesta las siguientes preguntas.

a. ¿En qué ciudad ha empezado la ruta?

b. ¿Cuándo empezó su viaje?

c. ¿Qué estación del año es?

d. ¿Por qué la gente empezó a hacer esta ruta?

e. ¿Dónde está escribiendo?

f. ¿Quién le ha contado la historia de Santiago?

g. ¿Cuánto le ha costado el alojamiento?

h. ¿Cómo murió Santiago?

2. EXPRESIÓN ESCRITA

12.4 Con un/a compañero/a, escriban la primera página del diario, correspondiente al día antes del viaje. Expliquen qué cosas has necesitado para hacer el camino.

ESTRATEGIA

Putting yourself in the place of the reader
To create a realistic depiction, put yourself in the place of the reader and ask what you would expect to read about. Make a list of the things you would most likely take with you on such a trek and explain why. Justifying your choices will make your entry more authentic and will help you sort through the unnecessary details.

Modelo: He comprado una cantimplora porque es un viaje largo y...

3. INTERACCIÓN ORAL

12.5 Habla con tus compañeros sobre cuál ha sido el viaje más largo que han hecho hasta ahora. Completen el cuadro con la información.

ESTRATEGIA

Compiling pieces of information
Gather the relevant information you will need to give a personal account and talk about it with ease. Use the information to organize the retelling of your story as it occurred. Provide the information for the topics suggested below.

Origen	Destino	Tiempo en llegar	Paradas	Modo de transporte	Días de viaje en total

SABOR LATINO

El Ateneo es una de las librerías más tradicionales de Buenos Aires.

ARGENTINA:
UN PAÍS LITERARIO

Argentina es, junto a **Venezuela**, el país de Latinoamérica donde más se lee. Los argentinos dedican **casi seis horas semanales** a la lectura de periódicos, revistas y libros. Muchos **escritores hispanos** famosos son argentinos. **Buenos Aires**, la capital del país, es una ciudad con muchas librerías y cafés literarios. Y a ti, ¿te gusta leer?

23 DE ABRIL
DÍA MUNDIAL
DEL LIBRO

lecturasextremadura
Dirección General de Promoción Cultural

Consejería de
Educación y Cultura

GOBIERNO DE EXTREMADURA

LAS FERIAS

«Voy a la feria todos los años para conocer a mis autores favoritos, comprar su nuevo libro y pedirles una dedicatoria*», dice Juanjo Bosch, un estudiante de Literatura de Buenos Aires. La Feria del Libro se realiza cada año en abril; dura tres semanas y presenta las novedades editoriales de veinticinco países. En 2014, la visitaron más de 1.200.000 personas.

La otra gran feria del libro en español se realiza en Guadalajara, México. Esta feria es especialmente importante para las editoriales*, que presentan las novedades de la literatura en español y venden los derechos* de traducción de miles de libros. Por eso, este evento difunde la literatura en español en todo el mundo.

¿Qué libros traducidos del español has leído? ¿Cuántos más conoces?

EL DÍA DEL LIBRO

El Día Internacional del Libro se celebra el veintitrés de abril en honor a los dos escritores más grandes de la literatura universal, Cervantes y Shakespeare, que murieron en 1616 con una semana de diferencia. Uno de los actos especiales de este día es la maratón de lectura, una tradición que celebran varios países de habla hispana. Consiste en leer fragmentos de la novela *Don Quijote de la Mancha* en público y por turnos hasta completar el libro. En esta actividad participa gente de todas las edades, además de políticos, actores y escritores.

En Cataluña (España), se celebra el Día de Sant Jordi (San Jorge). La tradición este día es regalar un libro y una rosa a tu pareja.

¿Qué tipo de ferias del libro hay en tu país o región? ¿Cómo se celebran?

¿QUÉ LEES?

73%	El periódico
56%	Un libro al año
50%	Revistas

Los argentinos leen el periódico (el 73% de la población), al menos un libro al año (el 56%) y revistas (casi el 50%), según un estudio reciente de la Universidad de San Martín.

Aunque mucha gente lee en la pantalla de la computadora, solo el 8% dice leer libros digitales. El resto prefiere el formato tradicional de papel.

Las preferencias literarias cambian con la edad: los mayores de treinta y cinco años prefieren leer novelas históricas, y los menores eligen libros de fantasía o ciencia ficción.

Interior del Café Tortoni en Buenos Aires

UNA CIUDAD LITERARIA

La capital argentina es una ciudad que ama la literatura. La famosa avenida Corrientes, en el centro de la ciudad, está llena de librerías donde se encuentran libros de segunda mano a precios bajos. Durante el día, estos locales están llenos de estudiantes en busca de ofertas*.

En el barrio de Recoleta está la librería El Ateneo, elegida por el periódico inglés *The Guardian* como la segunda librería más bonita del mundo. Es un espacio elegante, que antes fue un teatro y luego un cine. Tiene tres pisos* con más de 120.000 libros, y una cafetería.

En la avenida de Mayo hay otro lugar literario: es el Café Tortoni, una cafetería abierta en 1858 donde muchos escritores famosos como Jorge Luis Borges y Alfonsina Storni se reunían para tomar café y hablar de literatura.

En la avenida Corrientes, Buenos Aires, hay muchas librerías.

¿Qué te gusta leer: periódicos, libros o revistas? ¿Qué tipo de literatura te gusta? ¿Lees en formato digital? ¿Por qué?

El día de Sant Jordi, la fiesta del libro de Cataluña

¿Hay en tu ciudad cafés donde la gente se reúne para hablar de arte o literatura? ¿Cómo son?

REALIZA UNA INVESTIGACIÓN RÁPIDA PARA ENCONTRAR LOS DATOS SIGUIENTES:

a ¿Qué otro escritor hispano murió en 1616? Busca algunos datos sobre su vida y su obra literaria.

b ¿Dónde está, según *The Guardian*, la librería más bonita del mundo?

c ¿Qué tipo de textos escribían Jorge Luis Borges y Alfonsina Storni?

GLOSARIO

la dedicatoria – dedication
los derechos – copyright
la editorial – publishing house
las ofertas – bargains
el piso – floor

Fuentes: NOP World Culture Score, Fundación El Libro, *La Nación, El Mercurio*, Universidad de San Martín.

VOCES LATINAS

Me gusta leer

EN RESUMEN

Situación

¿Eres experto a la hora de elegir vacaciones?

Because you are a frequent traveler, friends trust you to make travel recommendations based on your experiences. You are happy to talk about what you know and have done during your travels.

LEARNING OUTCOMES

ACTION

Talk about recent activities

12.1 Escribe un folleto para un *camping*, enumerando en él las actividades que ofrece. Después, cuéntale a un/a amigo/a cuáles de ellas has hecho recientemente.

Describe personal experiences

12.2 Tu amigo/a ha decidido pasar unos días en el *camping* que le has recomendado. Hazle preguntas para asegurarte de que está preparado. Empieza con las preguntas que siguen y añade tres más. Después, cambien de rol.

a. ¿Llevas los sacos de dormir?

b. ¿Has escuchado el pronóstico del tiempo?

c. ¿Has invitado a algunos amigos?

d. ¿Has preparado bocadillos?

e. ¿Has visto mi mapa?

Talk about staying at a hotel

12.3 Has estado recientemente en un hotel que no te ha gustado y quieres compartir tu experiencia con los demás. Escribe una crítica en tu blog explicando cómo ha sido tu estancia en él y por qué no te ha gustado.

www.viajerosinfronteras.com

✈ *Mi blog*

Entrada + reciente

Entrada + visitada

Seguidores

Make comparisons

12.4 Lees en un blog una entrada sobre un hotel con la que no estás de acuerdo. Describe la experiencia que has tenido en ese hotel y compárala con lo que lees en el blog. Usa la crítica que ha escrito tu compañero/a para hacer las comparaciones.

LISTA DE VOCABULARIO

En el hotel In the hotel

el alojamiento lodging
el elevador elevator
la habitación doble double room
la habitación individual single room
la llave key
media pensión half board (breakfast and dinner)
pensión completa full room and board
la propina tip
el/la recepcionista receptionist
la reservación reservation
la temporada alta high season
la temporada baja low season

Actividades de ocio Leisure activities

la brújula compass
esquiar to ski
hacer buceo to dive
hacer puenting to go bungee jumping
hacer senderismo to go hiking
hacer surf to surf
ir a un parque acuático to go to a water park
ir de camping to go camping
jugar al ajedrez to play chess
montar a caballo to go horseback riding
montar en globo to ride in a hot-air balloon
patinar to skate
salir con amigos to go out with friends
volar en un parapente to go paragliding

Descripciones Descriptions

aburridísimo extremely boring
¿Cómo / Qué tal te ha ido? How was it?
¿Cómo / Qué tal te lo has pasado? Did you have a good time?
de miedo awesome
divertidísimo hilarious
estupendo amazing, wonderful
fatal awful
genial great
la más arriesgada the most daring
más o menos more or less
el miedo fear
ni fu ni fa so-so
superbién super
un desastre a disaster

Verbos Verbs

contar to tell, to count
dejar to leave, to lend
ensuciar to dirty
morir to die
regresar to return
romper to break, to break up

Los indefinidos
Indefinite pronouns and adjectives

algo something
alguien someone, somebody
alguno/a/os/as some, any
nada nothing
nadie no one, nobody
ninguno/a none, not any

Expresiones temporales
Time expressions

alguna vez ever
dos veces twice, two times
todavía no not yet
una vez once, one time
últimamente lately
ya already

13

HABÍA UNA VEZ...

Un
concierto
divertidísimo

- ¿Qué tipo de música crees que cantan estos muchachos?
- ¿Has estado alguna vez en un concierto de música latina? ¿A quién fuiste a ver? ¿Qué tal lo pasaste?
- ¿Qué tipo de conciertos te gustan?

LEARNING OUTCOMES

By the end of this unit, you will be able to:

- Talk about what happened
- Describe the steps leading up to an event
- Make apologies and excuses
- Accept apologies

HABLAMOS DE...

Contar historias

13.1 Observa la foto de Álex en un concierto este fin de semana. ¿Qué crees que pasó? Elige entre las opciones.

a. ☐ Álex toca la guitarra en un grupo de música.

b. ☐ Álex es un músico terrible, subió al escenario en un concierto y el público lo bajó.

c. ☐ Álex agarró la guitarra que lanzó un músico en el concierto y la gente lo subió al escenario.

d. ☐ Álex llevaba su guitarra por si acaso *(in case)* le pedían tocar con el grupo, lo hace en todos los conciertos a los que va y toca entre la gente.

13.2 Ordena las palabras para formar oraciones y averiguar qué ocurrió en el concierto.

a. de Movida / Álex / en el estadio de fútbol. / fue al concierto

....

b. lanzó su guitarra / La cantante / agarró *(caught)*. /al público / y Álex / la

....

c. a Álex / agarró la guitarra. /al escenario porque / El público subió

....

d. su canción / Álex / favorita. / cantó con ellos

....

e. guitarra firmada. / El grupo / a Álex la / le regaló

....

13.3 Escucha la conversación de Álex y Elvira sobre qué ocurrió en el concierto. Después, completa los espacios en blanco con las palabras que faltan.

Elvira: ¿Fuiste ayer al concierto de Movida?
Álex: Sí, estuvo **regio**. No puedes ni imaginar lo que me pasó. ¡Ha sido la mejor (a) .... de mi vida!
E.: ¿Sí? A ver… ¡cuenta!
Á.: Pues resulta que a mitad del concierto la cantante **lanzó** su guitarra al público y dijo que si una persona la agarraba, iba a tener una (b) .... Yo no podía imaginar que esa persona iba a ser yo, pero cuando la lanzó, no sé, vino directamente hacia mí y ¡la agarré!
E.: ¡Qué fuerte!
Á.: Entonces la (c) .... dijo que la sorpresa era subir al (d) .... y cantar un **tema** con ellos.

E.: ¡Qué **apuro**!
Á.: Pues la verdad es que al principio sí, pero la gente me levantó y me llevó con sus manos hasta el escenario. Yo estaba entusiasmado y solo pensaba en que estaba al lado… ¡del (e) .... Movida! y que podía cantar con ellos. ¡Fue **bárbaro**!
E.: Me lo imagino…
Á.: Y, además, después del concierto, me firmaron la guitarra y me la (f) .... Mira, mira lo que pone: "Para Álex, una joven promesa del rock".
E.: ¡Qué pasada! ¡Esta sí es una **historia** para contársela a tus (g) ....!

13.4 Observa las palabras en negrita en la conversación anterior y relaciónalas con sus sinónimos.

a. anécdota ▶ ....
b. tiró ▶ ....
c. canción ▶ ....

d. alucinante (Argentina): ▶ ....
e. vergüenza ▶ ....
f. divertido (Argentina): ▶ ....

13.5 Con tu compañero/a, respondan las siguientes preguntas.

a. ¿Por qué crees que Elvira le dice a Álex que es una historia para contar a los nietos?

b. ¿Por qué no tenía vergüenza Álex?

c. ¿Qué le escribieron en la guitarra a Álex? ¿Qué crees que significa?

d. ¿Has vivido alguna experiencia parecida?

e. ¿Conoces a algún grupo que lanza cosas al público? ¿Qué grupo es y qué hace?

f. ¿Conoces a algún cantante que invita al público a subir al escenario? ¿Qué les pide hacer en el escenario?

APUNTES: El origen de la guitarra

✓ El origen de la guitarra no está claro, pero hay evidencias arqueológicas en torno al 1000 a. C. en el norte de la actual Turquía. Existen dos hipótesis acerca de sus orígenes. Una de ellas le da un origen greco-romano y la otra considera que la guitarra es un instrumento introducido por los árabes durante la conquista musulmana de la Península Ibérica y que posteriormente evolucionó en España.

✓ Es el instrumento más utilizado en géneros como el blues, el rock, el metal y el flamenco, y muy usado también por cantautores. También es el instrumento principal en géneros tales como el tango, las rancheras y las gruperas, y forma parte del folclore de varios países.

✓ Instrumentos de la familia de la guitarra son el ukelele, el requinto, el charango y el guitarrón. Este último es típico de los mariachis.

1.A VOCABULARIO: LOS TIPOS DE TEXTO

13.1 Lee los siguientes fragmentos y relaciónalos con el tipo de texto al que pertenecen.

a
Había una vez una niña que vivía con su madre en una casita en el bosque. Un día su madre le dijo:
—Hija mía, tienes que ir a casa de tu abuelita para llevarle...

(*Caperucita roja*, Anónimo)

b
Anoche cuando dormía soñé, ¡bendita ilusión!, que una fontana fluía dentro de mi corazón.

Antonio Machado

(*Anoche cuando dormía*, Antonio Machado)

c

Dicen que en un país muy lejano había un dragón que se comía a las jóvenes del lugar. Las muchachas se elegían por sorteo y un día le tocó a la hija del rey. Pero un apuesto caballero llegó en su caballo blanco...

d

Todavía recuerdo aquel amanecer en que mi padre me llevó por primera vez a visitar el Cementerio de los Libros Olvidados...

(*La sombra del viento*, Carlos Ruiz Zafón)

e
Robo en un chalé de Marbella

La policía está investigando el misterioso robo, ocurrido ayer por la noche, en un lujoso chalé de Marbella.

g

El otro día iba en el metro y estaba tan cansada que corrí para sentarme, pero había otro hombre que también se iba a sentar y al final, sin querer, me senté encima de él. ¡Qué vergüenza!

f
Había una vez una cigarra y una hormiga que vivían en el mismo prado. En verano, mientras la hormiga trabajaba, la cigarra cantaba...

(*La cigarra y la hormiga*, Esopo)

1. ☐ novela
2. ☐ noticia
3. ☐ cuento
4. ☐ fábula
5. ☐ poema
6. ☐ anédocta
7. ☐ leyenda

13.2 Completa las definiciones con el tipo de texto que les corresponde. Después, compara con tu compañero/a. ¿Coinciden? Si no, justifiquen su respuesta.

a. La .... es una historia inventada. Los protagonistas siempre son animales y el final de la historia es moral, didáctico. Este final se llama moraleja.

b. La .... es una historia divertida o curiosa que nos ha pasado en nuestra vida, aunque después de contarla muchas veces es habitual introducir elementos nuevos inventados.

c. La .... es una historia inventada, aunque siempre se dice que tiene algo de realidad. Es muy antigua y no se sabe quién es el autor porque ha llegado a nuestros días de forma oral.

d. La .... es un relato que puede ser sobre un hecho real o inventado. No es para niños.

e. El .... suele estar escrito en verso y rimar.

f. Encontramos las .... en los periódicos.

g. El .... es un relato para niños.

13.3 Escucha y di qué tipo de texto es.

a. ....   **b.** ....   **c.** ....

13.4 Lee estos textos. ¿De qué tipo son? ¿Dónde se pueden encontrar textos de este tipo?

TEXTO
A

Incendio en Buenavista
Ayer a las tres de la tarde, una vecina del barrio Buenavista vio humo saliendo por una ventana y en seguida llamó por teléfono a los bomberos, que fueron los primeros en llegar. Solamente una persona resultó herida y los paramédicos la llevaron rápidamente al hospital en ambulancia.
La policía llegó también al lugar del incendio para investigar las causas.
Todavía no se sabe con exactitud, pero todo parece indicar que la chimenea del cuarto piso fue la causa del incendio.

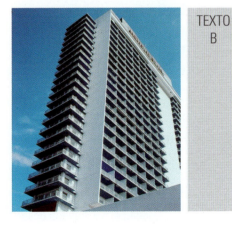

TEXTO
B

Una mujer cae del piso 23 de un hotel y sobrevive
Una mujer cae del piso 23 de un hotel y sobrevive.
Los hechos se produjeron en el centro de Cuba, cuando una mujer de 30 años cayó desde la terraza en el piso 23 del hotel Habana. Por fortuna, cayó sobre el techo *(roof)* de un taxi estacionado en el lugar.
Los servicios de paramédicos confirmaron que la mujer sobrevivió a la caída y fue trasladada de urgencia al hospital. El taxista resultó ileso *(unharmed)*, al lograr salir del carro antes de que la mujer cayera sobre él.

Estos textos son ....

Narrating in the past
Use the preterit to talk about what took place (actions, events, etc.). Use the imperfect to describe the circumstances in which they occurred.

- El otro día **me llamó** Amelia pero no **hablé** con ella porque **estaba** en la ducha y no **oí** el teléfono.

» Para **introducir** una anécdota:
   ¿**Sabes** qué (me) pasó (ayer / el otro día…)?
   ¿**A que no sabes** qué (me) pasó (ayer / el otro día…)?
   Pues resulta que… *(Well it turns out that…)*

» Para **mostrar interés,** es normal pedir a nuestro interlocutor *(the other person)* que continúe el relato con:
   ¿**Y qué pasó después**?   ¿**Y**…?
   Sigue, sigue… / Cuenta, cuenta…   ¿**A quién** llamaste / viste…?

» Para expresar **incredulidad** o **sorpresa**:
   ¡**Anda ya!**   ¡**Qué me dices!**
   ¡**Increíble!**   ¿**Cómo?**
   ¿**Ah, sí?**   ¿**De verdad?**
   ¡**No me lo puedo creer!**

13.5 Elijan una noticia de la actividad 13.4. Por turnos, cuéntensela, pregunten sobre las circunstancias del suceso y reaccionen de manera adecuada.

Modelo: E1: ¿Sabes qué pasó el otro día?
         E2: No, cuenta, cuenta…
         E1: Pues resulta que hubo un incendio. Una vecina vio salir humo de la ventana y…
         E2: ¿Y dónde estaba la vecina?

Estudiante 1:

Texto A - Acontecimientos	Para preguntar sobre las circunstancias del Texto B
a. ¿Dónde ocurrió el incendio?	**a.** ¿Qué le pasaba a la mujer?
b. ¿A qué hora?	**b.** ¿Qué tiempo hacía?
c. ¿Quién llamó a los bomberos?	**c.** ¿Dónde estaba el taxi?
d. ¿Alguien resultó herido?	**d.** ¿Dónde estaba el taxista?
e. ¿Quién llegó primero?	**e.** ¿Qué hacía el taxista allí?
f. ¿Cuáles fueron las causas del incendio?	

Estudiante 2:

Texto B - Acontecimientos	Para preguntar sobre las circunstancias del Texto A
a. ¿Dónde ocurrió el accidente?	**a.** ¿Dónde estaba la vecina?
b. ¿Desde dónde cayó la mujer?	**b.** ¿Cómo estaba?
c. ¿Dónde cayó?	**c.** ¿Qué tiempo crees que hacía?
d. ¿Resultó herida? ¿Por qué?	**d.** ¿Había mucho tráfico? ¿Por qué?
e. ¿Quién la trasladó al hospital?	**e.** ¿Había mucha gente en el edificio?
f. ¿Por qué el taxista resultó ileso?	

13.6 En esta entrevista de Radio La Mexicana, Miguel cuenta cómo conoció al amor de su vida. Escucha y completa el resumen de su historia con la forma verbal de pasado adecuada.

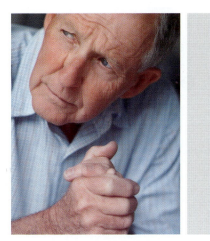

En esta entrevista de radio, el locutor entrevista a Miguel, un hombre de ochenta y seis años que cuenta cómo conoció al amor de su vida. Cuando (a) .... (ser) joven, un verano (b) .... (estar) en las fiestas de su pueblo aburrido porque la orquesta que (c) .... (tocar) no le (d) .... (gustar). Fue entonces cuando (e) .... (llegar) al baile una chica de la capital y (f) .... (enamorarse) de ella nada más verla. Pero él (g) .... (emigrar) y no (h) .... (volver) a verla hasta hace veinte años, cuando se la (i) .... (encontrar) mientras (j) .... (estar) en la Casa de España. Desde ese momento, no (k) .... (separarse) nunca.

13.7 Piensa en algún momento especial de tu pasado y cuéntaselo a tu compañero/a. Reacciona mostrando interés en lo que él/ella te cuenta.

¿Qué te pasó…
– el día que comenzaste la universidad?
– la vez que suspendiste un examen?

– cuando aprendiste a conducir?
– esa vez que te tocó un premio?
– la primera vez que cocinaste?

En España, es normal interrumpir el relato de alguien con frases que muestran interés en saber más sobre lo que se está contando. El silencio en estas situaciones indica falta de interés. ¿Cómo funciona la interacción en tu país? ¿Qué valor tiene el silencio en tu cultura?

13.8 Lee esta anécdota que cuenta un estudiante de español. ¿Por qué todos se rieron *(laughed)*? Coméntalo con tus compañeros.

¿Sabes qué me pasó el último día de mi curso de español? La profesora, ese día, nos había hablado sobre las tapas típicas en España y, al terminar las clases, decidimos "irnos de tapas". Yo insistí mucho en pedirlas, ¡me hacía mucha ilusión practicar mi español! Así que fui a la barra y dije: "Perdone, ¿nos pone una ración de camareros fritos?" y, ante mi sorpresa, todos los que estaban a mi alrededor empezaron a reírse. Je, je… Luego me di cuenta de lo que pedí y yo tampoco podía parar de reírme. Fue muy divertido.

Calamares fritos

13.9 ¿Crees que a este estudiante se le olvidará alguna vez el significado de las palabras que confundió? ¿Por qué? ¿Qué valor crees que tiene el error cuando estudias una lengua? ¿Es positivo o negativo? Coméntalo con tus compañeros.

13.10 ¿Tienes alguna anécdota parecida relacionada con el español? Cuéntasela a tus compañeros.

13.11 Escucha estas conversaciones y relaciónalas con las imágenes.

13.12 Escucha otra vez las conversaciones y completa los espacios en blanco con las palabras que faltan.

a.

Gabriel: ¡Eh! ¡Mira por dónde vas! ¡Me has dado con la mochila en la cabeza!
Álex: ...., tengo prisa y no te he visto.
Gabriel: Bueno, ..., pero ten cuidado.

b.

Olga: ¡Llevo más de media hora esperando!
Álvaro: ...., ... el autobús tardó mucho en venir.
Olga: ¡Siempre me pones la misma excusa!
Álvaro: ¡Pero es verdad! Mira, tardó tanto que mientras esperaba el autobús te compré las flores que tanto te gustan.
Olga: Bueno, ..., pero porque me trajiste flores, que si no…

c.

Óscar: .... llamarte a estas horas, pero necesito para mañana el libro de Historia, ¿me lo puedes llevar mañana a clase?
Carlos: Sí, claro, ..., mañana te lo llevo, ..., por favor, intenta acordarte *(remember)* de las cosas antes, ¡son las doce de la noche!
Óscar: Ya, lo siento, ...

d.

Martín: ¡Cuidado, cuidado!
Amanda: ¡Ay, ...!
Martín: Ten cuidado, por favor, que se han caído todas.
Amanda: ¡Cuánto ....! ¡Ha sido ....!
Martín: Está bien, no pasa nada…

13.13 Lean las palabras que han anotado en las conversaciones anteriores. ¿Para qué sirven estas expresiones?

2.B COMUNICACIÓN: MAKING APOLOGIES AND EXCUSES, ACCEPTING APOLOGIES

13.14 Con tu compañero/a, lean de nuevo las conversaciones anteriores y clasifiquen las expresiones relacionadas con pedir y aceptar disculpas.

Pedir disculpas

Justificarse cuando pedimos disculpas

Aceptar las disculpas de alguien

13.15 Lean la información y comprueben sus respuestas anteriores.

» Para pedir disculpas:
   Perdón.
   Perdona (tú) / **Perdone** (usted).
   Perdóname (tú) / **Perdóneme** (usted).
   Lo siento (mucho / muchísimo / de verdad).
   ¡Cuánto lo siento!
   Siento (mucho)…

» Para justificarse cuando pedimos disculpas:
   Es que…
   No lo voy a volver a hacer más.
   No va a volver a pasar.
   Ha sido sin querer. *(I didn't mean to.)*
   Yo no lo sabía.

» Para aceptar disculpas de alguien:
   Tranquilo/a, no pasa nada.
   No tiene importancia.
   Te perdono.
   No te preocupes.

» Para aceptar disculpas con una condición:
   Te perdono, pero no lo vuelvas a hacer más.
   Siento mucho haber usado tu celular sin permiso. **No lo voy a volver a hacer más.**

pedir perdón = pedir disculpas

● Perdóname, mamá, no lo voy a volver a hacer más, te lo prometo.
● Está bien, te perdono, pero no lo vuelvas a hacer más.

13.16 Escucha las siguientes conversaciones. ¿Qué crees que ocurrió?

(99) Conversación a ▶ ....
....

Conversación b ▶ ....
....

13.17 Comparte tus suposiciones anteriores con tus compañeros. ¿Coinciden?

13.18 Relaciona las imágenes. Después, con tu compañero/a, escriban una conversación para cada situación con las expresiones que aprendiste.

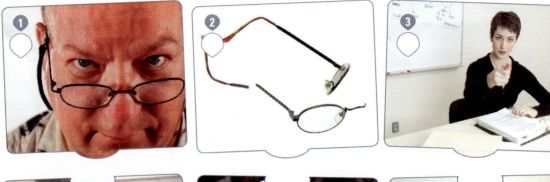

13.19 Con tu compañero/a, escojan un papel y sigan las instrucciones de su tarjeta.

Estudiante 1:

Situación 1. Empiezas tú.
Invita a tu compañero a una fiesta. Acepta sus disculpas por no asistir a tu fiesta.

Situación 2. Empieza tu compañero.
Tu compañero te ha dejado su pantalón favorito y dice que se lo has devuelto roto. Pídele perdón y justifícate.

Estudiante 2:

Situación 1. Empieza tu compañero.
Tu mejor amigo te ha invitado a una fiesta. Discúlpate y ponle una excusa para no ir.

Situación 2. Empiezas tú.
Le dejaste tu pantalón favorito a tu compañero y te lo devolvió roto. Díselo. Luego, acepta sus disculpas.

13.20 Habla con tu compañero/a sobre la última vez que pidieron perdón o se lo pidieron a ustedes.

a. – ¿Cuándo fue la última vez que pediste perdón?

– ¿A quién se lo pediste?

– ¿Pusiste alguna excusa para justificarte?

– ¿Te perdonó?

b. – ¿Cuándo fue la última vez que te pidieron perdón a ti?

– ¿Quién fue?

– ¿Te puso alguna excusa?

– ¿Le perdonaste?

PRONUNCIACIÓN

FRASES INTERROGATIVAS Y EXCLAMATIVAS

13.1 Escucha las siguientes oraciones y di si son interrogativas o exclamativas.

	a	b	c	d	e	f
Interrogativa	☐	☐	☐	☐	☐	☐
Exclamativa	☐	☐	☐	☐	☐	☐

13.2 Coloca los signos de interrogación o exclamación necesarios en las siguientes frases.

a. Cuál es tu color favorito

b. Oye, vas a ir a la fiesta

c. Qué bonita es tu camiseta

d. No sé dónde he dejado el libro

e. El concierto de ayer fue genial

f. Cuántos años tienes

Recuerda que en español se escriben dos signos de interrogación y de exclamación: al comienzo y final de las frases:

- ¿Cómo te llamas**?**

¡EN VIVO!
Episodio 13

¡Brad Pitt está en la ciudad!

ANTES DEL VIDEO

13.1 Habla con tu compañero/a sobre el tema de los famosos.

a. ¿Quién es tu artista de cine favorito/a? ¿Qué te gusta de él/ella?

b. ¿Alguna vez has conocido a alguien famoso? Comenta con tu compañero/a cómo ocurrió.

 ESTRATEGIA

Anticipating content

You have already learned that looking ahead to the questions before you watch a video will give you a good idea of what you will hear and see. Another good way to anticipate content is by reading the title and carefully looking at the images that accompany it.

13.2 Mira el episodio y responde las preguntas. Después, relaciona cada una de ellas con las imágenes.

Imagen   Imagen

a. ¿A quién esperan los tres muchachos? .. ☐   **d.** ¿Por qué está Juanjo sorprendido? .... ☐

b. ¿Por qué manda Lorena un mensaje   **e.** ¿Dónde cuenta Lorena que ha conocido
a Eli? .... ☐   a Brad Pitt? .... ☐

c. ¿Qué tiene Lorena en la mano? .... ☐   **f.** ¿Qué les da Lorena a los muchachos? .... ☐

DURANTE EL VIDEO

13.3 En el episodio, los muchachos recuerdan diferentes momentos que fueron especiales o divertidos durante el curso. Relaciónalos.

El momento

1. Eli conoció a Lorena.

2. Los muebles que compró Alfonso para la habitación.

3. El día que Alfonso y Juanjo fueron al festival.

4. El día que Lorena y Eli fueron al restaurante.

Por qué fue especial o divertido

a. Porque eran horribles.

b. Porque regresaron sucios y cansados.

c. Porque ahora es su mejor amiga.

d. Porque Juanjo era el mesero, era su primer día y lo hizo muy mal.

13.4 Lorena cuenta a sus amigos que ha conocido a Brad Pitt. ¿Cuáles de estas afirmaciones aparecen en el episodio? Marca todas las posibles.

a. ☐ Brad Pitt estaba perdido.

b. ☐ Brad Pitt estaba en la calle.

c. ☐ Brad Pitt iba en coche.

d. ☐ Brad Pitt se acercó a Lorena.

e. ☐ Lorena se acercó a Brad Pitt.

f. ☐ El actor buscaba un café.

g. ☐ El actor buscaba una tienda.

h. ☐ Lorena le ayudó a elegir unos regalos.

i. ☐ Lorena le acompañó a su casa.

13.5 ¿Cómo reaccionan sus amigos ante la historia que cuenta Lorena? Escribe a quién corresponde cada reacción.

a. ¡Dime que es una broma!   **b.** ¡No te creo!   **c.** ¡Eso es mentira!

....

¿Y tú qué dirías *(would say)*? ....

13.6 A continuación tienes unas frases que resumen el episodio. Colócalas en el orden correcto.

a. ☐ Lorena comenta a los muchachos que su historia es una broma.

b. ☐ Los muchachos llegan al restaurante para cenar.

c. ☐ Lorena explica que llega tarde porque ha conocido a Brad Pitt.

d. ☐ Lorena entrega unos regalos a los muchachos para celebrar su amistad.

e. ☐ Eli recibe un mensaje de Lorena diciendo que llega tarde.

f. ☐ Los muchachos recuerdan algunos momentos vividos durante el curso.

13.7 ¿Qué conclusión sacas después de ver el episodio? Elige la opción con la que más te identificas.

a. ☐ Los cuatro amigos celebran la importancia de su amistad.

b. ☐ Lorena quiere impresionar a sus amigos con su historia.

c. ☐ Lorena busca una broma para excusar su tardanza.

d. ☐ Lorena aprecia más a sus amigos porque ha traído regalos y los otros no.

e. ☐ Los muchachos solo buscan un motivo para salir juntos.

13.8 Comparte tu opinión con el grupo y explica tu elección. ¿Están de acuerdo?

13.9 Para Lorena, los muchachos han sido este año "como una familia". Trabaja con tu compañero/a para decir las tres cualidades más importantes que buscan en un amigo/a.

DESPUÉS
DEL VIDEO

13.10 Compartan sus opiniones con el grupo. ¿Qué cualidad gana en la clase?

GRAMÁTICA

1. CONTRAST OF THE IMPERFECT AND THE PRETERIT

Imperfect	Preterit

» Recall that we use the imperfect to describe ongoing or habitual actions in the past. It describes:
– What used to be.
    *Julio **trabajaba** de monitor todos los veranos.*
– What was going on at a certain time.
    *Ana **escribía** mensajes de texto mientras **veía** la televisión.*
– What was happening (provides the background information in a story).
    ***Era** muy idealista y **quería** ayudar a los más necesitados.*
	» The preterit tense is used to talk about specific actions that began and ended at a fixed point in the past. It describes:
	– A series of completed actions.
	    *Ayer **vimos** una película y después **fuimos** a cenar.*
	– What happened (main actions and events).
	    *El verano pasado **trabajé** en un campamento de verano.*
	    *De repente, **oí** un ruido extraño y **empecé** a correr.*

Time expressions used with the imperfect:

– Todos los días / años / veranos…
– Antes…
– Siempre / a menudo…
– Muchas veces / a veces…

Time expressions used with the preterit:

– La semana / primavera… pasada
– El fin de semana / año / mes… pasado
– Hace tres días / dos años…
– Ayer / anoche / el otro día…
– En verano / otoño / 1980…
– Una vez…

13.1 Con un/a compañero/a, describan qué ocurría cuando alguien sacó las siguientes fotos. Incluyan la información de la lista. ¡Atención! ¿Qué tiempo verbal van a usar: pretérito o imperfecto?
– when was it ▶ **ser**
– how many people were there ▶ **haber**
– who were they ▶ **ser**
– where were they ▶ **estar**
– what were they doing ▶ **acción**
– how were they feeling ▶ **estar** / **tener**

13.2 Con un/a compañero/a, combinen elementos de cada columna para hablar sobre el fin de semana que fueron de acampada con unos amigos. ¡Atención! Usen el tiempo verbal adecuado: pretérito o imperfecto.

Modelo: Un día, un grupo de amigos y yo fuimos de excursión a la montaña.

¿Cuándo?		¿Quién?	¿Qué?	
– por las tardes – un día – a menudo – por primera vez – muchas veces	– el primer día – de repente – por las mañanas – el último día	¿…?	– ir de excursión a la montaña – dormir en tiendas de campaña – nadar en el lago – ver unos ciervos *(deer)* cerca del campamento – hacer una hoguera *(campfire)*	– asar hamburguesas en la barbacoa – jugar al parchís y otros juegos de mesa – contar historias de miedo – tomar el sol

13.3 Usa las oraciones que creaste en la actividad 13.2 y escribe una entrada en tu blog sobre el fin de semana. Añade más información sobre qué hiciste y cómo fue la experiencia.

2. USING THE PRETERIT, IMPERFECT, AND PRESENT PERFECT

» Present perfect

Use the present perfect to say what a person has done. In general, it's used to refer to a past action or event that has some relation to the present. To form the present perfect in Spanish, combine the present of the auxiliary verb **haber** plus the past participle of the main verb.

Yo **he aprendido** mucho de mi profesor de Matemáticas.

Luis y Rob **han comido** aquí.

13.4 Completa las definiciones con el nombre del tiempo (presente perfecto, imperfecto, pretérito) y asocia cada frase con su tiempo verbal.

Descripción
– Acciones habituales en el pasado o costumbres.
– Personas o cosas en el pasado.
– Circunstancias y contextos.

a. ....

Narración
– Acciones y acontecimientos que ocurrieron en una ocasión en el pasado. Se especifica cuándo, dónde y en qué ocasión. Tiempo cerrado no relacionado con el presente.

b. ....

– Acciones / experiencias que han ocurrido (o no) y no importa cuándo. Ocurrieron en un tiempo definido que dura hasta el presente. Relacionadas con el presente.

c. ....

☐ *Era un muchacho alto.*
☐ *Hoy llegó tarde.*
☐ *De niño, jugaba solo.*
☐ *Nunca he probado el mate.*
☐ *Hoy desayuné huevos fritos.*

☐ *Hace dos semanas fuimos al mercado al aire libre.*
☐ *Últimamente hemos ido al cine los fines de semana.*
☐ *Anoche, el tren salió muy tarde.*

☐ *Hacía frío y llovía.*
☐ *Me habló ayer en la tarde.*
☐ *Nunca hemos estado allí.*
☐ *Comí churros en Madrid.*
☐ *He comido tamales varias veces.*

13.5 Dos amigas van a un partido de básquetbol de los Chicago Bulls para ver jugar a Pau Gasol. Completa la conversación con el presente perfecto de los verbos. Después, practica la conversación con un/a compañero/a.

Sandra: Hola, Silvia, ¿(a) .... (traer) la camiseta con el número de Gasol?
Silvia: Sí, ya la (b) .... (poner) en mi mochila.
Sandra: ¿Y (c) .... (comprar) una botella de agua?
Silvia: Sí, aquí la tengo.
Sandra: Por cierto, ¿(d) .... (cargar) tu celular para hacer video durante el partido?
Silvia: Sí, claro. Llevo también una batería de repuesto.
Sandra: ¡Ah! ¿Y la comida? ¿(e) .... (comer) algo antes de salir?
Silvia: Sí, he comido un sándwich en casa. No te preocupes, Marta, no me (f) .... (olvidar) de nada.
Sandra: Entonces no tengo que preguntar si te (g) .... (acordar) de traer las entradas.
Silvia: ¡Oh no, las entradas! ¡Las (h) .... (dejar) en casa!

13.6 Con un/a compañero/a, trabajen juntos para completar el siguiente artículo sobre unos hermanos deportistas. Usen la forma correcta del pretérito, imperfecto o presente perfecto de los verbos entre paréntesis.

Tres hermanos de altura

Los hermanos Gasol (a) .... (dar) fama internacional al deporte español en los últimos años.
Primero (b) .... (ser) Pau, uno de los mejores deportistas españoles de la historia. La fama le (c) .... (llegar) en los playoffs de la Copa del Rey y de la liga ACB cuando solo (d) .... (tener) veinte años y (e) .... (ser) un desconocido. En unos meses (f) .... (pasar) a ser el jugador más decisivo de la competición. Después (g) .... (venir) el salto a la NBA. (h) .... (jugar) primero en los Memphis Grizzlies durante seis temporadas y media y después en los Lakers, donde (i) .... (ganar) dos títulos consecutivos (2008-09 y 2009-10). En una temporada regular, (j) .... (marcar) un promedio de diecisiete puntos en cada partido. Actualmente juega en los Chicago Bulls.
Mientras Pau (k) .... (jugar) en los Grizzlies, su hermano Marc (l) .... (vivir) en Memphis con sus padres. Y después, también (m) .... (empezar) su carrera en la NBA en los Grizzlies. Marc (n) .... (tener) mucho éxito con el equipo y es uno de los pívots mejor valorados de la liga. Los dos hermanos (ñ) .... (convertirse) en los jugadores españoles con más éxito en la mejor liga del mundo.
Y la historia no termina ahí. Algunos creen que el menor de los hermanos, Adrià, con un futuro marcado por la genética (con veinte años mide ya 2,10 m), va a tener el mismo éxito. (o) .... (formar) parte del equipo de baloncesto de UCLA Bruins y en 2013 (p) .... (regresar) a España para jugar en el CB Santfeliuenc.

13.7 Observa las siguientes oraciones del artículo e indica qué expresa cada una. Después, busca en el texto un ejemplo más para cada caso. Comprueba tus respuestas con un/a compañero/a. ¿Están de acuerdo?

	Acción sin relación con el presente	Descripción en el pasado	Acción o situación que dura hasta el presente	Acción habitual
a. Tenía veinte años.				
b. Han dado fama internacional al deporte.				
c. Regresó a España.				
d. Marcaba un promedio de diecisiete puntos en cada partido.				

13.8 Imagina cómo era la vida de estas personas antes, qué les pasó y cómo son ahora. Escribe su historia usando el contraste de pasados y las siguientes expresiones.

- casarse
- enfadarse
- estar en el hospital

- estar enamorados
- hacerse médico
- querer ser rockero

- romper
- tener un accidente
- volver a salir

Antes	El cinco de julio de 2009	Este año

Antes	El tres de marzo de 2010	Este año

3. *SOLER* + INFINITIVE

>> Use the verb **soler** in the present tense plus infinitive to indicate that someone **does** something as a habit or customary practice.

*Yo **suelo ir** en autobús al trabajo, pero a veces voy en metro.* *I tend to take the bus to work, but sometimes, I take the subway.*

>> Use the **imperfect** of the verb **soler** + infinitive to indicate that someone did something as a habit or customary practice.

*Antes **solía comer** en la universidad, pero ahora como en casa.* *Before, I tended to eat at school, but now I eat at home.*

SOLER
suelo
sueles
suele
solemos
soléis
suelen

13.9 Completa las oraciones con el verbo *soler* en presente o en imperfecto.

a. Antes .... levantarme a las siete de la mañana, pero desde que vivo cerca de la universidad .... levantarme a las ocho.

b. ¿Qué .... (tú) hacer ahora los domingos por la tarde?

c. Cuando voy al cine .... ver las películas en versión original.

d. Mamá, ¿este no es el restaurante donde .... (tú) celebrar mi cumple cuando era pequeño?

13.10 Con un/a compañero/a, hablen sobre las cosas que solías hacer antes que ya no haces.

Modelo: Antes solía jugar al fútbol cada fin de semana, pero ahora prefiero ver los partidos en la tele.

deportes
con la familia

en la escuela
hábitos

VIDEOCLASES
25 y 26

DESTREZAS

1. COMPRENSIÓN DE LECTURA

13.1 Observa las imágenes y relaciónalas con las definiciones.

la Tierra

la sabiduría

los gemelos

el maíz

malvado y
engañoso

el fraile

1. ☐ Una persona con malas intenciones, que induce a creer como verdadero algo que no lo es.

2. ☐ Planta indígena con granos gruesos y amarillos de América Central. Es un cereal que se puede comer entero o desgranado en sopas, ensaladas y otras comidas. También se obtiene de él harina y aceite.

3. ☐ Hermanos que nacen a la vez.

4. ☐ Planeta que habitamos.

5. ☐ Conocimiento profundo que se adquiere a través del estudio o de la experiencia; también es un modo de conducirse en la vida.

6. ☐ Hombre que forma parte de una orden religiosa y que está al servicio de la Iglesia.

13.2 Piensa en las palabras anteriores. ¿En qué periodo de tiempo crees que está basado el texto que vas a leer? Habla con tu compañero/a.

ESTRATEGIA

Recognizing key words
When reading texts that seem to have many unfamiliar words, start off by underlining the words you do not know or recognize. Then read through the text to determine whether they are critical to the understanding of the text. In general, important words will appear more than once in a text and are often accompanied by examples and other information that is relevant to the meaning of the word. Use this strategy to glean information from context and related concepts.

El Popol Vuh

"He aquí el relato de cómo todo estaba en suspenso, en silencio, todo inmóvil, callado […], no existía nada […], y los dioses creadores se juntaron para crear el mundo…".

Así comienza el libro *Popol Vuh*, una narración que trata de explicar el origen del mundo, de la civilización maya (pueblo que habitaba mayoritariamente la zona de Guatemala) y de los fenómenos de la naturaleza, así como la historia de los mayas hasta la época de la conquista. De un gran valor histórico y espiritual, se da en el libro una mezcla de religión, mitología, historia, costumbres y leyendas.
De autor desconocido y sin una versión original, se cree, por datos aparecidos en la obra, que fue escrito en 1544 en lengua maya y que más tarde fue transcrito al latín por Fray Alonso del Portillo de Noreña.

En el libro se distinguen tres partes. La primera es una descripción de la creación del mundo y del origen del hombre. Primero se creó la Tierra, después los animales y finalmente los hombres que fueron hechos de maíz, el alimento que constituía la base de la alimentación maya. Estos hombres eran buenos, hermosos y muy listos, así que los creadores, temerosos *(fearful)* de ser superados en sabiduría, disminuyeron su vista e inteligencia.
La segunda parte trata de las aventuras de los jóvenes semidioses Hunahpú e Ixbalanqué. Estos héroes gemelos, caracterizados por su astucia y humildad, molestaron con su juego de pelota el descanso de los señores del sombrío

reino *(kingdom)* de Xibalbá, que eran malvados y engañosos. Estos quisieron destruir a los dos hermanos, pero los jóvenes consiguieron derrotarlos *(defeat them)*. Así es como los señores del mal se convirtieron en la Luna y el Sol.

La tercera parte es una historia detallada sobre el origen de los pueblos indígenas de Guatemala, sus emigraciones, su distribución en el territorio, sus guerras y el predominio de esta raza *(race)* sobre las otras hasta poco antes de la llegada de los conquistadores.

Hay arqueólogos que señalan que es un libro con conceptos y contenidos occidentales *(western)*, y compuesto por historias que seguramente no eran mayas. Asimismo, señalan que la obra se utilizó en su día para evangelizar a los indígenas. Además, su semejanza *(similarity)* con el *Génesis* de la Biblia hace pensar en una escritura dirigida por los frailes.

Adaptado de www.guiascostarica.com/mitos/popol_vuh.pdf

13.3 Elige la opción correcta.

1. El *Popol Vuh* trata sobre...
a. la creación del mundo, de los hombres y de los animales.
b. la creación del mundo y las aventuras de los semidioses.
c. la creación del mundo, las aventuras de los semidioses y la historia de los mayas hasta la época colonial.

2. Según el texto, ¿por qué estaban enfadados los señores del mal con Hunahpú e Ixbalanqué?
a. Porque eran héroes.
b. Porque les molestaban jugando a la pelota.
c. Porque eran más inteligentes que ellos.

3. ¿Qué crees que significa la expresión "la obra se utilizó en su día para evangelizar a los indígenas"?
a. Que se utilizó para enseñarles a leer y a escribir en latín.
b. Que se utilizó para convertirlos a la religión católica.
c. Que se utilizó para enseñarles costumbres de la cultura occidental.

13.4 ¿Qué es lo que más te ha sorprendido del texto? ¿Qué opinión tienes de los mitos y leyendas? Habla con tu compañero/a.

2. EXPRESIÓN ESCRITA

13.5 Escribe e inventa una historia que sea una leyenda sobre la creación del mundo.

⚙ ESTRATEGIA

Using models
Using models can guide you through the writing process when approaching a writing task. The stories from the *Popol Vuh* described in the reading can serve as a model when you write your own story or legend. Decide the topic you want to write about and list the elements needed to tell your story. Edit the list before you start to write so as to have a manageable content.

3. INTERACCIÓN ORAL

13.6 Según el texto, el *Popol Vuh* es "un libro con conceptos y contenidos occidentales, y compuesto por historias que seguramente no eran mayas". En grupos de tres, hablen de las historias y leyendas que conocen y que hacen uso de los mismos elementos para explicar un hecho.

⚙ ESTRATEGIA

Using body language and expression to create interest
When telling a story, body language, gestures, intonation all work together to give meaning and relevance to your presentation. Use this strategy to highlight the important parts of the content.

UN RECORRIDO* CULTURAL
POR MÉXICO

¿Te gusta ir al cine, bailar rock o admirar las obras de artistas originales? Si la respuesta es sí, te invitamos a recorrer los eventos culturales más interesantes de México.

Escena de *Vamos a la playa*, uno de los documentales del festival Ambulante 2014

Museo Soumaya

Festival Vive Latino

AMBULANTE: UN FESTIVAL DE DOCUMENTALES

Ambulante es uno de los festivales de cine más interesantes e innovadores de Latinoamérica. «Descubrir, compartir y transformar: estos son los objetivos del festival Ambulante», dice el actor Gael García Bernal, fundador de este festival de documentales junto con el actor Diego Luna y los productores Pablo Cruz y Elena Fortes. Desde 2005, Ambulante difunde* documentales mexicanos y extranjeros por distintas ciudades de México.

En 2014, el festival presentó ciento seis documentales de treinta y cuatro países. Además de las proyecciones de cine, hubo charlas con los directores y talleres* para el público. En ese año, además, el festival se celebró en Estados Unidos. Sus creadores organizaron una campaña en la página web Kickstarter.com y recaudaron* más de 55.000 dólares para financiar el proyecto. Así, Ambulante se celebró en California y la entrada a las salas de cine* fue gratis para el público.

«El cine ha cambiado mucho: ya no pertenece solamente a las salas de cine, sino también al centro cultural, y hasta a la computadora, y Ambulante es parte de eso», dice Gael.

¿Prefieres ver cine de ficción o documentales? ¿Por qué?

VIVE LATINO: UNA FIESTA MUSICAL

El Festival Iberoamericano de Cultura Musical Vive Latino es el festival de rock y otras músicas alternativas más importante de Latinoamérica. Se realiza en la Ciudad de México todos los años desde 1998.

«Voy a este festival desde hace tres años. Es una experiencia increíble: más de setenta mil personas bailando y cantando a la vez*», dice Manuela, una muchacha de Oaxaca que viaja a la capital mexicana para asistir al evento.

Además de los conciertos al aire libre, el festival incluye exhibiciones de arte urbano y grafiti. El evento también tiene un aspecto ecológico a través del programa Vive Verde, que educa sobre el respeto al medioambiente.

¿Te gustaría asistir a este festival? ¿Qué músicos latinoamericanos conoces?

MUSEO SOUMAYA

El edificio de este museo de la capital mexicana es impresionante: sus formas curvas están recubiertas por más de dieciséis mil placas* de aluminio que brillan al sol. Es un diseño del arquitecto mexicano Fernando Romero, quien trabajó con la empresa de ingeniería Ove Arup y el arquitecto estadounidense Frank Gehry. El estilo arquitectónico ha sido comparado con el del Museo Guggenheim Bilbao. Dentro se puede encontrar una de las colecciones más completas de arte prehispánico, que incluye máscaras, figuras de barro y objetos para perfumar el aire.

«En nombre de mi familia y el mío me da mucho gusto poder compartir este espacio», dijo Carlos Slim, patrocinador* del museo, el día de su inauguración. La misión del museo es compartir la colección de la Fundación Carlos Slim, que ofrece más de treinta siglos de arte americano y europeo. Slim es un empresario* mexicano de telecomunicaciones; es uno de los cinco hombres más ricos del mundo y coleccionista de obras de arte, tanto latinoamericano como europeo. El museo lleva el nombre de su esposa Soumaya, fallecida* en 1999.

«El conocimiento no es solo información y estudios, también es importante desarrollar la sensibilidad a la belleza», dice Slim. Por eso, explica, la entrada al museo es gratuita, para que todo el público pueda visitarlo.

> ¿Crees que todos los museos deberían ser gratuitos? ¿Por qué?

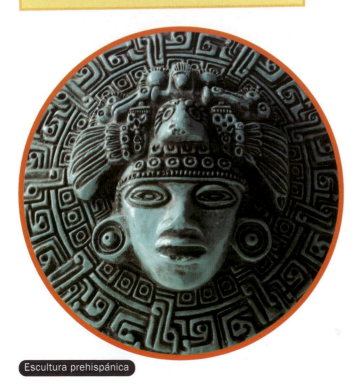

Escultura prehispánica

REALIZA UNA INVESTIGACIÓN RÁPIDA PARA ENCONTRAR LOS DATOS SIGUIENTES:

a ¿En qué famosas películas trabajaron juntos Gael García Bernal y Diego Luna?

b ¿Qué otros festivales de rock importantes hay en Latinoamérica?

c Visita el sitio web del Museo Soumaya y busca, entre las colecciones, cuál te gustaría ver y por qué.

Gael García Bernal y Diego Luna

GLOSARIO

a la vez – at the same time

difunde – disseminates, circulates

el empresario – business magnate

fallecida – deceased

patrocinador – sponsor

la placa – sheet

recaudaron – they raised (money)

el recorrido – tour

la sala de cine – movie theater

el taller – workshop

Fuentes: Ambulante, Museo Soumaya, Vive Latino, Travel Mexico, *La Nación*.

VOCES LATINAS

Cuba, vida y música

EN RESUMEN

Situación

Un malentendido

Last Saturday night you went out with friends when at the end of the night something happened that caused a misunderstanding between one of your friends and you.

LEARNING OUTCOMES

ACTION

Talk about what happened

13.1 Anoche un/a amigo/a y tú se enfadaron por culpa de un malentendido. Escribe un texto sobre los acontecimientos previos al enfado.

- ¿Dónde fueron?
- ¿Qué hicieron primero, después, etc.?
- ¿Qué pasó entre ustedes?
- ¿A qué hora volvieron a casa?

Describe the steps leading up to an event

13.2 Describe detalladamente cómo ocurrió el malentendido.

- ¿Quiénes estaban?
- ¿Dónde estaban?
- ¿Qué hora era cuando empezó la situación?
- ¿Qué hacían?
- ¿Cómo estaban todos (contentos, aburridos,…)? ¿Y tú y tu amigo?

Make apologies and excuses

13.3 Envíale un texto largo a tu amigo/a pidiéndole disculpas sobre la noche anterior. Intercámbialo con un/a compañero/a.

Accept apologies

13.4 Responde al texto de tu amigo/a con otro en el que aceptas sus disculpas.

LISTA DE VOCABULARIO

En el concierto In the concert

el escenario stage
el grupo group
el público audience
el tema topic, musical composition

Tipos de texto Text types

la anécdota anecdote, story
el autor autor
el cuento tale
la fábula fable
la leyenda legend
la moraleja moral
la noticia news
la novela novel
el periódico newspaper
el poema poem
el relato short story
la rima rhyme

Descripciones y reacciones a lo ocurrido
Describing and reacting to what happened

¿A que no sabes…? I bet you don't know…
¿Ah, sí? Really? Seriously?
¡Anda ya! Come on, no way!

¿Cómo? What do you mean?
Cuenta, cuenta… Tell me, tell me…
¿De verdad? Really? Is that true?
¡Increíble! Incredible!, Unbelievable!
¡No me lo puedo creer! I can't believe it!
Pues resulta que… Well it turns out that…
¡Qué me dices! What are you saying!
¿Sabes qué…? Do you know what…?
Sigue, sigue… Continue, keep talking, go on…

Verbos Verbs

acordarse de (o>ue) to remember
agarrar to catch, to grab
caer(se) (i>y) to fall
casar(se) to marry
convertirse (e>ie) to change into, to become
dejar to leave (something) behind
firmar to sign
hacerse to become (with professions)
lanzar to throw
olvidar(se) de to forget
soler (o>ue) to tend to do something
tirar to throw

Pedir y aceptar disculpas
Making and accepting apologies

¡Cuánto lo siento! You don't know how sorry I am!
Ha sido sin querer. I didn't mean to.
Lo siento (mucho / muchísimo / de verdad). I am (so / very / really) sorry.
(Yo) No lo sabía. I didn't know it.
No lo voy a volver a hacer más. I won't do it again.
No va a volver a pasar. It won't happen again.
No te preocupes. Don't worry.
No tiene importancia. It's not important.
Perdón. Excuse me. Forgive me.
Perdóname. Forgive me.
Te perdono. I forgive you.
Tranquilo/a, no pasa nada. Don't worry, it's OK.

Palabras y expresiones útiles
Useful words and expressions

herido/a hurt
el incendio fire
¡Qué apuro! How embarrassing!
¡Qué vergüenza! How embarrassing!
¡Ten cuidado! / ¡Cuidado! Be careful!

14
CONSTRUIR UN FUTURO

Hablamos de…	Vocabulario y comunicación	¡En vivo!	Gramática	Destrezas	Sabor latino	En resumen
• El futuro	• **El medioambiente:** Making predictions, guesses, and assumptions about future actions and conditions • **La política:** Making promises **Pronunciación** • La acentuación	**Episodio 14 Una cita con Morgana:** Using images to interpret meaning	• Future tense • *Si* + present + future	• ***Platero y yo,*** **Juan Ramón Jiménez** – **Comprensión de lectura:** Approaching a literary text – **Expresión escrita:** Making associations – **Interacción oral:** Using examples	• **Cuatro sitios increíbles**	• **Situación:** Día de la Tierra, 22 de abril • Vocabulario

- ¿Cuántos años crees que tienen estos muchachos?
- ¿Qué crees que van a hacer después de graduarse?
- ¿Y tú? ¿Qué planes tienes para el futuro?
- ¿Qué profesión quieres tener?

LEARNING OUTCOMES

By the end of this unit, you will be able to:

- Talk about making future plans
- Make guesses and assumptions
- Make promises
- Describe future actions and conditions

14.1 Observa las imágenes de Patricia, la muchacha pelirroja de la primera foto, y Andy, y relaciona las frases con la persona correcta. Basa tus respuestas en lo que ves en las imágenes.

Patricia

Andy

	Andy	Patricia	Los dos	Ninguno
a. Le gusta leer guías turísticas.	☐	☐	☐	☐
b. Le gusta vivir en contacto con la naturaleza.	☐	☐	☐	☐
c. Es ambicioso/a y realista.	☐	☐	☐	☐
d. Es sociable y extrovertido/a.	☐	☐	☐	☐
e. Le interesan las cosas nuevas.	☐	☐	☐	☐
f. Se preocupa por el medioambiente.	☐	☐	☐	☐
g. Es deportista.	☐	☐	☐	☐
h. Duerme la siesta todos los días.	☐	☐	☐	☐

14.2 Relaciona las frases para completar las actividades que Patricia y Andy van a hacer este año.

1. Va a quedar con
2. Va a practicar su
3. Van a ir a clase
4. Va a leer un libro
5. Van a disfrutar
6. Van a planificar

a. todos los días.
b. sus amigos para organizar sus vacaciones.
c. deporte favorito.
d. sobre la composición del suelo.
e. su futuro profesional.
f. de su tiempo libre.

14.3 Escucha a Patricia y a Andy hablar sobre el futuro y completa los espacios en blanco con las palabras que faltan.

Patricia: Todavía no sé qué voy a hacer este verano, pero tiene que ser algo grande después de este año tan duro en la unversidad. Y tú, ¿ya lo has decidido?

Andy: He pensado diferentes (a) ...., estoy entre el Tren de las Nubes en Argentina o el Tren del Vino en Chile. Imagino que me decidiré por el primero y me dedicaré este primer año a (b) .... mundo, ya tengo toda la información.

P.: Chévere, ese tren recorre la provincia de Salta sobre la (c) .... de los Andes, ¿no? No sé nada del Tren del Vino, ¿qué es?

A.: Pues verás... Seré (d) .... muy pronto y este tren recorre el valle de Colchagua, y el de Cachapoal y de Maipú, y estoy muy interesado en visitar las viñas y bodegas de Santacruz. Creo que será muy interesante para mi futuro profesional. Pero, dale, seguro que tienes un plan. Cuéntame, te prometo que será nuestro (e) ....

P.: No es un secreto, es solo una idea. No tengo nada organizado aún, pero también tiene que ver con trenes: quiero hacer el Interrail y conocer Europa. Supongo que será importante para mi carrera de Turismo, pero también es divertidísimo recorrer con amigos el viejo mundo, ¿no crees?

A.: ¡Desde luego! Es un gran plan, tendremos que estudiar (f) .... para tener esas vacaciones. Para empezar, esta tarde iremos a la biblioteca.

P.: ¡Vale, traga!

traga (Argentina) = *nerd*

El Interrail es un billete de tren que te permite viajar ilimitadamente por casi toda Europa a un precio reducido.

14.4 Vuelve a escuchar la conversación y contesta las siguientes preguntas. Habla con tu compañero/a.

a. ¿Cómo crees que es Andy? ¿Qué piensas que le interesa?

b. ¿Cómo crees que es Patricia? ¿Qué supones que hace en su tiempo libre?

c. ¿Dónde piensa Andy ir de vacaciones? ¿Por qué?

d. ¿Cuál es el plan de Patricia? ¿Por qué?

14.5 Y tú, ¿cómo eres? Habla con tu compañero/a y cuéntale tus planes para este año en tus estudios, en tus viajes y vacaciones, con tus amigos, etc.

APUNTES: Las vacaciones de los jóvenes españoles

✓ El 32 % señala que su presupuesto oscila entre los 100 y 300 euros en total y otro 24 % dispondrá de 300 a 500 euros. Sin embargo, un 17 % de los jóvenes diseñará su plan de verano con menos de 100 euros.

✓ En cuanto a la compañía, la pareja y los amigos (48 % y 42 %) son los acompañantes favoritos de los jóvenes para disfrutar de los días de verano. Los padres (8,5 %) pasan a ocupar la tercera posición y en último lugar se sitúan aquellos que prefieren viajar solos (2,5 %).

1.A VOCABULARIO: EL MEDIOAMBIENTE

14.1 Estas son palabras y expresiones que están relacionadas con el medioambiente. Relaciónalas con su imagen correspondiente. Después, compara las respuestas con tu compañero/a.

1. ☐ consumo responsable
2. ☐ transporte ecológico
3. ☐ deshielo

4. ☐ reciclaje
5. ☐ contaminación
6. ☐ energía renovable

7. ☐ calentamiento global
8. ☐ sequía
9. ☐ deforestación

14.2 Clasifica las expresiones anteriores según su impacto positivo o negativo en el medioambiente. Trabaja con tu compañero/a.

Impacto positivo	Impacto negativo

14.3 Lee estas descripciones y relaciónalas con su símbolo correspondiente. ¿Existen estos símbolos en tu país? ¿Significan lo mismo?

1. ☐ Esta ilustración invita al consumidor a ser cívico y dejar el envase o residuo en un sitio adecuado para ello, como papeleras, contenedores, etc. Lo encontrarás en casi todos los productos con el fin de concienciar al consumidor.

2. ☐ En este logo, basado en el símbolo de Möbius, cada flecha representa uno de los pasos del proceso de reciclaje: la recogida, el proceso mismo del reciclaje y la compra de productos reciclados, de manera que el sistema continúa una y otra vez, como en un círculo.

3. ☐ El envase que lleva este icono garantiza que, al convertirse en residuo, se reciclará mediante el Sistema Integrado de Gestión de Residuos de Envases (SIG). Lo encontramos en envases de plástico, metálicos, tetrabrick, cartón, papel, vidrio…

14.4 Relaciona cada producto con su imagen.

envases • cartón • pilas • restos orgánicos • vidrio • latas de aluminio
electrodomésticos de bajo consumo • productos envasados

14.5 En grupos de cuatro, respondan a estas preguntas sobre sus hábitos de consumo y reciclaje. Tomen notas.

ENCUESTA

a. ¿Compras productos envasados?

b. ¿Llevas tus propias bolsas al supermercado o prefieres las de plástico que te dan?

c. ¿Separas los envases de papel y plástico?

d. ¿Qué haces con las pilas, el papel y el aceite?

e. ¿Qué otras cosas reciclas en tu casa?

f. ¿Dejas las luces encendidas cuando sales de la habitación? ¿Por qué?

g. ¿Dejas enchufados los aparatos eléctricos todo el tiempo?

h. Cuando pones el lavavajillas o la lavadora, ¿están llenos?

i. ¿Tienes electrodomésticos de bajo consumo?

j. ¿Consumes realmente lo que necesitas?

14.6 Resume los resultados de la encuesta anterior y elabora un informe con lo que crees que tienen ustedes que cambiar para mejorar el medioambiente.

» Para hacer **conjeturas** o **suposiciones** sobre el futuro:

Creo que en cincuenta años usaremos solo energía renovable.

Me imagino que los carros no usarán gasolina.

Supongo que la gente usará transporte ecológico en las ciudades.

14.7 Estas personas son muy responsables a la hora de pensar en el futuro del planeta. Relaciona sus hábitos con la imagen correspondiente.

1. ☐ Consume frutas y verduras orgánicas.
2. ☐ Recicla los desechos domésticos de forma adecuada, separando los materiales.
3. ☐ Prefiere la bicicleta al carro.
4. ☐ Solo lava la ropa si la lavadora está llena.
5. ☐ Se informa del origen de los productos para consumir con responsabilidad.

Alina

Samuel

Soledad

Ramiro

Isabel

14.8 ¿Qué otros hábitos crees que tienen las personas anteriores? Con un compañero/a, usen los verbos de la lista para hacer conjeturas o suposiciones para cada uno.

comprará • usará • reciclará • irá a • no gastará • (no) consumirá • lavará

Modelo: Supongo que Alina lavará con agua fría para ahorrar energía.

14.9 ¿Que predicciones tienes para el futuro del planeta? ¿Tienes una visión optimista o pesimista? Clasifica tus ideas desde los dos puntos de vista usando los verbos de la lista. Después, en grupos pequeños, hablen sobre sus predicciones.

eliminar • ser • consumir • estar • reducir • comprar
reutilizar • afectar • reciclar • malgastar

Optimista	Pesimista

Modelo: Me imagino que la energía solar será la más efectiva.

Modelo: Creo que nunca eliminaremos la contaminación.

14.10 En este correo electrónico un amigo te cuenta lo que ha leído hoy en Twitter. Primero, léelo y, después, respóndele con lo que crees que puedes hacer tú.

Asunto: Twitter hoy

De: Antonio   Para:

¿Qué tal?
¿Has entrado en Twitter hoy? Hay muchos comentarios en #consumoresponsable y, después de leerlos, me he propuesto que yo, a partir de mañana, compraré frutas y verduras orgánicas e intentaré no comprar cosas que no necesito. Antes no miraba las etiquetas, pero ahora haré un esfuerzo. Y para ir al supermercado escribiré una lista para comprar solamente lo que necesito. También he pensado que le regalaré una lavadora nueva de bajo consumo a mi madre y le diré que hay que cambiar las bombillas de la casa por las de bajo consumo para ahorrar energía. Creo que estos comentarios me han hecho reflexionar sobre lo que consumo. Ahora veo el futuro un poco menos negro.
Habrá que hacer algo por nuestro futuro, ¿no? Creo que el esfuerzo valdrá la pena.
¿Y tú? ¿Qué vas a hacer? ¿Has pensado en este tema?
Antonio

Future tense
You will learn more about this tense later in the unit. In the meantime, here are some forms to get you started.
comprar ▶ compraré
reciclar ▶ reciclaré
escribir ▶ escribiré
consumir ▶ consumiré
hacer ▶ **haré**
ser ▶ **seré**
decir ▶ **diré**
hay ▶ **habrá**

Asunto: [Re] Twitter hoy

De: Para: Antonio

Hola, Antonio:
Realmente no he pensado en este tema tan en serio como tú, pero me has dado algunas buenas ideas. Creo que yo… / Supongo que yo… / Creo que no… / Me imagino que…

14.11 Fíjense en la imagen. ¿Qué hacen estas personas?

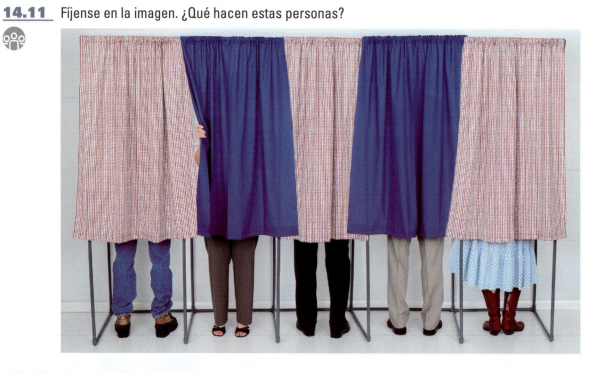

14.12 Elige todas las palabras y expresiones que crees que tienen que ver con la política.

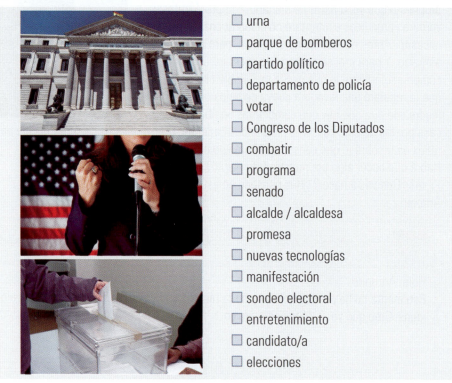

- ☐ urna
- ☐ parque de bomberos
- ☐ partido político
- ☐ departamento de policía
- ☐ votar
- ☐ Congreso de los Diputados
- ☐ combatir
- ☐ programa
- ☐ senado
- ☐ alcalde / alcaldesa
- ☐ promesa
- ☐ nuevas tecnologías
- ☐ manifestación
- ☐ sondeo electoral
- ☐ entretenimiento
- ☐ candidato/a
- ☐ elecciones

14.13 Comparte tu lista de palabras con tus compañeros. ¿Coinciden? Si no es así, justifica tu lista.

14.14 Lee el siguiente artículo de periódico. Fíjate en las palabras resaltadas en negrita, ¿qué tienen en común todas ellas?

Unas elecciones muy reñidas

Mañana se celebrarán las **elecciones** a la **presidencia** del país. Las **encuestas** de estos días señalan *(indicate)* que los dos principales **partidos** están muy igualados y que puede pasar cualquier cosa. Pablo Tomeu y Francisco Torres, los dos principales **candidatos** a **presidente**, se muestran optimistas ante estas elecciones, aunque habrá que esperar hasta contar todos los **votos** para conocer el resultado final.

Los dos partidos *(parties)* han prometido hacer grandes cambios en el país si consiguen ganar las elecciones. El candidato Pablo Tomeu ha dicho que, si gana, hará una gran **reforma** en educación. También ha dicho que mejorará *(will improve)* la salud pública y que abrirá varios hospitales nuevos.

El **programa** del partido de Francisco Torres apuesta por *(supports)* el medioambiente. Como ha dicho a lo largo de toda su **campaña**, este será un punto fundamental: si el partido de Torres sale elegido, se incentivará el uso del transporte público, se bajará el precio de los autos eléctricos, se trabajará en las energías renovables, etc.

Hasta mañana por la tarde no conoceremos quién será el futuro presidente del país y los cambios que viviremos en los próximos cuatro años.

14.15 Lee las siguientes afirmaciones y di si son verdaderas o falsas. Rectifica las falsas.

	V	F
a. El partido de Tomeu es el favorito.	☐	☐
b. Los dos principales candidatos piensan que pueden obtener buenos resultados.	☐	☐
c. Se presentan más de dos partidos a estas elecciones.	☐	☐
d. El partido que quiere mejorar la sanidad también quiere mejorar el transporte.	☐	☐
e. Las elecciones se celebran cada cinco años.	☐	☐

14.16 Se celebran elecciones para elegir alcalde / alcaldesa en tu pueblo y tú eres uno de los candidatos. ¿Cuál es tu programa? Escribe un discurso usando el vocabulario aprendido y que haga referencia a las siguientes cuestiones.

– medioambiente   – trabajo   – salud
– educación   – transporte   – cultura

Estimados/as ciudadanos/as:

Prometo que construiré más zonas verdes, así los niños podrán jugar en los parques. Además, si me votan, el transporte en la ciudad será más barato. Si mi partido gana, les prometo que no habrá tanta contaminación y…

» Para **hacer promesas**:

Te prometo que… *I promise you that…*
Te lo prometo / juro. *I promise / swear it…*
Te doy mi palabra. *I give you my word.*
Te juro que… *I swear that…*
¡Prometido! *Promise!*
Lo haré sin falta. *I will be sure to do it.*

14.17 Escucha las siguientes conversaciones y completa los espacios en blanco con las palabras que faltan. Después, une cada conversación con la imagen correcta.

a. Madre: ¡El próximo fin de semana estás castigada *(punished)*! Ayer llegaste tardísimo.
Hija: ……………… que no volverá a pasar, de verdad.
Madre: Siempre dices lo mismo y nunca haces caso. ¡No hay más que hablar!
Hija: ¡Pero, mamá…!

b. Luis: ¡Estuve media hora esperándote y la película ya ha empezado! La próxima vez entro yo solo al cine y no te espero.
Sandra: Anda, no te enfades. He llamado para avisarte…
……………… que no volverá a pasar.
Luis: ¡Pero si desde que te conozco siempre llegas tarde!

c. Pedro: Tu fiesta ha estado genial. Nos hemos divertido muchísimo.
Daniel: Me alegro. A ver si celebramos otra para tu cumpleaños.
Pedro: ………………

14.18 Lee las siguientes promesas y analiza con tu compañero/a en qué situación se podrían hacer.

a. Te prometo que no lo volveré a hacer.
b. Te juro que tendré mucho cuidado con él.
c. De verdad que lo haré sin falta. ¡Prometido!

14.19 Elige una de las promesas de la actividad anterior y prepara una conversación con tu compañero/a. Pueden usar las conversaciones de la actividad 14.17 como modelo.

14.20 Aprendan su conversación y represéntenla ante la clase.

14.21 ¿Qué piensan de las promesas en política? ¿Se cumplen? Y si no es así, ¿qué deben hacer los electores?

PRONUNCIACIÓN

LA ACENTUACIÓN

» As you know, all words in Spanish have a syllable that is pronounced with more stress than the other syllables in the word, and in some cases, a written accent is needed to identify the stressed syllable.

14.1 Escucha las siguientes palabras y marca la sílaba acentuada.

(103)

cuéntamelo	carácter	dáselo	jardín	envíanoslas
historia	después	maravilla	casa	joven
ciudad	verano	político	salió	canción
lápiz	rápido	pensar	fábrica	palo
aquí	sábado	cómic	gracias	difícil
corazón	música	devuélvemelo	dímelo	genial

14.2 Ahora clasifícalas en el cuadro según su sílaba acentuada.

●●**●**	●**●**●	**●**●●	**●**●●●
Palabras **agudas**	Palabras **llanas**	Palabras **esdrújulas**	Palabras **sobreesdrújulas**
	difícil		

14.3 Observa las palabras que tienen tilde del cuadro anterior y completa las reglas de acentuación.

a. Las palabras agudas se acentúan cuando terminan en ...., ... o ....

b. Las palabras llanas se acentúan cuando terminan en una consonante distinta de .... o ....

c. Las palabras esdrújulas o sobreesdrújulas se acentúan ....

d. Recuerda que las palabras **qué**, **cómo**, **dónde**, **cuándo** y **cuánto** tienen tilde solamente en las frases .... y .... Por ejemplo: *¿De dónde eres? ¡Qué calor!*

¡EN VIVO!
Episodio 14

Una cita con Morgana

ANTES DEL VIDEO

14.1 Todas estas palabras tienen relación con el episodio que vas a ver. Selecciona la definición correcta.

1. adivina
   a. ☐ Persona maravillosa, estupenda.
   b. ☐ Persona que conoce el futuro de la gente.

2. dudas
   a. ☐ Cuando no sabes qué decisión tomar.
   b. ☐ Forma coloquial de llamar a la gente, como "cuate" en México.

3. confuso
   a. ☐ Filosofía típica de China.
   b. ☐ Cuando no tienes las ideas claras.

4. ponerse nervioso
   a. ☐ Vestirse para salir.
   b. ☐ Cuando pierdes la calma.

5. medioambiente
   a. ☐ Sistema formado por la naturaleza.
   b. ☐ Ambiente poco natural.

6. guardabosques
   a. ☐ Lugar protegido de la naturaleza.
   b. ☐ Persona que cuida del bosque.

7. especies salvajes
   a. ☐ Condimentos de países exóticos.
   b. ☐ Animales que viven libres en la naturaleza.

8. efecto invernadero
   a. ☐ Subida de la temperatura de la atmósfera negativa para la vida natural.
   b. ☐ Sitio protegido donde se cultivan plantas.

14.2 Relaciona las imágenes con las frases. Basa tus respuestas en lo que crees que puede ocurrir. Usa tu imaginación.

a. ☐ Doña Morgana entrega las cartas a Sebas.
b. ☐ Sebas sonríe feliz en medio de la naturaleza.
c. ☐ Los muchachos están solos en un lugar oscuro.
d. ☐ Sebas da las gracias a Morgana.
e. ☐ Doña Morgana cierra los ojos y transmite su energía a las cartas.
f. ☐ Sebas aparece como un político dando un discurso.

⚙ ESTRATEGIA

DURANTE EL VIDEO

Using images to interpret meaning
Video consists of rich visual images to illustrate what is being said and can help you understand words that you may not know. As you watch the video, pay close attention to the images, especially when you hear narrative or conversation you do not understand. More often than not, the images being shown will aid your comprehension considerably.

14.3 Mira el episodio y relaciona las preguntas con las respuestas correspondientes.

1. ¿Cómo se llama la adivina?
2. ¿Qué pregunta Felipe?
3. ¿Cuántos caminos tiene Sebas en su futuro?
4. ¿Qué profesión prefiere Sebas?
5. ¿Es Morgana de verdad una adivina?

a. La de guardabosques.
b. Dos caminos.
c. Morgana.
d. No; es Lorena.
e. Por el futuro de Sebas.

14.4 Mira el episodio y clasifica las frases según la persona que puede decir o hacer algo similar: Morgana (M), Felipe (F) o Sebas (S).

a. ☐ Tiene dos caminos en el futuro.
b. ☐ Conoce el futuro.
c. ☐ Es amigo de la adivina.
d. ☐ Quiere ayudar a su amigo a tomar una decisión.
e. ☐ Es una adivina.
f. ☐ Necesita preguntar por su futuro.

14.5 Mira el episodio de nuevo y selecciona las frases correctas.

a. ☐ Los muchachos esperan impacientes en un sitio oscuro iluminado con velas.
b. ☐ Sebas dice que cree en los adivinos.
c. ☐ La adivina pregunta a Sebas qué quiere saber sobre el futuro.
d. ☐ Sebas explica que tiene dudas sobre el amor.
e. ☐ Aparecen dos posibles futuros para Sebas.
f. ☐ Hay un posible futuro como científico para Sebas.
g. ☐ Hay un segundo posible futuro como guardabosques.
h. ☐ A Sebas le gusta más el futuro como político.
i. ☐ En realidad Morgana es Lorena disfrazada para ayudar a Sebas a tomar una decisión.

14.6 Comenta las siguientes afirmaciones con tu compañero/a.

a. Creo en el tarot y otras formas de adivinar el futuro.
b. He ido a visitar a una adivina.
c. Sé perfectamente a qué me voy a dedicar en el futuro.
d. Sé perfectamente cómo es mi futuro ideal.

14.7 En grupos de cuatro, expresen su opinión sobre las afirmaciones que aparecen a continuación.

a. No cuido el medioambiente porque es inútil. No se puede hacer nada individualmente.
b. Si todos colaboramos, podemos cambiar el futuro de la Tierra.
c. El gobierno de mi país está muy preocupado por mejorar el medioambiente.

DESPUÉS DEL VIDEO

GRAMÁTICA

1. FUTURE TENSE

» The future tense expresses what will happen. Regular verbs in the future tense are conjugated by adding the following endings to the infinitive form of the verb:

Regular Verbs			
	ESTUDIAR	**COMER**	**VIVIR**
Yo	estudiar**é**	comer**é**	vivir**é**
Tú	estudiar**ás**	comer**ás**	vivir**ás**
usted/él/ella	estudiar**á**	comer**á**	vivir**á**
nosotros/as	estudiar**emos**	comer**emos**	vivir**emos**
vosotros/as	estudiar**éis**	comer**éis**	vivir**éis**
ustedes/ellos/ellas	estudiar**án**	comer**án**	vivir**án**

» Irregular verbs in the future tense have irregular stems, but use the same endings as regular verbs.

Irregular stems			Regular endigns
poder ▶ **podr**–	decir ▶ **dir**–	haber ▶ **habr**–	–**é**
poner ▶ **pondr**–	hacer ▶ **har**–	saber ▶ **sabr**–	–**ás**
salir ▶ **saldr**–	querer ▶ **querr**–		–**á**
tener ▶ **tendr**–			–**emos**
venir ▶ **vendr**–			–**éis**
Can you recognize a pattern among the irregular stems?			–**án**

» The future tense is often used with the following expressions of time:

– el año / el mes / la semana / la primavera **que viene**
  El año que viene iré a Cuba.

– **dentro de** dos años / un rato / unos días
  Dentro de unos días vendrá a casa.

– el / la **próximo/a** semana / mes / año
  El próximo año tendré diecisiete años.

– **mañana / pasado mañana**
  Pasado mañana tendré un examen.

14.1 Ordena las siguientes expresiones de tiempo de más a menos cercanas en el futuro. Después, haz turnos con un/a compañero/a para decir qué harán en cada punto del futuro.

el mes que viene • dentro de dos años • dentro de un rato
mañana • pasado mañana • el año que viene • las próximas Navidades

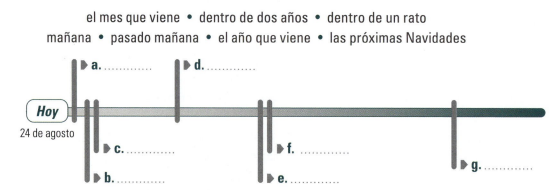

14.2 Completa el texto con el futuro de los verbos. Comparte tus respuestas con un/a compañero/a. ¿Qué situación creen que se describe?

Veo… que dentro de poco (conocer, tú) ....
a una persona que (ser) .... muy importante
para ti. (Salir, ustedes) .... juntos. Un día esta
persona (querer) .... hacerte un regalo, pero tú
le (decir) .... que no puedes aceptarlo. (Venir,
tú) .... otra vez aquí porque (tener, tú) ....
muchas dudas y me (pedir) ....consejo.

14.3 Ahora te toca a ti consultar con un/a adivino/a. Forma preguntas con las series de palabras y úsalas para preguntar a tu compañero/a sobre tu futuro. Después, cambien de papel.

Modelo: ¿Dónde / trabajar / el verano que viene?

E1: ¿Dónde trabajaré el verano que viene?

E2: Trabajarás en las oficinas de Google.

Estudiante 1:

a. ¿Dónde / estar / este verano?

b. ¿Con quién / pasar / el resto de mi vida?

c. ¿Cómo / ser / feliz, rico/a, pobre…?

Estudiante 2:

a. ¿Qué / hacer / después de graduarme?

b. ¿Dónde / vivir? ¿En una ciudad grande, un pueblo o en el extranjero?

c. ¿Cuántos hijos / tener?

14.4 Imagina cómo será tu vida dentro de quince años. Usa tu imaginación y creatividad e incluye alguno de los aspectos de la lista. Escríbelo en una hoja y dásela a tu profesor. Después, el profesor repartirá las redacciones entre los compañeros de la clase.

– tu vida profesional

– tu vida familiar

– tu vida sentimental

– tu vida social

14.5 Lee el texto que te tocó. En grupos pequeños, intenten adivinar de qué compañero se trata. Recuerden las formas para dar opinión o para mostrar que no están seguros.

Creo que… porque…   Me parece que… porque…

2. *SI* + PRESENT + FUTURE

» The sentence below describes an **action that depends on a certain condition** so that it can take place.

If I have *time* (condition), **I will go** *shopping* (action).

» To talk about **future actions that depend on a condition**, use:
- *Si* + **present** + **future**

Si tengo *tiempo,* **iré** *de compras.*   **Si** *no* **llueve,** **jugaremos** *al tenis.*

14.6 Relaciona las frases para formar oraciones lógicas.

1. Si el metro no funciona,…
2. Si me invita a su cumpleaños,…
3. Si me pongo enferma,…
4. Si no nos vemos esta tarde,…
5. Si piensas un poco,…

a. te llamaré.
b. iré a pie.
c. no podré ir a la excursión.
d. sabrás la respuesta.
e. tendré que comprarle un regalo.

14.7 Dale consejos a un amigo que quiere comer mejor. Completa las oraciones con el futuro de los verbos, uno en forma afirmativa y otro en negativa.

a. Si siempre vas a restaurantes de comida rápida,… (comer comida basura, recibir la alimentación necesaria).
b. Si no desayunas,… (tener energía por la mañana, comer en exceso al mediodía).
c. Si comes mucho al mediodía,… (tener sueño después, querer trabajar por la tarde).
d. Si tomas demasiada cafeína antes de acostarte…, (estar nervioso, poder dormir por la noche).
e. Si lees los ingredientes antes de comprar los productos,… (saber qué contienen, comprar comidas con muchas calorías).
f. Si preparas la comida en casa en vez de comer siempre en restaurantes,… (poder controlar tu dieta, gastar tanto en comida).

14.8 Completa las oraciones para expresar tu opinión. Después, hablen en grupos sobre sus planes. ¿Qué tienen en común?

a. Si ...., haré un crucero por el Canal de Panamá.
b. Si tengo suerte, ...

c. Si el sábado hace mal tiempo, ...
d. Si ...., aprenderé japonés.
e. Si gano la lotería, ...

14.9 Escribe condiciones para conseguir estas cosas.

- estar en forma
- ser feliz
- ser rico
- tener el mejor trabajo del mundo

(Modelo:) Si voy al gimnasio cada día, estaré en forma *(be in shape)*.

14.10 Lee el texto de este anuncio. Di si las afirmaciones son verdaderas o falsas y justifica tu respuesta.

Descubre el México desconocido

SI TE GUSTA DISFRUTAR DE LA NATURALEZA,
ENCONTRARÁS UN SINFÍN DE ACTIVIDADES AL AIRE LIBRE

Si te vuelve loco escalar montañas y mirar desde las alturas, en Tapalpa, México, tendrás muchos momentos de locura.

Si te gusta practicar deportes extremos, aquí encontrarás desde alpinismo hasta vuelo en parapente.

Si quieres olvidarte de todo y disfrutar del bosque y de su hábitat, verás bella flora y diversa fauna.

Si disfrutas de los platillos preparados con borrego *(lamb)* y los dulces típicos, estarás en el lugar ideal.

Si buscas lugares románticos, estarás en uno de los mejores, ya que encontrarás las más cálidas cabañas de todas las categorías donde podrás alojarte.

Todo en Tapalpa invita al disfrute: artesanías, fiestas y gastronomía integran un mosaico que te invita siempre al regreso.

Salto del Nogal

Volando en parapente

	V	F
1. Tapalpa es un buen lugar para disfrutar de las alturas.	☐	☐
2. Si te gusta el deporte extremo, Tapalpa no es tu destino.	☐	☐
3. Tapalpa es un pueblo estresante.	☐	☐
4. En Tapalpa solo hay cabañas lujosas.	☐	☐
5. En este pueblo puedes comer rico, hacer deporte, comprar artesanías y estar en contacto con la naturaleza.	☐	☐

14.11 Ahora, escribe un anuncio similar referido a tu país, región o ciudad. Sé creativo y usa tu imaginación. Respeta lo que está ya escrito.

> SI TE GUSTA ....
> ENCONTRARÁS ....
>
> Si ...., encontrarás ....
> Si buscas ....,
> Si te vuelve loco ....,
>   y conocerás ....
>   ¡Ven a ....!
>   ¡Será ....!

14.12 Busca una imagen para acompañar al anuncio y preséntalo a la clase. Usa *aquí* o *en este lugar* para no revelar el nombre. ¿Han podido adivinar tus compañeros el lugar? Muéstrales la foto para confirmarlo.

**VIDEOCLASES
27 y 28**

1. COMPRENSIÓN DE LECTURA

14.1 Relaciona cada palabra con su definición.

1. azabache
2. escarabajo
3. hocico
4. gualdo/a
5. trote
6. cascabeleo
7. higo
8. ámbar
9. despacioso/a

a. Insecto que busca excremento de otros animales para alimentarse.
b. Amarillo. Se dice así porque hay una flor de ese color con el mismo nombre.
c. Sonido que producen los cascabeles.
d. Mineral de color negro que se usa como adorno en collares, pulseras…
e. Resina fósil de color amarillo que se emplea en collares, etc.
f. Modo de caminar acelerado de algunos animales que avanzan saltando.
g. Fruto de la higuera, dulce, de color verde o morado por fuera y blanco o rojo por dentro.
h. Lento, pausado.
i. Parte de la cabeza de algunos animales en la que están la boca y la nariz.

⚙ ESTRATEGIA

Approaching a literary text
Knowing ahead of time the type of text you will be reading facilitates comprehension. This is particularly important when reading a literary text. Take the time to read about the author and his/her works. The following excerpt is a descriptive text written for enjoyment.

14.2 Lee el siguiente extracto de la novela *Platero y yo* de Juan Ramón Jiménez.

Platero y yo

Platero es pequeño, peludo *(hairy)*, suave; tan blando *(soft)* por fuera, que se diría todo de algodón, que no lleva huesos *(bones)*. Solo los espejos de azabache de sus ojos son duros cual *(like)* dos escarabajos de cristal negro.

Lo dejo suelto y se va al prado, y acaricia *(caresses)* tibiamente con su hocico, rozándolas apenas, las florecillas rosas, celestes y gualdas…

Lo llamo dulcemente: "¿Platero?", y viene a mí con un trotecillo alegre que parece que se ríe, en no sé qué cascabeleo ideal…

Come cuanto le doy. Le gustan las naranjas mandarinas, las uvas moscateles, todas de ámbar; los higos morados, con su cristalina gotita de miel…

Es tierno y mimoso *(affectionate)* igual que un niño, que una niña…; pero fuerte y seco por dentro, como una piedra… Cuando paso sobre él, los domingos, por las últimas callejas del pueblo, los hombres del campo, vestidos de limpio y despaciosos, se quedan mirándolo:

—Tien' asero…

Tiene acero *(steel)*. Acero y plata de luna, al mismo tiempo.

14.3 Con tu compañero/a, contesten las siguientes preguntas.

a. ¿Qué animal es Platero?

b. ¿Cómo es físicamente? ¿Y su carácter o personalidad?

c. El autor utiliza metáforas y comparaciones para describir a Platero. ¿Podrías localizarlas en el texto? ¿Sabes qué significan todas?

d. En la primera etapa de su carrera literaria, Juan Ramón Jiménez, el autor, se centra en la creación de descripciones para provocar ciertos sentimientos. ¿Qué sientes tú al leer la descripción de Platero?

2. EXPRESIÓN ESCRITA

14.4 ¿Tienes o has tenido alguna vez una mascota? Escribe una descripción de ella utilizando metáforas y comparaciones como hizo el autor con Platero. Si nunca has tenido una mascota, puedes describir a una persona muy querida por ti.

ESTRATEGIA

Making associations
Think about the characteristics you would like to highlight about the person or pet you are writing about and associate them with emotions and feelings that exemplify the sentiments you feel. Use colors, smells, sounds, nature… to help you create an association.

3. INTERACCIÓN ORAL

ESTRATEGIA

Using examples
In group discussions, it is important to express your ideas using examples to explain or contrast an opposing view. As the discussion progresses, you may decide to reformulate your original stance in light of the examples and views presented by others.

14.5 En grupos de tres, contesten las preguntas expresando su opinión.

- ¿Piensas que tener animales es bueno para desarrollar algunos sentimientos positivos?
- ¿Crees que puede ayudar a superar otros negativos? ¿Cuáles?
- ¿En qué situaciones crees que los animales pueden ser una terapia curativa?
- ¿Conoces algún lugar o país donde las personas van a tener contacto con animales para desarrollar su afectividad o combatir el individualismo de esta sociedad?

CUATRO SITIOS increíbles

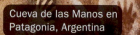
Cueva de las Manos en Patagonia, Argentina

Detalle de un campo de pelota en Yucatán, México

La historia del continente americano es muy antigua. Te invitamos a visitar cuatro yacimientos* arqueológicos increíbles con huellas* de dinosaurios y momias, entre otras sorpresas.

Momias en Chauchilla, Perú

TESOROS ARQUEOLÓGICOS

«Los sitios arqueológicos son muy importantes para la identidad de los pueblos», dice Ulrike Guerin, responsable de la protección del patrimonio histórico de la Unesco.

La información de los sitios arqueológicos es útil para entender quiénes eran los antiguos habitantes del continente y cómo era su vida. Momias, ciudades en ruinas y pinturas nos ayudan a imaginar qué cosas eran importantes para nuestros antepasados.

> ¿Qué aspectos de los sitios arqueológicos te interesan más: las ruinas, las pinturas...? ¿Por qué?

MOMIAS PERUANAS

En 2013, un grupo de arqueólogos polacos y peruanos descubrió tumbas de la civilización huari en un sitio al norte de Lima. La cultura huari es anterior a la incaica: se desarrolló en la región entre los años 500 y 1000 d. C. aproximadamente. Eran un pueblo guerrero* y construyeron grandes ciudades como Huari y Pikillaqta.

Las tumbas estaban escondidas bajo una capa de pequeñas piedras. Al excavar, los arqueólogos encontraron sesenta y tres momias, más de mil doscientos objetos de oro y plata y recipientes para cocinar y comer.

Chauchilla es otro sitio arqueológico que revela los secretos de las civilizaciones preincaicas. Está cerca de Nazca, en el sudoeste del país, y se piensa que pertenece a las culturas huari o nazca. Allí también se encontraron momias, con ropa, cabello y piel.

«Trabajé en la excavación de Chauchilla y fue una experiencia sensacional. Las momias estaban bien conservadas por el clima seco del desierto. La pena es que las tumbas no estaban intactas porque los ladrones las habían saqueado*», dice Pedro Pino, un estudiante de arqueología de Nazca.

> ¿Por qué piensas que las culturas preincaicas momificaban* a sus muertos? Investiga sobre sus creencias sobre la vida después de la muerte.

Campo de pelota en Copán, Honduras

EL JUEGO DE PELOTA

Los mayas fueron una civilización que vivió en Centroamérica durante tres mil años. Ocupaban los territorios que hoy son México, Honduras, Belice, El Salvador y Guatemala. Actualmente, sus descendientes aún viven en esta región. Uno de los sitios arqueológicos mayas más interesantes está en Copán, una zona de Honduras situada cerca de la frontera con Guatemala.

Copán era un reino maya con veinte mil habitantes. Hoy, sus ruinas ofrecen información sobre la vida de los mayas.

En el sitio hay un enorme campo de pelota, un juego similar al baloncesto que se jugaba en toda Mesoamérica[1]. Consistía en pasar una pelota de caucho* de un jugador a otro, evitando tocar el suelo. Más tarde, se añadieron* unos aros* de piedra en los que había que meter la pelota.

¿Qué juegos de pelota son populares en tu país o región? ¿Cuál es su origen?

[1] Mesoamérica es la región cultural y geográfica de Centroamérica donde vivían varias culturas precolombinas.

MANOS PREHISTÓRICAS

En unas cuevas* de la provincia de Santa Cruz, en la Patagonia argentina, ochocientas manos esperan a los turistas. Es uno de los sitios arqueológicos más antiguos de Sudamérica: las pinturas tienen más de 7.300 años.

El lugar se llama la Cueva de las Manos y fue creado por los indios tehuelches y sus antepasados. Además de cientos de manos, hay siluetas de animales y símbolos geométricos. También hay escenas de la vida cotidiana de este pueblo, como, por ejemplo, la caza del guanaco, un animal que era parte importante de la dieta tehuelche.

¿Qué sabes de los pueblos que vivían en Estados Unidos en la prehistoria? ¿Cómo se llamaban? ¿Cómo era su vida cotidiana?

HUELLAS DE DINOSAURIOS

Hace millones de años, los dinosaurios recorrían Latinoamérica. Hoy, la región es rica en fósiles.

En la Patagonia argentina se se han encontrado evidencias de la existencia del argentinosaurio, un gigante hervíboro de treinta y cinco metros de largo y cien toneladas de peso, y del *Dreadnoughtus*, de veintiséis metros de largo y sesenta toneladas de peso.

Ilustración del argentinosaurio

Bolivia es otro sitio con huellas de dinosaurios. En Cal Orcko, cerca de Sucre, se inauguró en 2006 el Parque Cretácico. Es un espacio para el público, donde hay réplicas de las huellas e información sobre la importancia del sitio.

¿Qué sitio arqueológico o paleontológico de tu país recomendarías?

REALIZA UNA INVESTIGACIÓN RÁPIDA EN INTERNET PARA ENCONTRAR LOS DATOS SIGUIENTES:

a ¿En qué estados norteamericanos se encontró mayor cantidad de fósiles de dinosaurios?

b ¿Qué animales de la familia del guanaco hay en Sudamérica?

c ¿Qué ciudad boliviana está cerca de Cal Orcko? ¿Qué otras atracciones se pueden visitar ahí?

VOCES LATINAS

El misterio de Rapa Nui

GLOSARIO			
el aro – ring	la huella – footprint	se añadieron – they added
el caucho – natural rubber	las habían saqueado	el yacimiento – (archaeology) site
la cueva – cave	– they had looted	
guerrero – warrior	momificaban – mummified	

Fuentes: Unesco, Oficina de Turismo de Argentina, Parque Cretácico, Fox News, *The Daily Mail*, El Comercio de Perú, El País.

EN RESUMEN

Situación

Día de la Tierra, 22 de abril
In celebration of Earth Day, your classmates have created the hashtag #consumoresponsable on Twitter.

LEARNING OUTCOMES

	ACTION

Describe future actions and conditions

14.1 Lee estos tuits relacionados con el consumo responsable y añade dos más con tus recomendaciones.

> **twitter**
>
> 🏠 Inicio   🔔 Notificaciones   # Descubre   🐦   🔍 Buscar
>
> **#consumoresponsable**
>
> Si reflexionas sobre los recursos naturales, te darás cuenta de que no son infinitos. Solo piensa cuánto se tarda en cortar un árbol y cuánto tardará en crecer.
>
> Si consumes frutas y verduras orgánicas, mejorarás tu alimentación y ayudarás a mejorar el medioambiente.

Make promises

14.2 En el centro del campus hay un árbol en el que los estudiantes pueden colgar sus promesas a la Tierra. Redacta tres promesas con las acciones que piensas realizar para reducir tu huella ecológica.

Make guesses and assumptions

14.3 Hay muchas actividades en el campus hoy. ¿Qué están haciendo estos estudiantes? Trabaja con tu compañero/a para decir qué creen que están haciendo las personas de las imágenes.

Talk about making future plans

14.4 El día ha sido todo un éxito y ahora quieren organizar otras actividades para otras causas. En grupos de tres, piensen qué causa quieren promover y hagan planes sobre las actividades que organizarán, cuándo serán, quiénes participarán, etc.

LISTA DE VOCABULARIO

Verbos Verbs

ahorrar to save
castigar to punish
combatir to fight, to combat
consumir to consume
diseñar to design
disfrutar to enjoy
eliminar to eliminate
estar en forma to be in shape
malgastar to waste
prometer to promise
quedarse to stay
reciclar to recycle
reducir to reduce
reutilizar to reuse
suponer to suppose
votar to vote

Expresiones temporales
Time expressions

dentro de + (periodo de tiempo) within a (period of time)
dentro de un rato in a moment
el mes que viene next month
pasado mañana day after tomorrow

Hacer conjeturas y promesas
Making assumptions and promises

Creo que… I believe that…
Lo haré sin falta. I'll be sure to do it.
Me imagino que… I imagine that…
¡Prometido! Promised!
Supongo que… I guess that…
Te juro que… I swear that…
Te doy mi palabra. I give you my word.
Te prometo que… I promise you that…

El medioambiente Environment

la basura garbage
el calentamiento global global warming
el cartón cardboard
el consumo responsable ethical consumerism
la contaminación pollution
la deforestación deforestation
los desechos trash, waste
el deshielo melting, thawing
el efecto invernadero greenhouse effect
el electrodoméstico de bajo consumo energy-saving appliance
la energía renovable renewable energy
el envase container
la etiqueta label

la lata de aluminio aluminum can
la pila battery (not rechargeable)
el producto envasado packaged goods
el reciclaje recycling
los recursos naturales natural resources
los restos orgánicos organic waste
la sequía drought
el transporte ecológico ecologically friendly transportation
el vertedero dumping site
el vidrio glass

La política Politics

el alcalde / la alcaldesa mayor
la campaña campaign
el/la candidato/a candidate
el Congreso de los Diputados Congress
las elecciones elections
la manifestación demonstration, protest
el partido político political party
el presidente / la presidenta president
el programa platform (of a political party)
la promesa promise
la reforma reform
el senado Senate
el sondeo electoral election polls
la urna ballot box
el voto vote

15

COSAS DE CASA

Hablamos de…	Vocabulario y comunicación	¡En vivo!	Gramática	Destrezas	Sabor latino	En resumen
• Las tareas de la casa	• **Las tareas domésticas:** Asking, giving, and denying permission • **Los deportes:** Asking for and giving instructions, advice, and recommendations **Pronunciación** • La letra **h**	• **Episodio 15 El señor Don Limpio:** Using pre-viewing activities to anticipate content	• Affirmative commands of regular and irregular verbs • Negative commands of regular and irregular verbs	• **Mi abuela Eva** – **Comprensión de lectura:** Reading with purpose – **Expresión escrita:** Organizing ideas before writing – **Interacción oral:** Using a guide	• **América Latina y España: consejos de viaje**	• **Situación:** Compartir apartamento • Vocabulario

Estos hermanos comparten buenos momentos.

LEARNING OUTCOMES

By the end of this unit, you will be able to:

- Ask, give, and refuse permission
- Give advice, orders, and instructions
- Extend invitations

- ¿Crees que se llevan bien estos hermanos?
- Y tú, ¿tienes hermanos? ¿Cuántos? ¿Son mayores o menores que tú?
- ¿Cómo te llevas con tus hermanos? ¿Qué cosas suelen hacer juntos?

15.1 Completa la tabla sobre esta familia con la información que puedes deducir de las imágenes y la que hay en el texto a continuación.

Pilar

Fernando

Antonio

Marcos

Daría

Juan

Pilar Garrido es pintora y tuvo a **Fernando** con treinta años. Ella tiene tres años menos que su marido, **Antonio Pérez**. A él le gusta la música clásica, pero a su hija Daría le gusta el heavy. **Daría** estudia Económicas en la universidad, tiene cuatro años menos que Fernando y seis más que su hermano Marcos. **Marcos** tiene doce años y **Juan**, el abuelo, que está retirado y le gusta la lectura, tiene setenta y siete años.

Nombre	Profesión	Edad	Gustos
Juan	está retirado		
Antonio			
Pilar		52	Le gusta cocinar
Fernando	empleado de banco		
Daría	estudiante		
Marcos	estudiante		

15.2 ¿A qué miembro de la familia podríamos pedir consejo en estas situaciones? ¿Por qué? Habla con tus compañeros.

Modelo: Quiero leer un libro interesante de aventuras y emoción.

Puedes preguntarle al abuelo. Le gusta mucho leer.

a. Quiero comprar un CD de música clásica. ....

b. El viernes tengo una cena en casa y quiero preparar un plato sorprendente. ....

c. Quiero regalar un videojuego a mi sobrino por su cumpleaños. ....

d. Necesito consejo para ahorrar dinero. ....

e. Últimamente me duele mucho el estómago. ....

15.3 Comenta con tu compañero/a los gustos de los miembros de tu familia. ¿Tienen gustos muy diferentes en sus respectivas familias?

15.4 Daría y Ernesto hablan sobre sus familias. Lee la conversación y completa los espacios en blanco con las palabras de la lista.

ropa • campus • compras • rotar • horarios • especialistas

Ernesto: ¡Últimamente mis padres se quejan por todo!
Daría: ¿Por qué dices eso? Tus padres son encantadores.
E.: Nos han dicho que están cansados de vernos regresar tarde los días de diario y nos han pedido que, al menos durante la época de exámenes, salgamos únicamente los fines de semana.
D.: ¡Pues vaya! Te vas a perder las fiestas de los miércoles en el (a) ....
E.: Nos han "sugerido" colaborar a diario en las tareas de la casa. ¡Puf!, no sé de dónde voy a sacar el tiempo.
D.: Sí, te entiendo perfectamente. Mi madre el año pasado nos organizó unos (b) .... de tareas y nos costó bastante ajustarnos a ellas.
E.: ¿Por qué? ¿Qué pasó?

D.: Mi madre repartió las tareas en función de lo que más nos gustaba hacer.
E.: Eso es buena idea.
D.: Sí. Fernando se encargaba de las (c) .... Mi abuelo se encargaba del mantenimiento del jardín. Marcos tenía que pasar la aspiradora y yo lavaba la (d) .... Mis padres se ocupaban del resto.
E.: No está mal.
D.: El problema surgió cuando mi madre nos dijo que las tareas tenían que (e) .... cada mes. Ahí llegaron las discusiones.
E.: Claro, porque solo queremos hacer lo que nos gusta.
D.: Exacto. Así que mi madre decidió mantener el "equipo inicial de (f) ...." y cada uno hace en casa solo lo que se le da bien. ¡Y funciona genial!

15.5 Ahora escucha y comprueba tus respuestas.
(104)

15.6 ¿De qué problema familiar hablan los muchachos? Coméntalo con tus compañeros.

a. De la falta de diálogo entre padres e hijos.
b. De estar más con los amigos que con la familia.
c. De la colaboración en las tareas domésticas.

15.7 Aquí tienes una lista de conflictos familiares. Marca los que se mencionan en la conversación de Daría y Ernesto. En parejas, busquen algún conflicto familiar más que no se mencione en el diálogo.

a. Salir demasiado durante los días de diario.
b. No tener buenos resultados académicos.
c. Participar poco en la actividad familiar.
d. Regresar a casa en la madrugada.
e. No hacer deporte.
f. Llevar ropa inadecuada.
g. Cuestionar las normas establecidas por los padres.

15.8 Observa de nuevo la frase "cada uno hace en casa solo lo que se le da bien". En parejas comenten qué actividades domésticas se les dan bien y como está organizado el reparto de tareas en su familia. ¿Creen que existe una organización ideal?

APUNTES: Reparto de tareas en Latinoamérica: mucho por hacer

✓ Aunque existe una tendencia al cambio, el reparto de tareas domésticas en Latinoamérica sigue siendo muy desigual entre hombres y mujeres.
✓ Un estudio realizado en tres ciudades mexicanas reveló que las mujeres dedican al trabajo doméstico siete veces más tiempo que los hombres.
✓ Las tareas son también distintas. Mientras que los hombres participan en la compra y en llevar a los niños a la escuela, las mujeres realizan todo tipo de actividades domésticas.

Fuente: Informe de la FAO, accesible en http://www.fao.org/docrep/004/x2919s/x2919s04.htm#fnB10

VOCABULARIO Y COMUNICACIÓN

1.A VOCABULARIO: LAS TAREAS DOMÉSTICAS

15.1 Escucha las conversaciones sobre las tareas domésticas y escribe el número de la conversación en la imagen correcta. ¡Atención! Hay 7 conversaciones y 12 imágenes.

 hacer la cama

 doblar y guardar la ropa

 hacer la comida

 lavar los platos

 tirar la basura

poner la mesa

 poner la lavadora / el lavaplatos

 planchar

 barrer

 pasear al perro

 limpiar el suelo

 pasar la aspiradora

15.2 Completa las oraciones con los verbos adecuados de la lista en la forma correcta.

limpiar • guardar • poner • hacer • barrer • cambiar • pasar • planchar

a. Lo contrario de *quitar la mesa* es ………. la mesa.

b. A veces cuando haces la cama también ………. las sábanas.

c. Si limpio el suelo sin agua, lo ……….

d. Después de doblar la ropa, la tengo que ……….

e. Lo hago con el polvo y el baño y es lo contrario de *ensuciar*. ……….

f. Antes de comer, hay que ………. la comida.

g. Antes de ponerte la ropa, la……….

h. Es más fácil ………. la aspiradora que barrer.

15.3 Lee el siguiente texto sobre cómo organizar las tareas domésticas. Después, di si las afirmaciones que hay a continuación son verdaderas y justifica tus respuestas. Trabaja con tu compañero/a.

Responsabilidades del hogar

Organizar un hogar y una familia no es fácil. Por eso, es importante organizarse para distribuir las tareas y conseguir la colaboración de todos los miembros de la casa.

1. Haz un cuadro de tareas de tres columnas. En la primera, escribe todas las tareas del hogar. Pon, en primer lugar, las que se hacen todos los días, como pasear al perro por las mañanas, y, luego, las tareas semanales, como limpiar el suelo.
2. Piensa cuánto tiempo necesita cada tarea y escríbelo al lado, en la segunda columna. Esto ayudará a distribuir las tareas de forma justa.
3. Escribe en la tercera columna los nombres de las personas de la casa que crees que pueden hacer cada tarea. Asigna tareas de acuerdo a *(according to)* la edad o a los horarios de cada uno.
4. Asigna a cada persona una o dos tareas diarias y una o dos semanales.
5. Planifica un horario rotativo y así nadie tendrá siempre los peores trabajos, como limpiar el baño o planchar.

	V	F
a. La organización de las tareas del hogar es una labor complicada.	☐	☐
b. Es necesario organizarse por horas.	☐	☐
c. Hay que separar las tareas diarias de las semanales.	☐	☐
d. La distribución de las tareas se hace en función del tiempo que duran *(it takes)*.	☐	☐
e. Cada persona tiene que especializarse en una tarea concreta.	☐	☐

15.4 Selecciona cinco tareas de casa que crees que no le gustan a tu compañero/a. Él/Ella hará lo mismo contigo. ¿Quién de ustedes ha acertado más? ¿Qué tienen en común? ¿Por qué no les gusta hacer esas tareas?

> **Modelo** Creo que no te gusta ......, ..., ..., ..., ... ¿Es verdad?

☐ lavar los platos
☐ planchar
☐ sacar los platos del lavaplatos
☐ poner la lavadora

☐ sacar la ropa de la secadora y doblarla
☐ hacer la cama
☐ limpiar el baño
☐ preparar la comida

☐ quitar la mesa
☐ sacar la basura
☐ pasar la aspiradora
☐ hacer la compra

15.5 Escucha la conversación entre Tony, un estudiante extranjero que está en Guadalajara para estudiar español, y doña Socorro, su "mamá mexicana". Marca las expresiones de la actividad anterior que menciona doña Socorro. Compara tus respuestas con un/a compañero/a.

15.6 Vuelve a escuchar la conversación y anota qué tareas tiene que hacer cada uno.

Las tareas de Tony	Las tareas de Juanita	Las tareas de los dos

Bienvenidos a casa

15.7 Cuando tienes invitados en casa, ¿qué esperas de ellos? Hablen en grupos pequeños sobre las responsabilidades que tienen los invitados en casa. Consideren los siguientes aspectos:

¿Qué deben hacer los invitados en tu casa?
¿Qué cosas no tienen que hacer?
¿Depende de los días que estarán contigo?
¿Estás de acuerdo con lo que dicen tus compañeros?

» Para **pedir permiso**:

¿Puedo / Podría	+ infinitivo?	*Can / Could I ...?*
¿Me permites / permite		*Will you allow me to...?*
¿Te / Le importa si + presente de indicativo?		*Do you mind if...?*

» Para **conceder permiso**:

Sí, sí.   **Por supuesto.**   **Claro que sí.**   **Desde luego.**   *Of course.*

» Para **denegar permiso**:

No, lo siento, es que...   *No, I'm sorry, it's just that...*

¡Ni hablar! / ¡De ninguna manera!   *No way!*

» Para **invitar** u **ofrecer**:

¿Quieres un poco de pastel?

¿Quieres ir al nuevo restaurante chino?

» Para **responder**:

Sí, gracias.

No, gracias, es que no me gusta la comida china.

15.8 Tony está conociendo mejor a su familia mexicana pero todavía no tiene confianza con ellos y pide permiso para todo. Relaciona sus peticiones con las respuestas que le dan.

a. ¿Puedo abrir la ventana?

b. ¿Podría cargar la batería del celular?

c. ¿Me permiten llamar un momento a mis padres?

d. Necesito darme un baño, ¿es posible?

e. Tengo que mandar un e-mail, ¿puedo conectarme al wifi?

f. Se me olvidó traer mi champú. ¿Les importa que use el suyo?

g. Estoy muy cansado del viaje, ¿podría acostarme un rato?

h. Tengo mucha sed, ¿puedo tomar un vaso de agua?

1. ☐ Claro que sí, usa esta toalla.
2. ☐ Sí, hombre, marca primero el prefijo 00.
3. ☐ Sí, tranquilo, vete a tu cuarto, te avisamos para la comida.
4. ☐ Sí, ábrela, ábrela, que hace calor.

5. ☐ Por supuesto, aquí tienes el código.
6. ☐ Conecta el cargador ahí.
7. ☐ Tómalo, está en el mueble del baño.
8. ☐ Claro, Tony. Toma también algo para comer.

15.9 Completa las conversaciones con las expresiones del cuadro.

quieres • no • un poco • es que • sí, claro • puedo

a. Mateo: María, ya sé que estás leyendo, pero... ¿(a).......... poner la tele?
María: (b).........., ponla. A mí no me molesta el ruido mientras leo.
Mateo: Vale, gracias, es que ahora hay un programa que me encanta.

b. Anabel: ¿(c).......... probar la pizza que he hecho?
Marcos: (d).........., gracias, (e).......... no tengo hambre.
Anabel: Anda, come (f) ...., solo para probarla. Ya verás qué rica está.
Marcos: Bueno, la probaré, pero solo un poquito.

15.10 Escucha las siguientes conversaciones y escoge la opción correcta.

(107)

	Conversación 1	Conversación 2	Conversación 3	Conversación 4
a. Conceder permiso.	☐	☐	☐	☐
b. Denegar permiso.	☐	☐	☐	☐
c. Aceptar una invitación.	☐	☐	☐	☐
d. Rechazar una invitación.	☐	☐	☐	☐

15.11 Con un/a compañero/a, interpreten las tarjetas y sigue las instrucciones.

Estudiante 1:

Situación 1. Empiezas tú.
   Tienes que pedir permiso a tu compañero/a
   para hacer algo.

Situación 2. Empieza tu compañero/a.
   Tienes que aceptar o rechazar la invitación
   de tu compañero/a.

Estudiante 2:

Situación 1. Empieza tu compañero/a.
   Tienes que conceder o denegar permiso
   según lo que te pida tu compañero/a.

Situación 2. Empiezas tú.
   Tienes que invitar a algo u ofrecer algo a tu
   compañero/a.

15.12 Relaciona las imágenes con las preguntas. Después, usa las preguntas para pedir permiso
a tu compañero/a. Usen las imágenes para elaborar una conversación entre los dos.

1. ☐ ¿Quieres levantarte y
   ayudarme a limpiar, por
   favor?
2. ☐ ¿Me permites usar tu
   carro?
3. ☐ ¿Puedo probarlo?
4. ☐ ¿Te importa si paso la
   aspiradora?
5. ☐ ¿Te importa si hago una
   llamada?
6. ☐ ¿Puedo pasar?

15.13 Pide permiso a tu compañero y responde a sus peticiones.

Estudiante 1:

a. Estás en casa de un/a amigo/a y ves un libro que te gustaría
   leer.

b. Has salido con tu compañero/a y has olvidado en casa tu
   celular. Necesitas usar su teléfono para llamar a casa.

c. Estas en el metro. Quieres leer la revista de cotilleo que tiene
   el pasajero que está al lado.

d. Estás en casa de tus abuelos viendo la televisión y el
   volumen está muy alto.

Estudiante 2:

a. Estás en la biblioteca y has olvidado el libro de
   texto. Pídeselo a tu compañero/a.

b. Estás en casa de tu amigo/a y quieres probar un
   dulce que ha hecho.

c. Estás en clase. Hace demasiado frío y quieres
   cerrar la ventana.

d. Estás en casa de tu amigo. Tiene un iPhone
   nuevo. Quieres ver cómo funciona.

15.14 Clasifica las siguientes palabras en la casilla correspondiente. ¡Atención! Algunas de las palabras pueden ir en más de una casilla. Si lo necesitas, puedes usar el glosario.

golpear • tenis • balón • waterpolo • pelota • falta • portería • pared • red
squash • pase • raqueta • portero • chutar • marcar un gol • set • lanzar •
cancha • campo • flotar • botar • ventaja • balonmano • jugador • rebotar

Deporte	Fútbol				
Palabras asociadas				pared	

15.15 Juega con tu compañero/a. Tienen que adivinar a qué deporte se refiere cada texto. Gana quien necesite leer menos reglas para adivinarlo. Vuelvan a jugar con la segunda tarjeta.

– Consigue una raqueta y una pelota pequeña.

– Busca un adversario para jugar.

– Si el jugador contrario te ha lanzado la pelota, no permitas que esta bote dos veces o más en el suelo o él conseguirá el punto.

– Para ganar puntos, intenta que el adversario no pueda responder a tus golpes.

– Para poder jugar, encuentra un espacio cerrado rodeado de paredes.

– Golpea la pelota con la raqueta y haz que rebote en la pared frontal de la cancha.

– Forma dos equipos. En cada uno tiene que haber un portero.

– Durante el partido, intenta marcar el mayor número de goles al equipo contrario.

– Para marcar un gol, lanza la pelota hacia la portería contraria. Si la metes dentro, habrás marcado.

– Intenta robar el balón al jugador del equipo contrario, pero no lo agarres porque cometerás falta. No cometas faltas porque podrás ser expulsado.

– Para marcar gol, utiliza cualquier parte del cuerpo, pero si usas la mano, esta tiene que estar abierta.

– No pises el suelo de la piscina, está prohibido. Tienes que mantenerte flotando durante todo el partido.

15.16 Piensa en otro deporte y escribe las reglas para explicar cómo se juega. Usa las palabras y expresiones de la actividad anterior para guiarte. Después, vuelve a jugar con un/a compañero/a. ¿Quién de ustedes acertó primero?

15.17 Lee la siguiente entrevista a Vicky Alonso, una deportista española, y escribe las preguntas en su lugar correspondiente.

Preguntas:

a. ¿En estos tiempos están todos los pabellones *(sports centers)* adaptados?

b. ¿Cómo es jugar en un equipo en donde los compañeros son hombres?

c. ¿Cómo llegó al mundo del deporte?

d. ¿Qué es lo mejor que le ha dado el deporte?

e. ¿Practicar un deporte adaptado supone un gran trabajo?

Vicky Alonso (Vigo, 1982) es una de las internacionales del deporte español. En 2012 recibió el Premio de Deporte Gallego a la mejor deportista discapacitada. Lleva diez años en la élite del baloncesto en silla de ruedas jugando en el Amfiv, un equipo con hombres, y está a punto de *(is about to)* iniciar su quinto campeonato de Europa con la selección femenina. Dice que el deporte le ha hecho más fácil su minusvalía *(disability)*.

● (1) ....

● Llegué por casualidad. Cuando comencé a sacar el carné de conducir, mi profesor de la autoescuela, que era entrenador *(coach)*, me lo propuso, fui a probar y me gustó…

● (2) ....

● Yo creo que todo lo contrario, creo que el hecho de hacer deporte te ayuda muchísimo a superar la minusvalía, es todo lo contrario que en la vida cotidiana *(everyday)*.

● (3) ....

● En Vigo nunca hemos tenido dificultades, pero sí en alguna otra ciudad donde los pabellones no eran del todo accesibles…

● (4) ....

● Siempre he jugado sola entre hombres, pero la verdad es que es estupendo. Yo comencé a entrenar *(train)* con ellos y, la verdad, nunca he tenido ningún problema.

● (5) ....

● Lo mejor ha sido conocer a otras personas que están en la misma situación y que se han encontrado con las mismas dificultades que tú, gente que te hace pensar que no es tan trágico estar así y que tampoco es tan difícil salir adelante *(get ahead)*.

Adaptado de X. R. Castro: http://www.lavozdegalicia.es/coruna/2011/08/23/0003_201108H23P52991.htm

15.18 Haz una presentación breve sobre tu deportista favorito/a ante tus compañeros. Describe qué ha conseguido y qué representa esta figura para ti.

>> Para **pedir instrucciones**:

¿Puedes / Podrías decirme cómo se juega al fútbol americano? *Can/Could you tell me how …?*

¿Sabes cómo ir al centro? *Do you know how …?*

Perdone / Perdona, ¿para ir a la estación? *Excuse me…*

>> Para **dar instrucciones**:

Sí, mira, haz / toma / ve… *Yes, look, you do / take / go…*
    Sí, toma la primera a la derecha, **sigue todo derecho**, después **cruza** la calle… *Yes, take…, keep going straight…, cross…*

Sí, tiene / tienes que tomar / hacer / ir… *Yes, you have to…*

>> Para **pedir y dar consejos** o **recomendaciones**:

Últimamente no me concentro a la hora de estudiar, **¿qué puedo hacer?** *…, what can I do?*

Tendrías que / Deberías ir a la biblioteca / hacer deporte. *You should…*

¿Por qué no vas a la biblioteca / haces deporte? *Why don't you …?*

Ve a la biblioteca. / **Haz** ejercicio. *Go…/ Do…*

>> Para **dar órdenes**:

Come / Haz / Ven… *Eat / Do / Go…*
    *Pedro, **haz** las tareas antes de ver la tele.*

15.19 Lee y relaciona las conversaciones.

a. Sí, claro. Sigue todo derecho y después toma la primera calle a la izquierda…

b. Que sí, mamá, ¡ya voy…!

c. ¿Y por qué no empiezas a estudiar ya? Lee una sección del capítulo cada día.

Perdona, ¿podrías decirme cómo llegar al Palacio de los Deportes?

No sé si voy a aprobar el examen de Historia. Solo he leído unas páginas del capítulo. ¿Qué puedo hacer?

Adriana, haz la tarea, deja de mandar textos y baja el volumen de la música.

15.20 Marca en la tabla qué hacen en las frases de la actividad anterior.

	1	2	3	a	b	c
a. Pedir y dar consejos						
b. Pedir instrucciones						
c. Dar instrucciones						
d. Dar y aceptar órdenes						

15.21 Escoge una de las siguientes situaciones y pide un consejo a tu compañero/a. Él/ella responderá con instrucciones o un consejo. Después, cambien los papeles.

a. Últimamente duermes poco, solo dos o tres horas. Pide consejo a tu compañero/a.

b. No sabes cómo mandar un mensaje de texto desde tu celular nuevo. Pregunta a tu compañero/a.

c. Necesitas ir a la oficina de tu escuela y no sabes dónde está. Tu compañero/a sí lo sabe.

d. Quieres irte de viaje el fin de semana, pero el lunes tienes un examen y no sabes qué hacer. Pide consejo a tu compañero/a.

PRONUNCIACIÓN

LA LETRA *H*

15.1 Como sabes, en español la letra *h* no se pronuncia *(hola, hoy, hablar)*. Lee la siguiente información sobre cuándo usar *h* en la ortografía del español.

> Se escriben con *h*:
>
> » **Grupo 1** ▶ Las palabras que empiezan por *hue–*, *hie–*, *hui–*: huevo, hierba, huida.
>
> » **Grupo 2** ▶ Las palabras que empiezan por los prefijos *hidro–*, *hiper–*, *hipo–*, *homo–*, *hetero–*, *heli–*: hidrógeno, hipermercado, hipopótamo, homogéneo, heterogéneo, helipuerto.
>
> » **Grupo 3** ▶ La mayoría de las palabras que empiezan por *hosp–*, *horm–*, *horn–*, *herm–*, *hern–*: hospital, hormiga, horno, hermético, hernia… Hay excepciones como: *Ernesto, ermita*.
>
> » **Grupo 4** ▶ Otras palabras se escriben con *h* por derivación de palabras de la misma familia: *habitante, habitar, habitación…*

15.2 Escucha las palabras y escribe el número de cada una en la categoría correspondiente.

(108)

Grupo 1	Grupo 2	Grupo 3	Grupo 4

> » In Spanish there is a group of words or expressions that sound the same, but have different meanings. Here are some examples of homophones.

> **a** (preposition) / **ha** (verb **haber**)
> **ay** (exclamation) / **hay** (verb **haber**) / **ahí** (adverb)
> **haber** (verb) / **a ver** (preposition + verb)
> **hecho** (verb **hacer**) / **echo** (verb **echar**)
> **hola** (greeting) / **ola** (wave, noun)

15.3 Completa los espacios en blanco con los homófonos de arriba. Después, escucha y comprueba tus respuestas.

(109)

a. Mónica .... vuelto .... Madrid.

b. ¿Ves estos libros de cine tan bonitos? Creo que los van .... vender todos y no va .... más hasta el próximo mes.

c. ¡..............., Isaac! Quita la computadora de ...., ¿no ves que no .... espacio suficiente?

d. ¡..............., Sergio! ¿Has visto qué .... tan buenas .... para hacer surf?

e. Otra vez he .... una tortilla horrible, siempre le .... demasiada sal.

ANTES DEL VIDEO

⚙ **ESTRATEGIA**

Using pre-viewing activities to anticipate content
Pre-viewing activities provide context for what you can expect to listen and see in the episode. Reading through the options and questions provided will alert you to possible scenarios you can expect. Having this information ahead of time will maximize comprehension while you view the episode and will help you complete the activities with greater ease.

15.1 Comenta con tus compañeros estas cuestiones.

   a. ¿Eres organizado/a?

   b. ¿Tu dormitorio está siempre ordenado o solo lo limpias cuando tienes visita?

15.2 Observa las imágenes 1, 2 y 3 y elige el texto que cuenta la primera parte de la historia del episodio. Basa tus respuestas en lo que crees que puede ocurrir. Usa tu imaginación.

   a. Eli cree que la casa está muy desordenada y le pide ayuda a Sebas para ordenarla y limpiarla; además, está muy feliz porque sus padres vuelven de un viaje y les quiere sorprender con una cena. A Sebas no le apetece nada limpiar y protesta.

   b. La habitación de Sebas está muy desordenada y Eli pide colaboración a su hermano porque tiene invitados y quiere impresionarlos. Sebas protesta porque no quiere organizar cenas cuando los padres están de viaje y además no quiere ordenar su dormitorio.

   c. Eli llega antes a casa y le cuenta a Sebas sus planes. Está feliz porque sus padres no están y ha decidido invitar a algunos amigos a cenar. Necesita saber si Sebas quiere cenar con ellos. A Sebas no le apetece nada cenar con los amigos de su hermana.

15.3 Mira el segmento y comprueba tu respuesta.

`00:33 - 01:38`

DURANTE EL VIDEO

15.4 Ahora, observa las imágenes 4, 5 y 6 y elige la opción correcta en cada caso. Después, une tus opciones y crea la historia. Compara tus resultados con tu compañero/a. ¿Coinciden?

Imagen 4

   a. ☐ Es Alba, la novia de Sebas, que también va a venir a cenar.

   b. ☐ Es Alba, una amiga de Eli, a la que Sebas quiere conocer.

   c. ☐ Es Alba, la hermana de uno de los invitados de Eli.

Imagen 5

a. ☐ Sebas quiere conocer a la nueva amiga de Eli e invitarla también, y por eso decide ordenar su dormitorio.

b. ☐ A Sebas le encanta la idea de volver a ver a Alba, la hermana del amigo de Eli, y quiere impresionarla con la casa perfecta.

c. ☐ Sebas solo piensa en su cena con Alba, ignora a su hermana y no piensa ayudarla con las tareas de la casa.

Imagen 6

a. ☐ A Eli no le gusta nada la visita de la novia de Sebas sin el permiso de sus padres.

b. ☐ A Eli le sorprende el cambio de opinión de su hermano y no piensa ayudarle a limpiar la casa.

c. ☐ Eli protesta por la actitud de Sebas con todas sus amigas nuevas.

15.5 Mira el segmento y comprueba tus respuestas anteriores.

`01:38 - 02:47`

15.6 Mira el resto del episodio y relaciona los pensamientos con cada personaje.

Felipe	Eli	Sebas

a. Son mis invitados y no quiero limpiar.

b. Necesito ayuda, la casa tiene que estar perfecta.

c. Está totalmente loco.

d. Los universitarios son aburridos.

e. Solo pienso cocinar para los invitados.

f. ¿Limpiando en esta casa?

15.7 Marca las afirmaciones que se corresponden con la historia. Puedes ver el episodio otra vez, si es necesario.

a. ☐ A Eli no le importa el estado de la casa, cree que está bien y que sus amigos son de confianza.

b. ☐ Sebas le dice a Eli que ella tiene que barrer la cocina.

c. ☐ Sebas pide a Eli que pase la aspiradora mientras él barre la cocina.

d. ☐ Los dos tienen que hacer las camas y sacar la basura.

e. ☐ Sebas dice que Eli pone el lavaplatos y él la lavadora.

f. ☐ Eli piensa que su hermano está obsesionado con la limpieza.

g. ☐ Felipe cree que Sebas está loco por Alba.

15.8 Responde estas preguntas y comenta las respuestas con tus compañeros.

a. ¿Qué opinas de la actitud de Eli? ¿Crees que debería ordenar la casa para recibir a sus invitados?

b. ¿Es Sebas injusto? ¿Crees que debería colaborar más a menudo?

15.9 Escribe un mensaje dándole un consejo a Eli y otro a Sebas.

DESPUÉS DEL VIDEO

GRAMÁTICA

- The informal affirmative command for **vosotros/as** has a different ending formed by substituting the –**r** in the infinitive with a –**d**:
  - compr**ad** / com**ed** / sub**id** / dec**id** / hac**ed** / pon**ed** / ten**ed**…

- This form is used in Spain to tell a group of people you normally address individually as **tú** to do something.
  - Niños, **tened** cuidado al cruzar la calle. *Children, be careful when crossing the street.*

» Affirmative commands are used to give an order, invite, give advice, make recommendations, or give permission to someone.

 *Marcos, **limpia** tu habitación y, después, **haz** la tarea.*

» For **tú** or informal commands, drop the –**s** from the present tense form of the verb. There are some irregular verbs for the **tú** form (**decir**, **hacer**, **poner**, **tener**…).

	Regular verbs			Irregular verbs			
	COMPRAR	**COMER**	**SUBIR**	**DECIR**	**HACER**	**PONER**	**TENER**
tú	compra	come	sube	di	haz	pon	ten

» For **usted** or formal commands and **ustedes** or plural commands, start with the **yo** form of the present tense, drop the –**o** and switch to the opposite –**ar** or –**er/–ir** endings of the verb. For example, verbs ending in –**ar** will use the –**e/–en** endings in **usted** and **ustedes** commands. Verbs ending in –**er/–ir** will use the –**a/–an** endings in **usted** and **ustedes** commands.

Regular verbs			
Infinitive	**yo form**	**usted**	**ustedes**
compr**ar**	compr**o**	compr**e**	compr**en**
com**er**	com**o**	com**a**	com**an**
sub**ir**	sub**o**	sub**a**	sub**an**

__Compren__ fruta fresca y __coman__ una al día.

Irregular verbs			
Infinitive	**yo form**	**usted**	**ustedes**
dec**ir**	dig**o**	dig**a**	dig**an**
hac**er**	hag**o**	hag**a**	hag**an**
pon**er**	pong**o**	pong**a**	pong**an**
ten**er**	teng**o**	teng**a**	teng**an**

__Ponga__ la lavadora y __haga__ la cena.

» With all affirmative commands, object pronouns are attached to the end of the verb.

Pon la mayonesa y la mostaza en el refrigerador. __Ponlas__ allí.

Compra el pan. __Cómpralo__.

15.1 Los padres de Daría se van de viaje. Lee la nota que la madre dejó al abuelo y a los muchachos y escribe el imperativo afirmativo de los verbos entre paréntesis. Compara tus respuestas con un/a compañero/a.

Daría, (a) .... (poner) el despertador para no quedarte dormida por la mañana y (b) .... (sacar) al perro a pasear después de la escuela.
Marcos, puedes jugar un poco a los videojuegos si quieres, pero antes (c) .... (hacer) la tarea.
Papá, (d) .... (tener) cuidado de no dejarte el fuego de la estufa encendido y, si sales a la calle, (e) .... (agarrar) las llaves, que siempre te las olvidas.
Y a todos, por favor, (f) .... (dejar) la casa ordenada.

15.2 Fernando, el hermano de Daría, ha encontrado un apartamento para compartir. Habla con Ana y David, sus nuevos compañeros, sobre las normas de convivencia. Escucha la conversación. ¿Qué uso tiene aquí el imperativo?

1. ☐ Dar información.

2. ☐ Dar órdenes e instrucciones.

3. ☐ Expresar obligación.

15.3 Vuelve a escuchar y toma nota de lo que dice Ana sobre todo aquello que debe tener en cuenta Fernando para convivir en el piso. Fíjate especialmente en los imperativos.

Normas del apartamento

La cocina	La ropa	El baño	La compra

2. NEGATIVE COMMANDS

» Negative commands are used to tell someone what not to do. To form the negative commands:
  – For **usted/ustedes**, use the same form as the affirmative command.

  (usted) compre ▶ ***no compre***   *(ustedes) compren* ▶ ***no compren***

  – For **tú**, add –s to the negative command of **usted**.

  (usted) no compre ▶ *(tú) **no compres***

Regular verbs		
COMPRAR	**COMER**	**SUBIR**
no compr**es**	no com**as**	no sub**as**
no compr**e**	no com**a**	no sub**a**
no compr**en**	no com**an**	no sub**an**

(tú / usted / ustedes)

Irregular verbs			
DECIR	**HACER**	**PONER**	**TENER**
no dig**as**	no hag**as**	no pong**as**	no teng**as**
no dig**a**	no hag**a**	no pong**a**	no teng**a**
no dig**an**	no hag**an**	no pong**an**	no teng**an**

» With negative commands, pronouns always go before the conjugated verb.
  No **lo** bebas / no **me lo** digas / no **las** comas / no **lo** pienses / no **te** olvides... *Don't drink it / don't tell it to me / don't eat them / don't think about it / don't forget...*

For **vosotros/as** (Spain) drop the –ar, –er, –ir ending of the infinitive and switch to –**éis** (for –**ar** verbs) or –**áis** (for –**er**/–**ir** verbs):
- no compr**éis**
- no com**áis**
- no sub**áis**
- no dig**áis**
- no hag**áis**...

15.4 Hoy Fernando ha recibido varios mensajes de celular. En ellos aparecen imperativos, tanto en su forma afirmativa como negativa. Clasifícalos en las tablas.

a. No saques la ropa de la secadora. La tengo que planchar. Ah, acuérdate de que mañana es el cumpleaños de Lola. No lleves nada para la cena.

b. El sábado viene mi madre. No quedes con nadie en el apartamento, por favor. No vayas a la panadería, ya he comprado el pan.

c. Espérame en la puerta del edificio. No te vayas. Te llevo las llaves para el garaje.

d. Hola. Ayer no te llamé, lo siento. No te enfades conmigo. No olvides escribirme.

e. Mañana salimos con los compañeros del apartamento. No te pongas traje, vamos a la discoteca. Sé puntual.

Imperativos afirmativos

Imperativos negativos

15.5 Ana, la compañera de apartamento de Fernando, es algo antipática y siempre reacciona negativamente a todo lo que dice Fernando. ¿Cuáles crees que son las respuestas de Ana?

 **Modelo:** ¿Cierro la ventana? No, no la cierres. Tengo mucho calor.

a. ¿Voy con Paco al supermercado?
....

b. ¿Te despierto pronto mañana por la mañana?
....

c. ¿Paso la aspiradora por la tarde?
....

d. ¿Lavo estos platos?
....

e. ¿Hago la cena esta noche?
....

15.6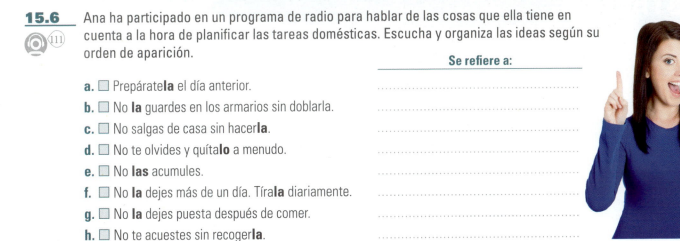

〇 (111)

Ana ha participado en un programa de radio para hablar de las cosas que ella tiene en cuenta a la hora de planificar las tareas domésticas. Escucha y organiza las ideas según su orden de aparición.

Se refiere a:

a. ☐ Prepárate**la** el día anterior. ....

b. ☐ No **la** guardes en los armarios sin doblarla. ....

c. ☐ No salgas de casa sin hacer**la**. ....

d. ☐ No te olvides y quíta**lo** a menudo. ....

e. ☐ No **las** acumules. ....

f. ☐ No **la** dejes más de un día. Tíra**la** diariamente. ....

g. ☐ No **la** dejes puesta después de comer. ....

h. ☐ No te acuestes sin recoger**la**. ....

15.7 〇 (111)

Vuelve a escuchar y di a qué se refieren los pronombres que aparecen destacados. Escríbelo en la columna derecha de la tabla anterior.

- Direct object pronouns: **me**, **te**, **lo/la**, **nos**, **os**, **los/las**
- Indirect object pronouns: **me**, **te**, **le**, **nos**, **os**, **les**
- Reflexive pronouns: **me**, **te**, **se**, **nos**, **os**, **se**.

15.8 El padre de Daría también escribió una nota para la familia antes de salir de viaje. Completa los espacios con los verbos del cuadro usando el imperativo negativo.

pelearse • comer • ensuciar • poner • olvidarse • quedarse • llegar

Marcos, no (a) .... solo pizzas, tienes que comer lo que cocine tu hermana.

Daría, tú eres la encargada de Hueso. No (b) .... de ponerle la comida y el agua todos los días, y ¡no (c) .... la cocina! No (d) .... tarde, ni (e) .... dormida viendo la tele en el sofá.

Abuelo, no (f) .... la radio muy alta, que después se quejan los vecinos.

Y a todos, por favor, no (g) ....

15.9 Vas a invitar a dos amigos una semana a tu casa. Escribe un texto donde les expliques las normas de la casa, especialmente lo que deben y no deben hacer o traer.

VIDEOCLASES
29 y 30

DESTREZAS

1. COMPRENSIÓN DE LECTURA

15.1 Comenta con tu compañero/a la siguiente frase y contesten a las preguntas.

"En la vida hay que poner el corazón en lo que haces. Si no, no sirve para nada".

a. ¿A qué creen que se refiere la frase con "poner el corazón"?

b. ¿En qué actividades de su vida cotidiana dirían que ustedes ponen el corazón? Comparen sus respuestas.

⚙ ESTRATEGIA

Reading with purpose
Many texts require more than one reading. Read the first time to get the gist of the content. Try to identify the main idea and the message it's trying to communicate. Jot down notes about what you understand. In the second reading, pay attention to unfamiliar words and try to interpret their meaning based on context.

15.2 Lee el texto y contesta las preguntas.

Mi abuela Eva

No sé si creer en las casualidades. Pero resulta que hoy, en el autobús, mientras iba a la escuela, alguien se había dejado olvidado un libro. Ya su portada me invitaba a leerlo y a devorarlo *(devour it)*, y comencé la lectura. Fíjate si estaba entusiasmada *(excited)* con la historia, que me pasé la parada de la escuela. El libro se llamaba *Como agua para chocolate* y cuenta la vida de Tita y su historia de amor con Pedro. La madre de Tita tuvo a su hija en la cocina, entre los olores *(smells)* de lo que estaba cocinando. Por eso, ya desde el principio, Tita sentía un gran amor por la cocina. Cuando cocinaba, su estado de ánimo *(mood)* influía en los platos que preparaba. Así, si hacía un plato estando alegre, cuando la gente lo comía, también se ponía contenta.

Ahora estoy en mi habitación y sigo leyéndolo sin parar. Quizás también me gusta esta historia porque me recuerda a mi abuela. Ella pasaba mucho tiempo en la cocina y le encantaba cocinar. Además, al igual que Tita, creía que era muy importante cómo te sentías cuando cocinabas. Siempre que podíamos, mi hermano y yo, a la vuelta de la escuela, pasábamos toda la tarde con ella. Cuando nos veía asomar *(peeking out)* la cabeza por la puerta siempre nos decía:

— Entren, entren. Miren qué estoy preparando.

Nosotros entrábamos hipnotizados. Dejábamos las mochilas en el suelo y nos poníamos manos a la obra *(get down to business)*.

— Manuela, ayúdame a cortar esta cebolla, y Tomás, lava las papas para cocerlas.

A mi hermano y a mí nos encantaba ser sus ayudantes en la cocina e imaginar que estábamos en uno de los mejores restaurantes de París.

— No, mira, si quieres que esté dulce, recítale un poema. Sí, así… Muy bien… En la vida hay que poner el corazón en lo que haces. Si no, no sirve para nada… Eso es, ponle alegría, que es para la familia…

Daba igual si no lo hacíamos perfecto, ella siempre nos sonreía. Claro, que eso no era muy difícil, porque todo le parecía bien y casi siempre estaba de buen humor. Creo que solamente se enfadaba y se quejaba *(complain)* cuando cortaba la cebolla y le lloraban los ojos.

— Seguro que esto no es bueno. Si lloro ahora cocinando, ¿qué pasará cuando lo coman los invitados? Yo no quiero llorar cocinando. ¿Y si se me caen las lágrimas *(tears)* encima de la comida?

Un día, por su cumpleaños, se nos ocurrió regalarle unas gafas de buceo *(swimming mask)* para cortar cebollas y así perder el miedo a cocinar algo triste. Todavía recuerdo su sonrisa cuando se las puso. Nos dijo que era el mejor regalo del mundo.

a. ¿Qué significado crees que tiene el verbo *devorar* en el texto?

b. ¿Por qué era importante para la abuela sentirse bien mientras cocinaba?

c. ¿Por qué entraban los muchachos hipnotizados a la cocina?

d. ¿Tiene mucho sentido para ti recitarle un poema a un plato? ¿Por qué crees que la abuela sugiere eso a los muchachos?

e. ¿Qué era lo único que a la abuela no le gustaba?

2. EXPRESIÓN ESCRITA

15.3 Seguro que recuerdas un día en el que tu estado de ánimo –positivo o negativo– te influyó en una decisión que tomaste o en algo que hiciste (examen, trabajo, discusión, relación amorosa, relación de amistad…). Escribe un texto explicando tu experiencia.

⚙ ESTRATEGIA

Organizing ideas before writing
Think about the topic you want to write about and create an outline of what you want to say. Remember to include the verb tenses as well as the vocabulary and transition words you will need. As a final step, choose a title for your story.

3. INTERACCIÓN ORAL

15.4 En grupos de cuatro y por turnos, comenten con sus compañeros si alguno de ustedes hace habitualmente alguna de estas cosas. Expliquen los motivos.

- Hablarle a la comida que están preparando.
- Hablarles a las plantas en la casa o en el jardín.
- Hablarle al televisor a gritos durante una competición deportiva.
- Animarse a uno mismo en voz alta cuando tiene que tomar una decisión importante.
- Cantar en la ducha.

15.5 En grupo, hagan una lista de las cosas en las que debemos poner siempre el corazón (en el deporte, en una afición, en una labor de voluntariado, en un familiar…). Cada uno de ustedes deberá elegir una y argumentar por qué es necesario poner sentimiento en ella.

⚙ ESTRATEGIA

Using a guide
It's important to use a guide when making a presentation. Create a simple guide and include the following information:

1. Present what you are going to talk about.

2. Explain why it is important.

3. Use anecdotal information, either your own or someone you know.

4. Prepare a brief conclusion.

15.6 Ahora voten el argumento que más les ha gustado.

Xochimilco, el lugar con más turistas en 2014

AMÉRICA LATINA Y ESPAÑA: CONSEJOS DE VIAJE

El Parque Talampaya, uno de los lugares más visitados en Argentina

Si viajas a **América Latina o España**, es fácil consultar una guía turística o hacer una rápida búsqueda* en Internet para saber qué lugares visitar. Algo más difícil es recibir **consejos de jóvenes** que viven en el país de destino. Hablamos con un grupo de muchachos mexicanos, peruanos, argentinos y españoles y les preguntamos: **¿qué consejos nos darías para visitar tu país?**

En Perú hay una división policial para turistas.

México, Argentina y Perú son los lugares más visitados en América Latina. Más de veinticuatro millones de personas visitaron México el pasado año. Argentina recibió casi seis millones de turistas. Por otra parte, España es el tercer país del mundo en cuanto a* número de turistas: más de sesenta millones de personas lo visitaron en 2014. Pero, ¿qué lugares interesan a los turistas? «Unos quieren ver lugares históricos como Xochimilco, una zona natural declarada Patrimonio de la Humanidad en 1987, otros quieren playas y sol», dice María Isabel Barroso, agente turística en América Latina.

¿Qué lugares recomendarías de EE. UU. a un turista? ¿Por qué?

PERÚ

Preguntamos a un grupo de muchachos peruanos qué consejos darían a alguien que quisiera visitar su país. Algunos comentaron que la ropa era importante, porque el tiempo en Perú cambia mucho. «Es importante traer vestimentas* adecuadas para la variedad de climas que presenta mi país».

Otros comentaron que la seguridad es importante: «No confiar* en los espontáneos que ofrecen ayuda. En Perú la policía tiene una división especial para turistas».

Muchos otros aconsejaron la comida de Perú: «Que prueben la cocina peruana porque es rica y variada. Además, los precios son asequibles*».

¿Qué consejos tienes para alguien que quiere visitar tu ciudad? ¿De qué le advertirías*?

MÉXICO

Muchos entrevistados en México coincidieron en recomendar la comida mexicana. Y, algunos, en advertir sobre ella.

«Recomiendo los platillos picantes de mi país. Son deliciosos», dijo una muchacha. «Los estómagos de los extranjeros no están acostumbrados a nuestras comidas. Tienen que ir con cuidado con los lugares donde comen, cualquier puesto callejero* puede provocar una infección estomacal», dijo otro joven.

¿Qué comida recomendarías de EE. UU.? ¿Qué especialidades hay en tu estado? ¿Cómo se preparan?

ESPAÑA

En España, la mayor parte de entrevistados se quejó* de los estereotipos: «En España muchas personas no saben bailar flamenco ni van a los toros*», dijo un joven. «En nuestro país hay mucho más que paella, toros y flamenco», dijeron varios muchachos.

Por otra parte, muchos jóvenes comentaron que «las playas son increíbles pero los pueblos pequeños y las montañas son también muy interesantes».

Varios muchachos mencionaron que «aquí saludamos con dos besos. Los que visiten nuestro país deben saber que esto es lo normal, tanto si te conoces por primera vez como si ya te has visto en varias ocasiones».

Peruanos, argentinos, mexicanos y españoles coincidieron en un último consejo para visitar sus países: «¡Aprender español!».

El flamenco es, junto a los toros, uno de los principales estereotipos sobre España

En muchos países latinos, la gente se saluda con un abrazo y un beso.

ARGENTINA

En Argentina, muchos de los entrevistados coincidieron en el mismo tipo de advertencia: la seguridad.

«Tienen que manejarse* con precaución», dijo un muchacho. «Tenemos problemas de seguridad y hay zonas peligrosas. Es importante estar alerta, sobre todo de noche», dijo otra muchacha.

La mayor parte de jóvenes recomendaron los parques nacionales y la naturaleza. «Cada provincia es un mundo», dijo una muchacha, «Sin duda, recomendaría el glaciar Perito Moreno y las cataratas del Iguazú, dos lugares increíbles».

Otro consejo importante es la forma de saludarse en Argentina. «Los argentinos nos saludamos con un beso o un abrazo», dijo uno de los muchachos, «aun si es la primera vez que te conoces».

¿Qué estereotipos piensas que hay sobre EE. UU.? ¿Qué imagen crees que tienen los países hispanohablantes de los estadounidenses?

¿Cómo se suele saludar la gente en EE. UU.? ¿Has visto alguna vez algún comportamiento en otros países o culturas que te parezca inusual? ¿Cuál?

GLOSARIO

asequible	– affordable
la búsqueda	– search
confiar	– to trust
en cuanto a	– as far as
hacer una advertencia	– to warn
manejarse	– to handle yourself
el puesto callejero	– food stand
se quejó	– (he) complained
los toros	– bullfighting
la vestimenta	– clothing

Fuentes: USA.gov, *El País, La Razón, The Huffington Post* y entrevistas.

REALIZA UNA INVESTIGACIÓN RÁPIDA EN INTERNET PARA ENCONTRAR LOS DATOS SIGUIENTES:

a ¿Qué lugar ocupa EE. UU. entre los países más visitados?

b ¿Qué tres lugares de EE. UU. recibieron el mayor número de visitantes el año pasado?

c ¿De qué nacionalidad son los turistas que más visitan EE. UU.?

El México de Frida Kahlo

EN RESUMEN

Situación

Compartir apartamento

You have decided to move out on your own and have found the perfect apartment to share with a friend. Now you have to work out the details with him/her.

LEARNING OUTCOMES

		ACTION

Give orders and instructions

15.1 Primero, prepara una lista de tareas de casa que hay que hacer para mantener el apartamento limpio y organizado. Decide cuáles prefieres hacer tú y pregunta a tu compañero/a si quiere o puede hacer las otras tareas. Cada uno debe responder según el tiempo y gustos que tiene hasta llegar a un acuerdo. Después, presenten a la clase su resultado y expliquen cómo llegaron a esa organización.

Ask, give, and refuse permission

15.2 Tu compañero/a y tú están viviendo en el apartamento desde hace unas semanas. Pide permiso a tu compañero/a para usar algo suyo, hacer o ver algo que puede molestarle. Tienes que darle explicaciones para intentar convencerlo/la. Él/Ella debe conceder y negarte el permiso explicando las razones de la decisión. Después, intercambien los papeles.

Extend invitations and give instructions

15.3 Han decidido tener una fiesta para inaugurar el apartamento. Escribe un correo a tus amigos e invítalos. Incluye las direcciones para llegar al apartamento desde la estación de metro.

....

....

....

....

....

....

....

....

Ask and give advice

15.4 A ti te gusta cocinar y quieres preparar la comida para la fiesta, pero necesitas ideas. Habla con tu compañero/a y pídele consejos o recomendaciones.

LISTA DE VOCABULARIO

Verbos Verbs

aceptar to accept
botar to bounce, to throw away
chutar to shoot
conceder to grant
dar permiso to give permission
denegar to refuse
flotar to float
golpear to hit
lanzar to throw
marcar un gol to score a goal
pelear(se) to fight
quejarse to complain
rebotar to rebound

Los deportes Sports

el balón ball
el balonmano handball
el campo field
la cancha court
la falta foul
la pared wall
el pase pass
la portería goal
el portero goal keeper
la raqueta racket
la red net
la ventaja advantage

Las tareas del hogar Household chores

barrer to sweep
doblar la ropa to fold clothes
guardar la ropa to store / put away clothes
hacer la cama to make the bed
hacer la comida to cook
lavar los platos to wash the dishes
limpiar el suelo to clean the floor
pasar la aspiradora to vacuum
pasear al perro to walk the dog
planchar to iron
poner la lavadora to do the laundry
poner la mesa to set the table
quitar la mesa to clear the table
sacar la basura to take out the trash
tender la ropa to hang out the clothes to dry
tirar la basura to take out the trash

Artículos del hogar Household items

la aspiradora vacuum cleaner
la basura trash
la lavadora washing machine
el lavaplatos dishwasher
el polvo dust
las sábanas bed sheets
la secadora dryer

Pedir permiso, concederlo y denegarlo Asking, giving and denying permission

Claro que sí. Of course.
¡De ninguna manera! No way!
Desde luego. Of course.
¿Me permites /permite? Will you allow me to…?
¡Ni hablar! Don't even mention it!
No, (lo siento) es que… No, (I'm sorry) it's just that…
Por supuesto. Of course.
¿Puedo / Podría…? Can / Could I…?
¿Quieres…? Do you want…?
¿Te / Le importa si…? Do you mind if…?

Expresiones para pedir y dar instrucciones, órdenes y consejos Expressions to ask and give instructions, commands and advice

Perdone / Perdona, ¿para…? Excuse me, how do I…?
¿Por qué no…? Why don't you…?
¿Puedes / Podrías decirme cómo…? Can / Could you tell me how…?
¿Sabes cómo…? Do you know how to…?
Tendrías que / Deberías… You should…

16

¡SUPERESPACIO!

Hablamos de…	Vocabulario y comunicación	¡En vivo!	Gramática	Destrezas	Sabor latino	En resumen

• Revistas juveniles	• **La comida:** Asking for and giving advice
	
	• **¡A cocinar!:** Asking for permission and favors
	
	Pronunciación
	
	• Las letras **y** y **x**
		• **Episodio 16 Paella con curry:** Making notes of relevant details	• Conditional tense: regular verbs
			
			• Conditional tense: irregular verbs
			
			• Expressing probability in the past
				• **Lorca y la Generación del 27**
				
				  – **Comprensión de lectura:** Using biographical information
				
				  – **Expresión escrita:** Using conventional phrases and logical organization
				
				  – **Interacción oral:** Creating a concept map
					• **Dieta mediterránea, ¿mito o realidad?**	• **Situación:** Revista digital *TuMundo*
						
						• Vocabulario

- ¿Qué tipo de revista crees que están leyendo?
- ¿Sueles leer revistas? ¿En qué momento del día las lees?
- ¿Qué tipo de revistas te interesan más?
- ¿Prefieres leerlas en formato impreso o digital?

LEARNING OUTCOMES

By the end of this unit, you will be able to:

- Ask and give advice and recommendations
- Ask for permission and favors
- Express probability or hypothesis in the past
- Talk about food and health

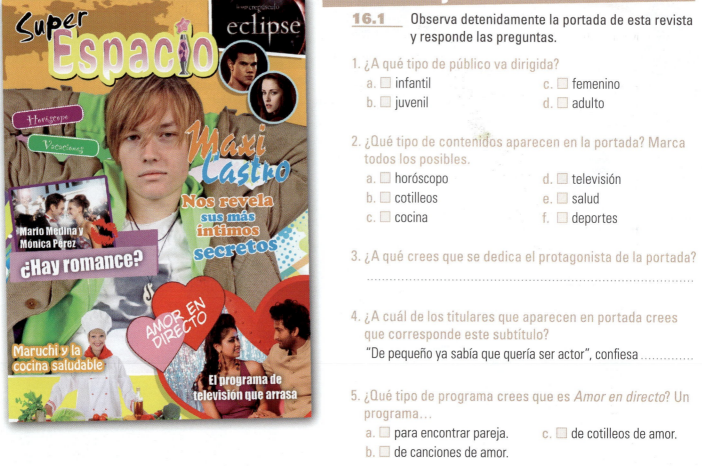

16.1 Observa detenidamente la portada de esta revista y responde las preguntas.

1. ¿A qué tipo de público va dirigida?
   - a. ☐ infantil
   - b. ☐ juvenil
   - c. ☐ femenino
   - d. ☐ adulto

2. ¿Qué tipo de contenidos aparecen en la portada? Marca todos los posibles.
   - a. ☐ horóscopo
   - b. ☐ cotilleos
   - c. ☐ cocina
   - d. ☐ televisión
   - e. ☐ salud
   - f. ☐ deportes

3. ¿A qué crees que se dedica el protagonista de la portada?
   ....

4. ¿A cuál de los titulares que aparecen en portada crees que corresponde este subtítulo?
   "De pequeño ya sabía que quería ser actor", confiesa ....

5. ¿Qué tipo de programa crees que es *Amor en directo*? Un programa...
   - a. ☐ para encontrar pareja.
   - b. ☐ de canciones de amor.
   - c. ☐ de cotilleos de amor.

16.2 Con tu compañero/a, completen los datos más personales del protagonista de la portada. Utilicen las pistas para ayudarse.

Ocho cosas que debes saber sobre Maxi Castro		PISTAS
Nació en un barrio de…		▶ ■ capital de Puerto Rico
Es el menor de…	.... hermanos	▶ ■ seis menos dos
Todos los días…	.... unos treinta minutos	▶ ■ más rápido que andar
Tiene una casa en la costa porque…	le encanta el	▶ ■ masa de agua salada que cubre la mayor parte de la Tierra
Su color favorito es el…		▶ ■ como las fresas
Admira a…		▶ ■ actor que da vida a Batman y Moisés
Es…		▶ ■ no come carne, solo frutas y verduras
Está…		▶ ■ no tiene esposa ni novia

16.3 Escribe pistas sobre tus gustos más personales y muéstraselas a tu compañero/a para que las adivine. Sigan el modelo de la actividad anterior.

....

....

16.4
(112)

Carla y Lucía siguen cada semana las noticias de la revista *SuperEspacio*. Escucha su conversación y elige la opción correcta.

Lucía: Mira, Carla, las fotos que trae esta semana *SuperEspacio*. Hay una entrevista a Maxi Castro.

Carla: ¿Maxi Castro? ¡Ay, Lucía, déjame ver! Yo estoy enamoradísima de ese actor… Es tan guapo y tan simpático…

Lucía: Mira… También viene un test para saber si conoces bien la vida de Maxi. Y si aciertas *(answer correctly)* todas las preguntas, participas en el sorteo *(sweepstake)* de un viaje a París, la ciudad del amor. **¿Podrías ayudarme?**

Carla: Claro, yo conozco todos los secretos de la vida de Maxi. De todos modos, **yo que tú** primero **leería** la entrevista y después **contestaría** el test. Seguro que esa entrevista contiene mucha información.

Lucía: ¿Has visto que parece que Mario Medina y Mónica Pérez están juntos?

Carla: ¿Mónica Pérez es la actriz de la película *La soga*?

Lucía: Carla, **deberías estar más informada**… Es la actriz de la serie *Sombras*. Es la que hace el papel *(role)* de mala.

Carla: Bueno, vale. También sale la cocinera esa de *Salud al día*, el programa de televisión. A mi madre le encanta y en casa nos lo pone todos los días.

Lucía: A mí no me saques de las hamburguesas y las papas fritas. Odio las verduras.

Carla: ¿En serio? No me lo puedo creer. Pues **deberías comer** más verdura. Es muy buena para la salud.

a. Lucía necesita ayuda para **responder** / **competir** un test sobre Maxi Castro.

b. Carla le recomienda primero **obtener** / **escribir** la información a través de la entrevista.

c. Lucía piensa que Carla no está **suficientemente** / **frecuentemente** informada sobre la actriz de la serie *Sombras*.

d. Carla está sorprendida por los **buenos** / **malos** hábitos alimenticios de Lucía.

16.5

Miren ahora las dos portadas de estas revistas. En parejas, y por turnos, pueden hacerse preguntas sobre ellas. Añadan otras preguntas que consideren oportunas.

a. ¿Qué tipo de revistas son?

b. ¿A qué tipo de público piensas que va dirigida cada una?

c. ¿Sueles leer algunas de estas revistas? ¿Qué contenidos te gustan más?

d. ¿Te interesan las revistas del corazón o de cotilleos?

e. ¿Piensas que es fácil hacerse famoso?

f. ¿Qué ventajas o desventajas crees que tiene la fama?

g. ¿Crees que se debe proteger la vida privada de los personajes públicos?

APUNTES: La prensa en Latinoamérica. Algunos datos

✓ El 20 % de los chilenos leen el periódico todos los días y *La Tercera* es el periódico preferido de Chile.

✓ Los peruanos pasan un promedio de 1 hora y 23 minutos al día leyendo medios impresos (tanto periódicos como revistas).

✓ Casi el 12 % de los uruguayos indican que leen los medios impresos todos los días.

✓ 7 de cada 10 argentinos compran el periódico.

✓ El 27 % de los mexicanos leen los diarios y el Estudio General de Medios indicó que *El Universal* incrementó su número de lectores en un 50 %.

Adaptado de: http://latinlink.usmediaconsulting.com/2013/10/lo-ultimo-sobre-el-consumo-de-medios-en-latinoamerica/?lang=es

1.A VOCABULARIO: LA COMIDA

16.1 Relaciona los alimentos con su imagen correspondiente. Intenta deducir el significado de las palabras desconocidas. Después, escucha el audio para comprobar tus respuestas.

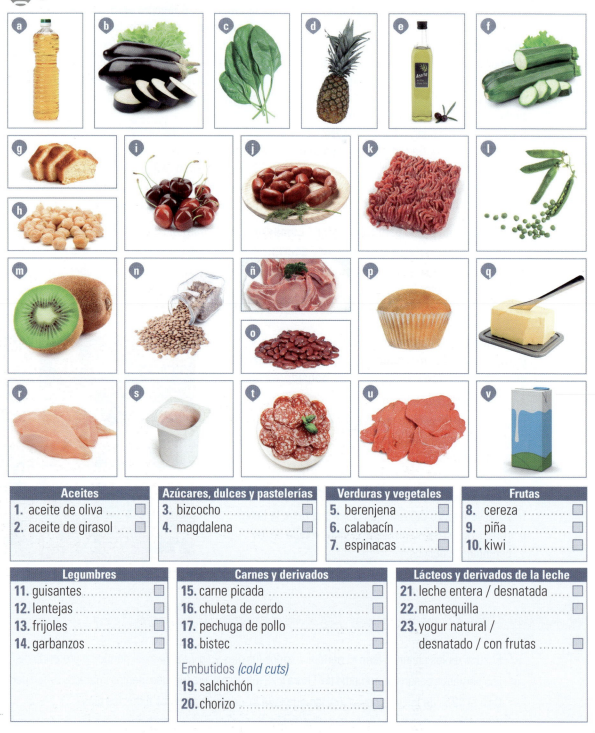

Aceites	Azúcares, dulces y pastelerías	Verduras y vegetales	Frutas
1. aceite de oliva .... ☐	**3.** bizcocho .... ☐	**5.** berenjena .... ☐	**8.** cereza .... ☐
2. aceite de girasol .... ☐	**4.** magdalena .... ☐	**6.** calabacín .... ☐	**9.** piña .... ☐
		7. espinacas .... ☐	**10.** kiwi .... ☐

Legumbres	Carnes y derivados	Lácteos y derivados de la leche
11. guisantes .... ☐	**15.** carne picada .... ☐	**21.** leche entera / desnatada ..... ☐
12. lentejas .... ☐	**16.** chuleta de cerdo .... ☐	**22.** mantequilla .... ☐
13. frijoles .... ☐	**17.** pechuga de pollo .... ☐	**23.** yogur natural /
14. garbanzos .... ☐	**18.** bistec .... ☐	desnatado / con frutas .... ☐
	Embutidos *(cold cuts)*	
	19. salchichón .... ☐	
	20. chorizo .... ☐	

To make guesses or assumptions, use:

Me imagino /
Supongo que + future

16.2 Los famosos de las revistas suelen seguir unas dietas muy estrictas para mantener su imagen. ¿Qué alimentos crees que toman (o no toman) para seguir una dieta sana? Habla e intercambia opiniones con tu compañero/a.

16.3  Relaciona las siguientes palabras para formar parejas. Compara tus respuestas con un/a compañero/a.

1. pescado	**a.** entera
2. ensalada	**b.** fritas
3. pan	**c.** del tiempo
4. leche	**d.** multicereales
5. trozo de	**e.** desnatado
6. agua	**f.** mixta
7. fruta	**g.** mineral
8. yogur	**h.** pastel
9. papas	**i.** a la plancha

16.4 (114) Lee la conversación entre la actriz Mónica Pérez y Maruchi, la famosa cocinera, y completa los espacios en blanco con las palabras de la actividad anterior. Después, escucha y comprueba.

Maruchi: Primero, vamos a analizar qué es lo que comes habitualmente. A ver, ¿qué sueles desayunar?
Mónica: Tomo un vaso de (a) ....
Maruchi: ¿Y qué más?
Mónica: Pues, nada más.
Maruchi: ¿Solo eso? Bueno, ¿y luego? ¿A la hora de la comida?
Mónica: Como una hamburguesa con (b) .... y un refresco.
Maruchi: ¿Tomas postre?
Mónica: Sí, un (c) .... de chocolate.
Maruchi: ¿Y para cenar?
Mónica: Para cenar tomo (d) .... como salmón o sardinas con una (e) .... y de postre, un (f) ....
Maruchi: Bien. En realidad, creo que tenemos que hacer algunos cambios, sobre todo en el desayuno y la comida. Para desayunar, yo tomaría café o té, con leche desnatada, pero lo acompañaría con (g) .... y mermelada. Lo que yo cambiaría bastante es la comida. Para empezar, la haría más variada, incorporando verduras y legumbres de todo tipo. Por otro lado, yo en tu lugar abandonaría completamente los dulces y tomaría una (h) .... de postre. ¡Ah! Y olvídate también de las bebidas con gas, mucho mejor beber (i) ....

16.5  Con un/a compañero/a, hagan turnos para responder las siguientes preguntas sobre sus hábitos de comida. Opina sobre lo que dice tu compañero/a y dale consejos si los necesita.

Estudiante 1:
a. ¿En qué consiste tu dieta?
b. ¿Te gusta la comida rápida?
c. ¿Te interesa comer de forma saludable?
d. ¿Has cambiado algo de tu alimentación en los últimos años?

Estudiante 2:
a. ¿Con qué frecuencia comes verdura?
b. ¿Vas mucho a restaurantes de comida rápida?
c. ¿Dónde crees que tienes una alimentación más sana: en casa o en la escuela?
d. ¿Crees que comes bien?

1.B COMUNICACIÓN: ASKING FOR AND GIVING ADVICE

» Para **pedir consejos**:
   ¿Qué puedo hacer? *What can I do?*
   ¿Tú qué harías? *What would you do?*
   ¿Podrías aconsejarme? *Could you…?*

» Para **dar consejos** o recomendaciones:
   Yo / Yo que tú / Yo en tu lugar usaría menos sal. *If I were you, I…*
   Deberías / podrías acostarte. Es tarde. *You should / could…*

» Otras formas:
   ¿Por qué no vas al médico?   Juan y tú **tienen que** ver esa película.
   Toma un taxi, llegarás más rápido.   **No fumes.** Te hace daño.
   ¿Y si comes menos fritos?

Yo en tu lugar usaría menos sal.

16.6   En el foro *Cosas a tener en cuenta*, la gente ha subido algunas consultas. Léelas y relaciónalas con sus consejos correspondientes de la página siguiente. Trabaja con un/a compañero/a.

Cosas a tener en cuenta

Temas	Respuestas	Autor	Lecturas
1 Dejar de fumar Fumo desde los dieciocho años y me gustaría dejarlo. ¿Qué podría hacer?	2 [e] [ ]	ausod76	342
2 Insomnio Desde que perdí mi trabajo no duermo bien. Tardo mucho en dormirme por las noches. ¿Algún consejo?	2 [ ] [ ]	sebas36	122
3 Aprender español En mi empresa ofrecen un puesto de trabajo en España, pero necesito hablar español con fluidez. Me gustaría optar a este puesto, pero mi nivel es bajo. ¿Alguien me da un consejo?	3 [ ] [ ] [ ]	peterxc	204
4 Conservar a los amigos Hola a todos. Tengo pocos pero muy buenos amigos, y últimamente me preocupa perderlos porque me he trasladado a vivir a otra ciudad. ¿Qué debería hacer para conservarlos?	3 [ ] [ ] [ ]	ivanne	234
5 Vivir sin estrés Últimamente me siento muy cansada, no tengo ganas de hacer nada y siempre estoy pensando en el trabajo. Estoy estresada. ¿Qué me aconsejan?	1 [ ]	sandra33	87
6 Llevar una vida más sana No me cuido nada y, como no tengo tiempo, siempre tomo comida precocinada. Quiero cambiar estos malos hábitos. ¿Qué puedo hacer?	0	carlos76	34
7 Pasar un fin de semana inolvidable Vienen a visitarme dos amigos y quiero pasar con ellos un buen fin de semana. ¿Alguien me propone algún plan?	0	anaisann	22
8 Conocer a nuevos amigos Soy una erasmus en Madrid y quiero conocer gente. ¿Me pueden ayudar?	0	enmasa	11

CONSEJOS:

a. Yo que tú cambiaría esa dependencia y la sustituiría por una alimentación sana, así evitarás ganar peso.

b. Yo no trabajaría tantas horas y dedicaría más tiempo a cosas que te hagan feliz.

c. Podrías llamarles una vez a la semana. Ah, y el WhatsApp no debe faltar en tu vida.

d. Yo en tu lugar me tomaría un baño todas las noches antes de ir a la cama, para relajarme.

e. Lo primero que deberías hacer es tomar conciencia real de que esto está afectando a tu salud. Después, tendrías que ir al médico para seguir algún programa de ayuda.

f. Yo que tú empezaría a estudiar ahorita y me apuntaría a un curso intensivo.

g. Podrías usar Internet para participar en foros en español y con la práctica te sentirías más seguro.

h. Yo que tú haría un viaje a España y hablaría con gente nativa.

i. Yo contaría siempre con ellos y compartiría algunas actividades de ocio.

j. Tendrías que caminar un par de horas para reducir la tensión y relajarte.

k. Deberías quedar con ellos los fines de semana e invitarles a venir a tu ciudad de vez en cuando.

16.7 Ahora escribe en el foro para aconsejar a las tres personas que todavía no han recibido respuesta. Utiliza las estructuras que has aprendido para dar consejos y hacer sugerencias. Trabaja con un/a compañero/a.

6 ....
....

7 ....
....

8 ....
....

16.8 Pídele consejo a tu compañero/a acerca de tus problemas y aconséjale también sobre los suyos.

Estudiante 1:

– ¡No soy popular en Facebook!

– Siempre que tengo un examen me pongo muy nervioso y no me puedo concentrar.

– Tengo muchos granos *(pimples)*, pero no puedo dejar de comer chocolate.

– Lloro cuando veo películas románticas.

– Mis padres quieren que salga con el/la hijo/a de sus amigos, pero a mí no me gusta.

Estudiante 2:

– Necesito ver mi celular constantemente.

– Creo que en mi casa hay un fantasma, pero nadie me cree.

– El muchacho / La muchacha que me gusta me ha invitado a una fiesta, pero bailo fatal.

– Me encanta la ropa de mi hermano/a mayor, pero no me la deja.

– He tenido un pequeño accidente con el carro de mis padres.

16.9 Relaciona las siguientes palabras que se utilizan habitualmente en la preparación de comidas con su correspondiente definición. Trabaja con un/a compañero/a.

1. añadir
2. escurrir
3. aliñar
4. poner en remojo
5. lavar
6. cocer
7. congelar
8. triturar

a. Poner un alimento en agua durante un tiempo para poder cocinarlo bien el día siguiente.
b. Quitar el agua de un alimento después de cocinar.
c. Limpiar con agua un alimento.
d. Cortar un alimento en trozos más pequeños. Hay máquinas que lo hacen muy bien y muy rápido.
e. Poner alimentos a temperaturas muy frías para conservarlos frescos.
f. Cocinar un alimento, como la verdura, en agua caliente.
g. Poner sal, aceite, vinagre… a una ensalada, por ejemplo.
h. Poner ingredientes adicionales poco a poco o al final.

16.10 Maruchi también prepara diferentes platos para la revista *SuperEspacio* y nos enseña algunos trucos para preparar comida saludable y sabrosa. Usa los verbos de la actividad anterior y las imágenes para completar los trucos de Maruchi.

1. Para conseguir unos garbanzos tiernos *(tender)*, los tienes que (a) .... la noche anterior. Para las lentejas no es necesario, pero las tendrás que (b) ....lentamente.
2. Si has comprado mucha carne y no la vas a comer en el mismo día, la puedes (c) ...., así conservará todas sus propiedades.
3. Después de cocer la pasta, la tendrás que (d) .... antes de (e) ....la salsa de tomate.
4. Para cambiar la consistencia de la sopa de verduras, la puedes (f) .... y hacer un puré de verduras.
5. Antes de comer fruta, la deberás (g) ....
6. Para darle más sabor a la ensalada, la puedes (h) .... con aceite de oliva.

16.11 El programa de Radio Caracol *Hoy por hoy* dedica su sección de gastronomía a un plato típico de un país de Hispanoamérica. Lee la información sobre el plato, escucha con atención y corrige la que no es correcta.

Nombre: bandeja paisa
País: Venezuela
Región: Antioquia

Ingredientes: manzana, arroz, huevo, pescado, frijoles, arepa y aguacate

16.12 Este plato popular tiene muchas variaciones. Busca una receta que te interese y escribe, con tus propias palabras, cómo se prepara. Después, cuéntaselo al resto de la clase.

INGREDIENTES

Preparación

16.13 En la cocina, igual que en la vida, es importante saber qué alimentos
son saludables. Con un/a compañero/a, clasifiquen los nutrientes
según el grupo de alimentos en los que predominan. Pueden investigar
en Internet si no están seguros.

1. azúcares	**a.** frutas, verduras y bebidas en general
2. proteínas	**b.** carnes, pescados, soja *(soy)*, huevos y lácteos
3. grasas	**c.** mantequilla, margarina y aceite
4. carbohidratos	**d.** azúcar, miel y mermelada
5. agua	**e.** pan, avena, arroz, pasta y legumbres
6. vitaminas	**f.** zumos de frutas y verduras

16.14 Habla con tu compañero/a sobre la relación entre la alimentación y el deporte.

– ¿Por qué crees que tenemos que hacer deporte?
– ¿Conoces los alimentos que no deben faltar en la dieta del deportista?

16.15 Lean el artículo y comprueben sus respuestas. ¿Acertaron?

Hacer deporte nos ayuda a
mantenernos en forma y es beneficioso
para nuestra salud. Si al hábito
deportivo añadimos una alimentación
sana y equilibrada los resultados son
todavía más beneficiosos: se controla
el peso y la tensión arterial, se reducen
el colesterol, las grasas y los niveles
de azúcar en sangre, y se previenen
enfermedades como la obesidad, la
diabetes…

La combinación de deporte y dieta
saludable nos ayuda a lograr esa
sensación de bienestar tan beneficiosa
para nuestra mente, y a eliminar la
tensión y el estrés.

Cuando realizamos una actividad física extra, hemos de aumentar el consumo de
alimentos ricos en carbohidratos: cereales, arroz, pan, pastas, papas, legumbres, frutas…

Cuando practicamos ejercicio, nuestro organismo quema carbohidratos y grasas para
poder producir la energía necesaria que requiere ese esfuerzo. También es importante
mantener una hidratación adecuada para evitar mareos y otras consecuencias negativas.

16.16 En grupos de tres, piensen en la cena que prepararían para un grupo de
deportistas antes de un maratón. Indiquen también los alimentos que evitarían.
Después, presenten su menú a la clase para ver qué grupo ha elaborado la mejor
cena.

16.17 ¿Te gusta cocinar? En grupos pequeños, hagan turnos para decir lo que saben
cocinar. Usen las expresiones que aprendieron para explicar cómo lo hacen.
Después, decidan quién es el/la cocinero/a más experto/a del grupo.

» Para **pedir permiso** decimos:
¿Te importa si me llevo estos libros? *Do you mind if…?*
¿Puedo cerrar la puerta? *Can I…?*
¿Podría salir un poco antes de clase? *Could I…?*
¿Me dejas usar tu teléfono? *Will you allow me to…?*

» Para **pedir favores** decimos:
¿Me prestas un boli? *Will you lend me…?*
¿Te importaría llevar estos libros a la biblioteca? (formal) *Would you mind…?*
¿Podrías prestarme tu diccionario de español? (formal) *Could you…?*
¿Sería tan amable de decirme la hora? (muy formal) *Would you be so kind as…?*

» Para **explicar** o **justificar** el porqué de la petición se utiliza **es que**…:
Es que he perdido mi boli. *It's just that…*

16.18 ¿Te acuerdas del programa Amor en directo que aparecía en la portada de la revista? Benjamín, el próximo participante, está buscando novia. Quiere ser amable y educado para causar una buena impresión a la muchacha que va a conocer. Mientras espera en el vestuario antes del programa fantasea sobre lo que le pasará en su primera cita con ella. Relaciona las partes de las frases para conocer sus pensamientos.

1. ¿Te importa si
2. ¿Podría
3. ¿Puedo
4. ¿Me dejas
5. ¿Le importaría
6. ¿Podrías

a. pasarme la sal?
b. te llamo para vernos otro día?
c. invitarte a cenar?
d. acompañarte a casa?
e. aconsejarnos en la comida?
f. tomarnos una foto juntos?

16.19 Relaciona las frases de la actividad anterior con la situación en la que Benjamín las usaría y escribe el número. Compara tus respuestas con un/a compañero/a.

a. ☐ Están cenando y la comida está sosa *(bland)*.
b. ☐ Acaban de salir del restaurante.
c. ☐ Se acaban de sentar en la mesa del restaurante y piden ayuda al camarero.
d. ☐ Se están despidiendo después de la cita.
e. ☐ Han salido del plató *(set)* de *Amor en directo* y están pensando qué hacer.
f. ☐ Están pasando una buena noche y le piden al camarero un recuerdo de ella.

16.20 Josefa, la muchacha que va a conocer a Benjamín, también se está preparando para salir en el programa. ¿Qué favores crees que le pide a su amiga Diana? Prepara una lista de peticiones.

Diana, tengo que salir al programa y ¡no estoy lista! ¿Me prestas…?

16.21 ¿Cómo crees que contestará Diana a las peticiones de su amiga? Con un/a compañero/a y por turnos, hagan el papel de Josefa y Diana. Cada uno/a tiene que responder positiva o negativamente a las peticiones de su compañero/a.

Modelo: Josefa: ¿Me puedes prestar tu vestido negro?
Diana: Es que está en la lavandería. / Claro que sí, aquí lo tienes.

Para conceder permiso:
- **Sí, sí.**
- **Desde luego.**
- **Claro que sí.**
- **Por supuesto.**

16.22 Pídele a tu compañero/a que realice estas acciones para ti. Tú responde a sus peticiones positiva o negativamente.

Estudiante 1:	Estudiante 2:
Estás cocinando y quieres la opinión de alguien. Pídesela amablemente a tu compañero/a de apartamento.	Tienes alergia a la leche. No puedes tomar nada con leche.
Tu vecino/a te pide ayuda para llevarlo al supermercado pero hoy no tienes tiempo. Discúlpate.	Tienes que ir al supermercado pero tienes el carro en el mecánico. Pídele ayuda a tu vecino/a.
Estás tomando café en casa de tu novio/a. Pídele a su madre la receta del bizcocho que están comiendo.	El novio / La novia de tu hijo/a te pide la receta de un bizcocho que les has servido, pero es un secreto de familia. Discúlpate.
Piensa en regalos que compras cuando tu jefe te invita a comer a su casa y aconseja a tu compañero/a.	Vas a ir a cenar a la casa de tu jefe. Pídele a un/a compañero/a que te dé ideas de qué puedes comprar.

PRONUNCIACIÓN

LAS LETRAS Y Y X

» To form the plural of a word ending in **y**, add –**es**: **rey** / **reyes**.

» Notice that the **y** is now pronounced as a consonant.

» Verbs like **oír, caer, creer** and those ending in –**uir** like **construir, destruir**, and **huir** *(to flee)* will have a **y** in the **usted/él/ella** and **ustedes/ellos/ellas** form in the preterit.

oír ▶ oyó, oyeron	caer ▶ cayó, cayeron	creer ▶ creyó, creyeron
construir ▶ construyó, construyeron	destruir ▶ destruyó, destruyeron	huir ▶ huyó, huyeron

16.1 Completa los espacios en blanco con la forma correcta de los verbos entre paréntesis.

a. Ayer Juan (oír) .... un ruido extraño y (creer) .... que era un ladrón. Salió corriendo para atraparlo, (caerse) .... y el ladrón (huir) .... con todo el dinero.

b. Isabel la Católica fue una gran reina, ya que (construir) .... un gran imperio.

c. El huracán (destruir) .... la casa de mis tíos en Santo Domingo.

» The letter **x** is used in place of **s** before the consonant pairs **pl**– and **pr**–: **explorar, exprimir**.

16.2 Completa los espacios en blanco con x o s, de acuerdo con la regla que has aprendido.

a. e....plotar   c. e....timado   e. e....tupidez   g. e....presar
b. e....plicar   d. e....presión   f. e....tatuto   h. e....tirar

Paella con curry

ANTES DEL VIDEO

16.1 Observa las imágenes. ¿Quiénes son? ¿Dónde están? ¿Qué hacen? ¿Para qué? Basa tu respuesta en lo que crees que puede ocurrir. Usa tu imaginación.

....

....

....

16.2 ¿Alguna vez has preparado una comida? ¿Seguiste una receta o improvisaste? ¿Tuviste ayuda? Coméntalo con tu compañero/a.

16.3 Mira el episodio y escribe los ingredientes que lleva la paella de los muchachos.

....

....

⚙ ESTRATEGIA

Making notes of relevant details
When you want to remember something that you are listening to, taking notes can be helpful. Knowing what notes to take depends on the information that is relevant to your purpose for listening. Think ahead to the vocabulary you will probably need to note down. Rely on images to help you identify important vocabulary.

16.4 ¿Qué otros ingredientes extra decide añadir Felipe? Márcalos.

a. ☐ mantequilla	**c.** ☐ aceitunas	**e.** ☐ huevos	**g.** ☐ otra especia más
b. ☐ carne picada	**d.** ☐ frijoles	**f.** ☐ curry	**h.** ☐ pasta

DURANTE EL VIDEO

16.5 Relaciona las siguientes frases.

1. Sebas quiere preparar una paella…
2. Sebas y Felipe miran la receta…
3. Sebas ha gastado todos sus ahorros *(savings)*…
4. Felipe cree que los frijoles…
5. La paella de Sebas y Felipe…
6. Los muchachos juegan a los videojuegos…
7. Cuando Alba llega…
8. Alba es la invitada a la cena…

a. están buenos con todo.
b. antes de terminar la paella.
c. en Internet.
d. lleva marisco.
e. pero ella paga las pizzas.
f. para impresionar a Alba.
g. la mesa ya está preparada.
h. en comprar los ingredientes.

16.6 Marca las frases que dice Felipe. Puedes volver a ver el episodio si es necesario.

a. ☐ He comido muchas veces paella.

b. ☐ Tenemos que hacerlo todo en su orden.

c. ☐ Yo también preparé un plato para Alba.

d. ☐ Si queremos impresionarla, tenemos que hacer algo fuera de lo normal.

e. ☐ Los tacos saben muy ricos pero yo no sé hacerlos.

f. ☐ Una paella es mucho más sorprendente.

g. ☐ Hay que ser creativo.

h. ☐ No es bueno improvisar.

16.7 Termina las frases según lo que sucede en el segmento.

`04:28 - 05:50`

a. Cuando los muchachos están jugando a los videojuegos, la paella ....

b. Sebas quiere ir a la cocina a ver la paella, pero Felipe le dice que ....

c. Cuando llega Alba, en la casa huele a ....

d. Alba decide llamar por teléfono para pedir ....

16.8 ¿Por qué no salió bien la paella? Marca con tu compañero/a todas las opciones posibles.

a. ☐ No siguieron la receta punto por punto.

b. ☐ Añadieron ingredientes fuera de la receta.

c. ☐ No vigilaron *(look after)* la paella hasta el final.

d. ☐ No conocían el plato previamente.

e. ☐ Improvisaron mucho.

f. ☐ Compraron ingredientes caros.

g. ☐ No eran supervisados por un adulto.

16.9 Piensa en la situación que encontró Alba cuando llegó a casa de sus amigos. ¿Cómo reaccionarías tú en su lugar? Coméntalo con tu compañero/a.

a. Posiblemente reaccionaría igual que Alba.

b. Ayudaría a mis amigos a cocinar otra cosa.

c. Me iría de la casa muy decepcionado/a y enfadado/a.

d. Pediría una pizza, pero ellos la deberían pagar porque yo soy el/la invitado/a.

e. Esperaría a que ellos tomaran una decisión.

16.10 ¿Recuerdas alguna situación en la que trabajaste en equipo y no salió bien? Coméntalo con tus compañeros.

DESPUÉS DEL VIDEO

GRAMÁTICA

1. CONDITIONAL TENSE: REGULAR VERBS

	CANTAR	COMER	ESCRIBIR
yo	cantar**ía**	comer**ía**	escribir**ía**
tú	cantar**ías**	comer**ías**	escribir**ías**
usted/él/ella	cantar**ía**	comer**ía**	escribir**ía**
nosotros/as	cantar**íamos**	comer**íamos**	escribir**íamos**
vosotros/as	cantar**íais**	comer**íais**	escribir**íais**
ustedes/ellos/ellas	cantar**ían**	comer**ían**	escribir**ían**

» Note that all endings have a written accent on the **í**.

» The simple conditional is used to give **advice** and make recommendations.
   Yo / Yo que tú / Yo en tu lugar + conditional
   Deberías / Podrías…
      Yo que tú comería más fruta y verdura. *If I were you, I would eat more fruit and vegetables.*
      Deberías dejarle un mensaje. Creo que está preocupado. *You should / could leave him a message. I think he's worried.*

» Ask for **favors** and **permission**.
   ¿Te importaría…?
      ¿Te importaría hacerme un favor? Es que mañana tengo un examen…
      Would you mind doing me a favor? It's just that tomorrow I have a test…

16.1 Josefa, la muchacha que Benjamín espera conocer en *Amor en directo*, llega finalmente al estudio. Su amiga Diana intenta calmarla. Completa la conversación con los verbos entre paréntesis. Después, compara tus respuestas con un/a compañero/a.

Josefa: ¡Qué vergüenza! ¿Y qué hago si me hace una pregunta indiscreta?
Diana: Yo le (a) .... (responder) con otra pregunta.
Josefa: ¿Y si lo veo y no me gusta?
Diana: Pues yo que tú le (b) .... (dar) una oportunidad y (c) .... (cenar, yo) con él. Si después de la cena no te gusta, no (d) .... (participar, yo) más en el programa.
Josefa: ¿Y si me gusta?
Diana: Pues entonces (e) .... (seguir, yo) conociéndolo y sobre todo
(f) .... (quedar) con él fuera de las cámaras, ya sabes que la televisión engaña

(misleads) mucho… Si no, que te lo digan a ti, que no querías ni ir…
Josefa: Tienes razón, (g) .... (deber, yo) conocerlo mejor. Pero, igual me enamoro de él y él no de mí, ¿te imaginas?
Diana: ¡Ay, Josefa! Yo no lo (h) .... (pensar) más, ¡solo es un concurso!
(i) .... (Ir, yo), (j) .... (divertirse) un rato, (k) .... (conocer) a gente nueva y quién sabe…, igual es el hombre de tu vida…
Josefa: ¿Y si lo es?
Diana: Pues entonces yo (l) .... (casarse) con él, y (m) .... (ser, yo) muy feliz.
Josefa: Y entonces… ¿me (n) .... (ayudar, tú) a elegir el vestido de novia?
Diana: ¡¡Grrrrrr!! Que sí, ¡¡pesada!!

16.2 El pobre Benjamín también está nervioso. Como ya sabes qué opina Josefa, ¿qué consejos le darías a Benjamín? Escribe una nota breve.

(Modelo:) Querido Benjamín, yo en tu lugar…

2. CONDITIONAL TENSE: IRREGULAR VERBS

» For all irregular verbs in the conditional, the endings remain the same as with regular verbs, only the stem changes as follows:

What other tense uses these same stems?

Irregular verbs				
poner ▶ **pondr**–	venir ▶ **vendr**–	querer ▶ **querr**–	–ía	–íamos
salir ▶ **saldr**–	decir ▶ **dir**–	haber ▶ **habr**–	–ías	–íais
tener ▶ **tendr**–	hacer ▶ **har**–	saber ▶ **sabr**–	–ía	–ían

16.3   De los siguientes verbos, elige el más adecuado para cada frase y escríbelo en condicional.

poner • saber • poder • ser • venir • decir • tener • querer • hacer

a. De no ser actor, seguro que .... cantante de rock o bombero. ¿Crees que .... un buen trabajo como bombero?

b. No tengo nada que decir respecto a mi relación con Mario Medina. Yo que tú .... en la revista que solo somos buenos amigos.

c. Yo no .... qué hacer sin los consejos de mi amiga Diana.

d. Sin el programa *Amor en directo* yo ahora no .... novia.

e. Yo .... a todos los jóvenes que una alimentación con muchas verduras es una garantía de salud para el futuro.

16.4   Ahora identifica quién de los siguientes personajes de la revista *SuperEspacio* ha dicho las frases anteriores.

① Mónica Pérez

② Josefa

③ Maxi Castro

④ Maruchi

⑤ Benjamín

16.5   Escucha estas conversaciones y entrevistas de *SuperEspacio* y relaciónalas con su personaje correspondiente.

Personaje		Uso
a.	- ¿Qué .... si a tu hijo no le gusta el sabor de casi ninguna?	☐
	- .... usar tu imaginación.	☐
b.	- .... la primera vez que venía a la tele.	☐
	- ¿Y tú qué .... entonces, Luz?	☐
	- Mira, yo	☐
c.	- Sí, ... decir que sí.	☐
	- Creo que no .... hacer otra cosa.	☐
	- ¿Te .... firmarme un autógrafo para mi hija?	☐
d.	- ¿.............. decirnos cuándo nació esa bonita amistad?	☐
	- Reconoces que Mario Medina .... parte de tu vida privada.	☐
	- .... limitarte a escribir lo que digo.	☐
	- Yo que tú lo .... claro de una vez.	☐

16.6   Vuelve a escuchar las entrevistas y completa las frases con el condicional.

16.7 Compara tus respuestas de la actividad anterior con un/a compañero/a. Después, decidan para qué se ha usado cada forma del condicional. Escríbanlo en la columna "Uso" de la actividad 16.5.

a. dar consejo
b. expresar probabilidad o hipótesis en el pasado
c. pedir consejo
d. pedir un favor

16.8 ¿Cómo reaccionarías en las siguientes situaciones? Prepara dos respuestas para cada una. Después, en grupos pequeños, hagan turnos compartiendo su reacción. ¿Quién tuvo las mejores respuestas?

a. Vas al programa de Maruchi, *Salud al día*, y, como siempre, invita a algunos espectadores a probar el plato que acaba de preparar. Te escoge a ti, pero cuando lo pruebas *(taste)*, ¡sabe fatal! ¿Qué harías?

b. Ahora vas a la grabación del programa *Amor en directo*. Presentan al primer concursante y ves que sale tu novio/a al escenario. ¿Qué harías?

c. Ya no puedes más y necesitas salir a la calle. En la calle ves a la actriz Mónica Pérez con Maxi Castro que salen por otra puerta del estudio. Parece que están enamorados. ¿Qué harías?

3. EXPRESSING PROBABILITY IN THE PAST

» Use the conditional to express **probability** or **hypothesis** in the past.

Anoche **cenaría** *sobre las siete* (about seven, but I'm not sure).
Last night I must have had dinner around seven.

Tendría *unos quince años cuando conocí a Sara* (I don't remember exactly how old I was).
I must have been about fifteen when I met Sara.

16.9 Fíjate en las imágenes y adivina qué pudo pasarles a estas personas. Utiliza las expresiones de la lista.

estar nervioso/a por el examen de Historia • perder la cartera • quedarse dormido/a
perder el metro o el autobús • quedarse chateando en Internet hasta tarde

a. Ayer Pepe llegó tarde a clase… ....
b. Hoy Carlos se ha dormido en clase… ....
c. Ayer María tenía la luz de la habitación encendida a las cuatro de la mañana… ....
d. Ayer llamé a Laura por teléfono y estaba muy rara… ....
e. Ayer estaba en la cafetería y un cliente muy bien vestido se fue sin pagar… ....

16.10 Fíjate en la persona que aparece a la izquierda de esta foto. Es una persona muy famosa que sale con frecuencia en las portadas de revista. Con tu compañero/a, contesten estas preguntas en la primera columna haciendo hipótesis.

	Imagino	Lo sé
a. ¿Quién es?		
b. ¿De dónde es?		
c. ¿Cuántos años tiene?		
d. ¿Dónde pasó su infancia?		
e. ¿Fue a la universidad?		
f. ¿Qué hizo a los dieciséis años?		
g. ¿Dónde trabajaba?		

16.11 Lean esta biografía sobre el personaje y respondan ahora en la segunda columna lo que ya saben de él.

Nació en 1949 en Ciudad Real (España). Estudió bachillerato en una institución religiosa. A los dieciséis años se instaló en Madrid, solo, sin familia y sin dinero, pero con un proyecto muy concreto: estudiar y hacer cine. A finales de los sesenta, Madrid era, para un adolescente de pueblo, la ciudad de la cultura y la libertad. Realizó muchos trabajos, uno de ellos en la Compañía Telefónica Nacional de España, donde trabajó doce años como auxiliar administrativo. Durante estos años se produjo su verdadera formación. Por la mañana, estaba en contacto con la clase media española en el inicio de la época del consumo, y conoció sus dramas y problemas. Por la noche escribía, hacía teatro con el grupo Los Goliardos y rodaba películas en súper 8.

Colaboró con diversas revistas *underground*, escribió relatos y algunos de ellos se publicaron. Fue miembro de un grupo punk-rock paródico, Almodóvar y McNamara. En 1980 estrenó su primera película: *Pepi, Luci, Bom y otras chicas del montón*. A partir de ese momento sus películas se estrenaron en los cines de todo el mundo. Es uno de los directores más taquilleros del cine español y su trabajo en *Todo sobre mi madre* le proporcionó su primer Oscar en el año 2000. Es uno de los directores de cine hispanos más internacional. Hablamos de Pedro Almodóvar.

Adaptado de http://www.almodovarlandia.com/espanyol/biography.htm

VIDEOCLASES
31 Y 32

16.12 ¿Te imaginabas así a este personaje? ¿Qué opinas de él? ¿Has visto alguna de sus películas? ¿Cómo las caracterizarías? Coméntalo con tus compañeros.

DESTREZAS

1. COMPRENSIÓN DE LECTURA

16.1 En grupos de tres, observen esta imagen del poeta y dramaturgo español Federico García Lorca. ¿Qué sabes de su vida y obra? Compartan los conocimientos que tienen sobre este personaje.

⚙ ESTRATEGIA

Using biographical information

Having background information on authors and the historical context in which they wrote helps you understand what you are reading. An author's biographical information is often key to unlocking an author's literary style. Use this information to learn more about an author.

16.2 Lean el siguiente texto sobre Lorca y comprueben la información que han reunido.

Lorca y la Generación del 27

Federico García Lorca fue un escritor andaluz perteneciente a la Generación del 27, (1). La mayoría de los miembros del grupo estudió la obra de los clásicos españoles, publicó en las mismas revistas, vivió en la Residencia de Estudiantes y cultivó una literatura basada en la mezcla *(mixture)* de lo popular *(common)* y de lo culto *(cultured)*, de lo tradicional y de lo moderno, mirando a su entorno *(surroundings)* español y al ámbito universal.

Lorca, como casi todos sus compañeros, apoyó *(supported)* públicamente las reformas democráticas de la Segunda República, en especial las dedicadas a la cultura y la educación, (2). Cuando en 1939 Franco ganó la guerra civil, muchos de estos escritores tuvieron que huir *(flee)* al extranjero por miedo a la represión del nuevo gobierno fascista. (3). Algún tiempo antes Lorca había recorrido España con La Barraca y había viajado a Nueva York y a Argentina.

Sus poemas más conocidos son *Romancero gitano* (1928), *Poeta en Nueva York* (1930) y *Poema del cante jondo* (1931). (4) (En todas estas obras se producen conflictos entre las normas establecidas y la libertad). Sus temas son el amor, la muerte, el destino, la soledad, la frustración, la tradición, el campo… Sus personajes favoritos, la mujer, los gitanos *(gypsies)*, los niños y los marginados. Escribió con un cuidado estilo, tradicional y vanguardista al mismo tiempo, (5)…

16.3 Las siguientes frases están extraídas del texto que acabas de leer. Escribe al lado de cada una el número del lugar en el que debería aparecer.

a. ☐ Sus obras de teatro más famosas son *Bodas de sangre* (1933), *Yerma* (1934) y *La casa de Bernarda Alba* (1936)

b. ☐ un grupo de escritores que compartieron experiencias y características literarias comunes.

c. ☐ y su lenguaje sigue siendo muy investigado por sus enigmáticos símbolos: la luna, el caballo, el agua, los gitanos.

d. ☐ Federico García Lorca no tuvo tanta suerte *(luck)* y murió asesinado en 1936, el mismo año en el que estalló *(broke out)* la guerra civil.

e. ☐ y fundó *(founded)* la compañía teatral La Barraca, con la que estuvo dirigiendo e interpretando diversas obras de teatro por toda la geografía española.

16.4 Busca en el texto información para completar la biografía de Lorca. Utiliza la siguiente tabla.

Origen	▶
Movimiento al que pertenece	▶
Características de su obra	▶
Temas presentes en su obra	▶
Personajes favoritos	▶
Poemas destacados	▶
Obras de teatro más populares	▶
Año de su muerte	▶

2. EXPRESIÓN ESCRITA

16.5 Elige ahora un autor literario de origen hispano y escribe una biografía breve según el cuadro anterior. Sigue estas recomendaciones.

- Elige un autor significativo de la literatura hispana que te resulte familiar y atractivo.
- Busca en Internet o en libros especializados información sobre ese autor.
- Elabora primero un esquema y después desarrolla un texto de una extensión similar a la del texto de la actividad 16.2.
- Puedes aportar alguna imagen del autor o de su obra.

⚙ ESTRATEGIA

Using conventional phrases and logical organization

It is common to use a formal style when sharing factual and biographical information. Before you begin to write, prepare some notes and organize them in a sequence that will add coherence to your meaning. Note that most of your writing will include use of the preterit.

3. INTERACCIÓN ORAL

16.6 Basándote en tu trabajo escrito, haz una presentación en clase sobre la vida y obra del autor que has elegido.

⚙ ESTRATEGIA

Creating a concept map

Creating a map or diagram that depicts relationships between concepts is a useful tool when organizing a presentation. Visualizing this graphic will also help you remember what you want to say. Collect the most important parts of your presentation in a concept map and use it to feel more confident as you present to the group.

DIETA MEDITERRÁNEA, ¿mito o realidad?

Productos típicos de la dieta mediterránea

El Comité Intergubernamental de la **UNESCO** ha incluido la **dieta mediterránea** dentro de la Lista Representativa del Patrimonio Cultural Inmaterial de la Humanidad[1]. Esta dieta es **típica de España**, entre otros países del área mediterránea. Es sana y con años de tradición, pero, **¿siguen los españoles esta dieta** o, simplemente, se trata de un mito?

Campo de olivos en la Comunidad Autónoma de Andalucía

Pareja española comiendo una paella, un plato típico a base de arroz

LA DIETA MEDITERRÁNEA, ¿QUÉ ES?

«La dieta mediterránea es una dieta equilibrada* típica de los países que rodean* el Mediterráneo: España, Francia, Italia, Grecia o Turquía, entre otros. Esta dieta, hoy en día, es posible consumirla en todo el mundo», dice José Fernández, médico nutricionista. «Los alimentos típicos de la dieta mediterránea son las verduras, el pescado, las legumbres, los huevos, la fruta, el arroz, la pasta, el aceite de oliva y, en menor medida*, la carne».

Y tú, ¿sigues una dieta mediterránea? ¿Qué alimentos de esta dieta consumes a diario?

BIEN DE LA UNESCO

Desde el año 2013, la dieta mediterránea forma parte de la lista de Bienes Inmateriales de la Humanidad[1]. «Cuando hablamos de dieta mediterránea no hablamos solo de alimentos, hablamos de habilidades culinarias, sabiduría*, rituales, símbolos y tradiciones relacionadas con la pesca, la agricultura, la cría de animales*, la conservación y preparación de alimentos y, muy especialmente, la costumbre de compartir la mesa. Esto forma parte de la identidad cultural de un pueblo. Los países del Mediterráneo tienen una historia y unos orígenes comunes y, por lo tanto, comparten todas estas cosas», dice un representante de la Unesco.

¿Piensas que hay una conexión entre la dieta y la identidad cultural de un pueblo? ¿Qué elementos de tu dieta consideras parte de tu identidad cultural?

[1] Declaración de la Unesco para proteger y conservar el patrimonio cultural no tangible, como, por ejemplo, la música y la danza, juegos y deportes, tradiciones culinarias, etc.

Mapa de España y sus comunidades autónomas[2]

¿QUÉ COMEN LOS ESPAÑOLES?

Tradicionalmente, los españoles siguen una dieta mediterránea. Esta dieta forma parte de su educación.

Sin embargo, muchos españoles entrevistados admiten que su alimentación no es la típica mediterránea.

«Tal vez en las comunidades del Mediterráneo...», dice Marta López, estudiante de Historia en Mérida, comunidad autónoma de Extremadura. «En mi zona comemos guisos* y platos fuertes a base de carne».

Una encuesta reciente elaborada por la Junta de Andalucía, comunidad en el sur de España, dice que solo el 45% de los españoles sigue una dieta mediterránea.

Mercado de Valencia, en la comunidad autónoma de Valencia

> ¿Se puede hablar de una dieta típica de un estado u otro? ¿Qué alimentos o platos se consumen en los estados sureños*? ¿Y en la costa este?

HÁBITOS ALIMENTARIOS DE LOS JÓVENES ESPAÑOLES

«Si menos de la mitad de los españoles sigue una dieta mediterránea, se debe a que los hábitos están cambiando», dice Juan Domínguez, especialista en Medicina Preventiva en el Hospital Universitario de Ceuta. «Esto es debido, principalmente, a las imposiciones de la vida moderna. Los horarios de trabajo están cambiando y la gente, en general, tiene menos tiempo para cocinar. Esto hace que muchos jóvenes consuman comida rápida o comida basura*».

> ¿Qué es, para ti, la comida basura? ¿La consumes a menudo / nunca / en ocasiones especiales?

EL FUTURO DE LA DIETA MEDITERRÁNEA

Entonces, ¿cuál es el futuro de la dieta mediterránea? «Esta dieta no cambiará nunca. Forma parte del patrimonio cultural de nuestro país. Es increíblemente difícil cambiar los hábitos heredados durante generaciones y, además, es la dieta más sana que existe porque previene y cura enfermedades», dice Juan Domínguez.

«Puede que la gente cocine menos o puede que coma más productos congelados*, porque es fácil comprarlos. Pero, a la larga, no creo que las cosas cambien mucho. Los españoles siguen y seguirán comiendo los productos que producen», dice Lluis Serra, investigador y experto en nutrición.

> ¿Piensas que en EE. UU. se comía mejor antes o que se come mejor ahora? ¿Crees que la dieta o el modo de alimentarse está cambiando? ¿Por qué?

REALIZA UNA INVESTIGACIÓN RÁPIDA EN INTERNET PARA ENCONTRAR LOS DATOS SIGUIENTES:

a Según las guías alimentarias del Departamento de Agricultura de EE. UU., ¿cuánta fruta se recomienda comer al día?

b ¿Y cuánta fruta recomiendan las guías alimentarias de Argentina, Colombia, Guatemala y Paraguay?

c ¿Qué tres alimentos son típicos de la dieta mediterránea?

GLOSARIO			
la comida basura – junk food		**equilibrado** – balanced	
congelados – frozen		**rodean** – (they) surround	
la cría de animales – raising farm animals		**la sabiduría** – knowledge	
el guiso – stew		**sureño** – southern	
en menor medida – to a lesser degree			

Fuentes: *El País*, Unesco, Junta de Andalucía, Hospital Universitario de Ceuta, dietamediterranea.com, infosalus.com, Asociación Española de Dietistas, además de entrevistas.

VOCES LATINAS

La dieta mediterránea, ¿mito o realidad?

[2] Una comunidad autónoma es una región que tiene entidad político-administrativa dentro de España. En total, hay diecisiete comunidades autónomas.

EN RESUMEN

Situación

Revista digital *TuMundo*

You are starting an online magazine with a friend to discuss topics relevant to college students around the world. Your first issue is in Spanish.

LEARNING OUTCOMES

	ACTION
Ask and give advice and recommendations	**16.1** Antes de publicar el primer número de la revista, ustedes hicieron un sondeo para ver qué temas interesaban a los jóvenes universitarios. Prepara una lista con cinco de las respuestas más populares que recibieron a la pregunta: *¿Qué temas te gustaría ver en la revista digital TuMundo?* Después, comparte tu lista con un/a compañero/a y hagan una común. Preséntenla a la clase. Modelo: Pondría artículos sobre…/ Escribiría… **16.2** A muchos jóvenes les gustaba la idea de tener un foro dedicado a hacer consultas sobre diferentes temas. Escribe dos consultas para subir al foro. Pueden ser sobre la salud, relaciones personales, moda, etc. **16.3** Ahora te toca a ti dar consejos y recomendaciones. Intercambia las consultas con tus compañeros y contesta a dos de las peticiones. Después, léanlas en grupos pequeños.
Talk about food and health	**16.4** Escribe un artículo sobre la cocina tradicional de tu país. ¿Qué tipo de alimentos son los más habituales? ¿Por qué? ¿Qué nutriente es el más abundante en la dieta de tu país? En general, ¿crees que es una dieta saludable? ¿Qué cambiarías para mejorarla?
Ask for permission and favors	**16.5** Han tenido muchas visitas a la página web de *TuMundo* pero necesitan hacer publicidad para conseguir más. Quieres reunirte con el profesor de marketing y pedirle ayuda. Prepara unas preguntas antes de la reunión.
Express probability in the past	**16.6** Llegas a la oficina del profesor y tienes que esperar una hora. Cuando llega, te pide disculpas y te explica qué le pasó. Crees que lo que ocurrió en realidad fue lo que aparece a continuación, pero no estás seguro. Cuéntaselo a un amigo/a por e-mail. **a.** Tuvo una reunión muy importante con el decano. **b.** Hablaron de sus planes para el departamento. **c.** Después fueron a tomar un café. **d.** Se dejó el celular en el carro y no pudo avisarme. Modelo: El otro día tuve que esperar una hora al profesor. Me dijo que… Pero yo creo que tendría una reunión con el decano…

LISTA DE VOCABULARIO

Verbos Verbs

aliñar to dress (salad)
añadir to add
cocer to boil, cook
congelar to freeze
dejar to allow
dejar de + infinitivo to quit, to stop doing something
escurrir to drain
estar enamorado/a de to be in love with
poner en remojo to soak
triturar to grind up

Descripciones Descriptions

a la plancha grilled
desnatado/a skimmed
entero/a whole
frito/a fried
multicereales multi-grain
saludable healthy
sano/a healthy
soso/a bland

Pedir y dar consejos Asking and giving advices

Deberías… You should…
Es que… It's just that…
¿Me dejas…? Will you allow me…?
¿Me prestas…? Will you lend me…?

Para pedir permiso Asking for permission

Podrías… You could…
¿Podría…? Could I…?
¿Podrías…? Could you…?
¿Puedo…? Can I…?
¿Qué puedo hacer? What can I do?
¿Sería tan amable de…? Would you be so kind as to…?
¿Te importaría…? Would you mind…?
¿Te importa si…? Do you mind if…?
¿Tú qué harías? What would you do?
Yo que tú / Yo en tu lugar… If I were you…

Los alimentos Food

el aceite de girasol sunflower oil
el aceite de oliva olive oil
el azúcar sugar
la berenjena eggplant
el bistec steak
el bizcocho cake
el calabacín zucchini
la carne meat
la carne picada ground beef
las cerezas cherries
el chorizo Spanish-style sausage
la chuleta de cerdo pork chop
los dulces sweets
los embutidos cold cuts
las espinacas spinach

los frijoles beans
la fruta fruit
los garbanzos chick peas
los guisantes peas
el kiwi kiwi
los lácteos dairy
la leche milk
las legumbres legumes
las lentejas lentils
la magdalena muffin
la mantequilla butter
la pastelería pastries
la pechuga de pollo chicken breast
la piña pineapple
el sabor taste, flavor
la sal salt
el salchichón salami
la salsa sauce
el trozo de piece of
las verduras / los vegetales vegetables
el vinagre vinegar
el yogur plain yogurt

17

¡OJALÁ!

Este muchacho ayuda a cuidar el medioambiente.

- ¿Qué va a hacer este muchacho?
- ¿Dónde crees que está desarrollando su tarea?
- ¿Has participado alguna vez en campañas solidarias o trabajos voluntarios? ¿En qué consistían?

LEARNING OUTCOMES

By the end of this unit, you will be able to:

- Discuss emotional reactions to events
- Express purpose
- Use appropriate responses in social situations
- Talk about volunteering and NGOs

Expresar
deseos

17.1 Con tu compañero/a, miren las imágenes y contesta las preguntas.

Imagen a: ¿En qué lugar está este muchacho? ¿Crees que llega o que se va?
Imagen b: ¿Qué le pasa a esta muchacha? ¿Qué tiene en la mano? ¿Crees que hoy podrá ir a la universidad?

17.2 Lee las expresiones y piensa cuál les dirías a las personas de la actividad anterior. ¡Atención! Solo dos son correctas.

> *¡Que te mejores!* *¡Que aproveche!* *¡Que te vaya bien!* *¡Que duermas bien!*

17.3 Escucha la conversación y marca quién expresa cada idea.

	Irene	Paula
a. Quiere ir con la otra muchacha a pasar unos días en la Costa Brava.	☐	☐
b. Se va a Guatemala.	☐	☐
c. Va a hacer un curso de dos semanas.	☐	☐
d. Odia los aviones.	☐	☐
e. Se quedó dormida cuando leyó un libro de filosofía.	☐	☐
f. Desea buena suerte en su viaje a su amiga.	☐	☐

17.4 Lee la conversación y comprueba tus respuestas anteriores.

Irene: ¡Hola, Paula! Oye, ¿has hablado ya con Ana? Es que esta mañana me ha dicho que **(a) quiere que vayamos** este verano a la casa que tienen sus tíos en la Costa Brava, y que si queremos podemos pasar todo el mes de julio allí. Ellos ya no van nunca y la casa está vacía.
Paula: Sí, precisamente te llamo por eso. Es que me han ofrecido la posibilidad de ir a Guatemala para ayudar a construir un colegio. Así que yo no podré ir con ustedes.
I.: ¡Qué me dices! Eso es estupendo, Paula. ¿Y vas tú sola?
P.: Bueno, voy a través de una ONG que se llama Ayuda en Acción. La verdad es que no conozco mucho a la gente pero, **(b) antes de irnos**, nos van a dar un curso durante dos semanas para saber lo que tenemos que hacer allí, conocer la situación, su cultura... y también para que nos conozcamos entre nosotros. ¡Vamos a estar un mes conviviendo y trabajando! **(c) Espero llevarme** bien con todos.

I.: Ya verás como sí. ¿Y cuándo te vas?

P.: **(d) En cuanto terminemos** las clases. De hecho, el avión sale el mismo día por la noche. ¡Ay, Irene! Son doce horas de avión y ¡odio volar *(to fly)*! ¡**(e) Ojalá me quede** dormida pronto en el avión!

I.: ¡Uf! ¡Doce horas! Bueno, tú llévate el libro que nos ha recomendado el profesor de Filosofía y seguro que te duermes enseguida. Yo lo intenté empezar el otro día pero, **(f) en cuanto lo abrí**, me quedé dormida *(fell asleep)*. Oye, ahora en serio, me parece genial tu idea de ir a Guatemala, creo que va a ser toda una experiencia y **(g) te deseo de todo corazón que te vaya muy bien y (h) ojalá tu esfuerzo sirva para que esos niños puedan vivir mejor**.

P.: Muchas gracias. Ya te contaré **(i) cuando vuelva**. ¡Ah!, y yo también **(j) espero que se lo pasen muy bien** en la Costa Brava. Dense un bañito en la playa por mí.

I.: ¡Eso seguro! Pero, bueno, nos veremos **(k) antes de que te vayas** para despedirnos, ¿no?

P.: ¡Claro! ¡Faltaría más!

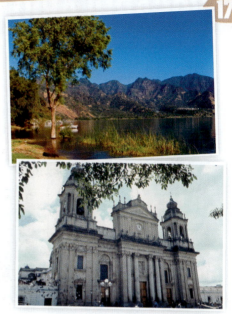

17.5 Clasifica las oraciones en negrita en su lugar correspondiente del cuadro.

Alguien expresa un deseo para otra persona	Alguien desea algo para sí mismo	Se habla del futuro	Se habla del pasado
a,			

17.6 Dos compañeros y tú han decidido ser voluntarios en un proyecto en Latinoamérica. Seleccionen un país y el tipo de proyecto que van a desempeñar: social, educativo o medioambiental. Usen las siguientes expresiones para presentar el programa a la clase.

✓ antes de irnos…

✓ después de estar…

✓ esperamos…

✓ deseamos…

✓ ojalá…

APUNTES: Las ONG (Organizaciones No Gubernamentales)

✓ Existen aproximadamente desde el siglo XIX.

✓ Una de las más antiguas es la Cruz Roja, aunque no es propiamente una ONG por tener características particulares según sus estatutos y ser creada a raíz de Convenios Internacionales.

✓ El reconocimiento formal de las ONG es a partir del artículo 71 de la Carta de las Naciones Unidas firmada en 1945.

1.A VOCABULARIO: LAS ONG

 17.1 Observa las siguientes fotografías y describe qué están haciendo estas personas. ¿Qué tienen todas ellas en común? Coméntalo con tus compañeros.

   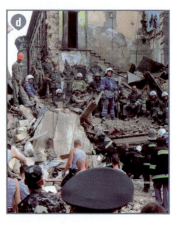

 17.2 Con tu compañero/a, relacionen las fotografías de la actividad anterior con las expresiones de abajo. ¡Atención! Cada expresión puede pertenecer a más de una letra o imagen.

1. catástrofes naturales ▶ ....   **5.** comercio justo ▶ ....

2. conflictos bélicos *(armed)* ▶ ....   **6.** donativo ▶ ....

3. labores humanitarias ▶ ....   **7.** voluntario ▶ ....

4. protección del medioambiente ▶ ....   **8.** labor social ▶ ....

 17.3 Observa estos logos. ¿Los reconoces? ¿Qué otros conoces? Compártelos con un/a compañero/a y preparen una lista de nombres de organizaciones para presentar a la clase.

17.4 Estos son algunos de los trabajos que realizan las ONG. Relaciona las dos columnas para formar oraciones que describen su trabajo. ¡Atención! Debes completar un total de diez oraciones.

1. ☐ campañas de sensibilización *(awareness)*.

2. ☐ la protección del medioambiente.

3. ☐ la explotación infantil.

4. ☐ de los derechos humanos.

5. ☐ actos benéficos para recaudar *(raise)* fondos.

6. ☐ la pobreza.

7. ☐ el comercio justo.

8. ☐ orientación laboral.

9. ☐ la defensa de los animales.

10. ☐ el calentamiento global.

a. Luchar *(fight)* por…

b. Luchar en…

c. Luchar a favor de…

d. Luchar contra…

e. Trabajar por…

f. Ofrecer…

g. Organizar…

17.5 Clasifica los trabajos anteriores en el cuadro según los diferentes tipos de ONG que existen. ¿Se les ocurre algún trabajo más?

Medioambiente	Países subdesarrollados	Discapacitados
Trabajar por la protección del medioambiente.		

Personas sin hogar	Inmigrantes	Mujeres y niños

17.6 Intenta responder si son verdaderas (V) o falsas (F) las siguiente afirmaciones según tus conocimientos. Después, compara tus respuestas con un/a compañero/a.

V   F

a. La Cruz Roja nació después de un viaje de su fundador por los países del tercer mundo. .... ☐ ☐

b. La Cruz Roja es una organización que atiende a personas de todo el planeta. .... ☐ ☐

c. La mayoría de los países dan parte de su Producto Interior Bruto (PIB) a las ONG para ayudarlas a financiarse. .... ☐ ☐

d. Las personas que trabajan en las ONG son todas voluntarias. .... ☐ ☐

17.7 Lee el siguiente texto sobre las ONG y comprueba tus respuestas.

Las siglas ONG significan **Organización No Gubernamental**. La primera ONG que se conoce como tal es la Cruz Roja, que fue fundada en 1864 por el suizo *(Swiss)* Henry Dunant. El ocho de mayo de 1859 Dunant, que era un hombre de negocios, se encontraba en el norte de Italia. Allí fue testigo de una cruel batalla y de cómo las víctimas quedaban desatendidas en medio de las calles. Eran las mujeres de los pueblos cercanos quienes se hacían cargo de aquellos pobres hombres.

Le impactó tanto aquella experiencia que pensó en la necesidad de crear organizaciones **sin ánimo de lucro** e independientes de poderes *(power)* políticos e ideologías para atender a las víctimas en los **conflictos bélicos** o en caso de **catástrofes naturales**. Así nació la Cruz Roja Internacional que hoy en día está presente en los cinco continentes.

Desde entonces, el número de ONG ha aumentado en todo el mundo y también han ampliado su campo de trabajo. Algunas están enfocadas más a las **labores humanitarias** y otras a la **protección del medioambiente**.

La mayoría de países aportan parte de su **PIB** a la **financiación** de las ONG. Otra forma de **recaudar fondos** son las **campañas de sensibilización** para captar socios *(partners)* o la venta de artículos de **comercio justo**, aunque hay algunas que prefieren, para mantener su libertad, financiarse solo con **donativos**.

La mayoría de personas que trabajan en las ONG son **voluntarios**, es decir, personas que combinan sus responsabilidades diarias, estudios o trabajo con ofrecer una **ayuda desinteresada** a otras personas. Sin embargo, también cuentan con trabajadores asalariados *(salaried)*, ya que, sobre todo *(especially)* las grandes ONG, requieren de personal cualificado y dedicado a tiempo completo *(full time)* para su buen funcionamiento.

17.8 En grupos pequeños y por turnos, expliquen el significado de estas expresiones con ejemplos en español.

Organización No Gubernamental • sin ánimo de lucro • conflictos bélicos
catástrofes naturales • labores humanitarias • protección del medioambiente
PIB • financiación • recaudar fondos • campañas de sensibilización
comercio justo • donativos • voluntarios • ayuda desinteresada

» Para **expresar la finalidad** *(purpose)* o el motivo por el que se hace algo se usa:
Para + infinitivo ▶ Si los dos sujetos *(subjects)* de la oración son los mismos o uno de los dos no está especificado.

*(Yo) he participado en varias ONG **para (yo) ayudar** a los más necesitados.*

Para que + subjuntivo ▶ Si hay sujetos diferentes.

*(Yo) he participado en varias ONG **para que (ellos) ayuden** a los más necesitados.*

» Para expresar deseos se usa:

Desear
Esperar (que)
Querer

verbo en infinitivo (si el sujeto de las dos acciones es el mismo).
*(Yo) **quiero (yo) ir** mañana a la Cruz Roja.*

verbo en subjuntivo (si el sujeto de las dos acciones es diferente).
*(Yo) **quiero que (tú) ayudes** en la Cruz Roja.*

Ojalá + subjuntivo
***Ojalá** todos los países **protejan** el medioambiente.*

» Para formular deseos también se usan una serie de **expresiones convencionales** con **que** + subjuntivo, como:

Que duermas bien. *(I hope that you…)*
Que disfrutes.
Que (te) lo pases bien.

Que tengas suerte.
Que te mejores.
Que aproveche.

The expression **ojalá** comes from an Arabic expression meaning "God (Allah)" and is used as the equivalent of "I hope that, let's hope that". It may be used with or without **que**.

17.9 Observa las imágenes y, con tu compañero/a, decidan qué están haciendo las personas y para qué lo hacen.

Modelo: Lorena y sus amigos están en un restaurante para celebrar el cumpleaños de Lorena. ¡Que te lo pases muy bien!

los amigos

Lorena y sus amigos

Sofía y Ana

los novios

Javier y su prometida

Alicia y su madre

17.10 Con un/a compañero/a, relacionen las ONG con sus deseos.

a. unicef
b. GREENPEACE
c. AMNISTÍA INTERNACIONAL
d. Oxfam
e. viviendas para los síntecho
f. RED acoge

1. ☐ Queremos que las personas sin hogar puedan vivir dignamente.

2. ☐ Ojalá haya más campañas de sensibilización del cuidado del medioambiente.

3. ☐ Ojalá se termine con la pobreza en el mundo.

4. ☐ Deseamos que se trabaje en defensa de los derechos humanos.

5. ☐ Que todos los que vienen de fuera encuentren en nuestro país un mundo mejor.

6. ☐ Esperamos que los gobiernos luchen contra la explotación infantil.

17.11 Estos son algunos deseos que han expresado unos estudiantes. ¿Cuáles compartes? Habla con tu compañero/a y después propongan *(propose)* otros nuevos deseos para este curso.

Ojalá que algún día dejen de existir los exámenes.

Este año espero no recibir menos de C en ninguna asignatura.

El año que viene quiero ir a Latinoamérica a estudiar español.

Deseo que mis amigos me hagan una fiesta sorpresa para mi cumpleaños.

Espero que este curso no sea tan difícil como nos han contado.

Deseo hacer un safari por África.

17.12 Escucha las conversaciones y escribe los deseos que utilizan para estas situaciones sociales.

(118)

a. A alguien que se va a dormir. ....

b. A alguien que va a empezar a comer o está comiendo. ....

c. A alguien que tiene un examen o una entrevista de trabajo. ....

d. A alguien que va a hacer algo divertido. ....

e. A alguien que ha recibido una mala noticia. ....

f. A alguien que ha recibido una buena noticia. ....

g. A alguien que se va por mucho tiempo. ....

17.13 En parejas, hagan turnos para responder de acuerdo con la situación social presentada por su compañero/a.

Estudiante 1:

Dices:

a. ¡Ana / Juan y yo nos casamos!

b. Me voy a dormir.

c. Esta noche voy a un concierto.

Estudiante 2:

Dices:

a. El partido va a comenzar.

b. ¡Van a quitar los exámenes!

c. Me voy a estudiar al extranjero seis meses.

17.14 Observa las fotografías de estos voluntarios. ¿Qué actividades pueden realizar los voluntarios en una ONG? Comparte tus ideas con tus compañeros.

17.15 Relaciona las siguientes expresiones con sus significados.

1. Dar la voluntad.
2. Ser solidario.
3. Trabajo satisfactorio.
4. Poner tu granito de arena.
5. Salir adelante.
6. Trabajar codo con codo.

a. Realizar un trabajo que te hace feliz.
b. Realizar un trabajo en colaboración con otra persona.
c. Superar una situación difícil.
d. Dar el dinero que tú quieres.
e. Ayudar a las personas con problemas.
f. Colaborar.

17.16 Lee sobre los siguientes voluntarios y sus experiencias. Completa los textos con las expresiones de la actividad anterior.

Lidia, 35 años, Mozambique

Cuando terminé Arquitectura intenté encontrar trabajo en México, pero no lo conseguí, así que decidí empezar mi carrera profesional como voluntaria en África. Hace diez años llegué a Mozambique para colaborar en la construcción de un hospital y sigo aquí. Lo mejor es que (a) .... con la población de aquí. Así, todos aprendemos de todos y esperamos que en el futuro no nos necesiten, porque eso significará que ellos tendrán los medios para (b) .... Es una manera de tener un (c) .... y (d) .... al mismo tiempo.

Mathew, 19 años, EE. UU.

Yo soy voluntario porque quiero que el mundo sea mejor cada día. Todos podemos hacer algo por los demás, no tienen que ser grandes gestos, porque si cada uno (e) ...., al final se pueden hacer cosas muy importantes.

Cada año organizamos un mercadillo benéfico. La gente trae las cosas que ya no necesita pero que están en buen estado.
Nosotros no ponemos precio, sino que la gente (f) .... La verdad es que se recoge bastante dinero.

Marta, 22 años, Colombia

17.17 Habla con un/a compañero/a sobre los siguientes temas.

a. ¿Qué tipo de voluntariado te imaginas que puede ser interesante? ¿Por qué?

b. ¿Qué tipo de tareas puedes hacer?

c. ¿Crees que estos programas son realmente beneficiosos para las comunidades donde se realizan? ¿Por qué?

d. ¿Cuáles crees que son las ventajas y desventajas del voluntariado? ¿Por qué?

17.18 (119) Cada vez hay más gente joven que prefiere hacer un voluntariado en el extranjero antes de ir a la universidad. Ryan, un chico norteamericano, habla de su experiencia. Escucha lo que dice y di si fue todo trabajo o pudo hacer otras cosas.

Haciendo una alfombra de aserrín y flores en Antigua, Guatemala.

Ryan piensa que ser voluntario es genial.

17.19 (119) Vuelve a escuchar a Ryan y completa el cuadro con sus actividades.

Actividades relacionadas con el voluntariado	Actividades relacionadas con el tiempo libre	Beneficios

17.20 Los voluntariados abarcan prácticamente todos los ámbitos *(scopes)*. Decide qué tipo de actividades pueden hacerse en estos ámbitos. Trabaja con un/a compañero/a.

Actividad
a. social
b. cultural
c. educativo
d. medioambiente
e. salud
f. derechos humanos

» **Para expresar sentimientos y emociones, se usa:**

Estoy (estar)
- encantado/a
- contento/a
- nervioso/a…

- **con** *la ayuda de los voluntarios.*
- **cuando / si** *dan donativos.*
- **de** *colaborar con ustedes.*

Me pongo (ponerse)
I get, I become
Me siento (sentirse)
I feel
- alegre / de buen humor / de mal humor…
- bien / mal / fatal…

- **cuando** *soy solidario.*
- **si** *organizo mercadillos benéficos.*

Me da(n)
- rabia / vergüenza / lástima…
infuriates / embarrasses / pity

- no *dar la voluntad.*
- las *personas egoístas.*
- **que** *la gente no colabore*…*

Me molesta(n) / indigna(n)
Me impresiona(n)
- *la explotación de las personas.*
- *los esfuerzos de los voluntarios.*

Adoro
No soporto / aguanto
Odio
- *colaborar con distintas ONG.*
- *las injusticias sociales.*
- **que** *maltraten* a los animales.*

» **Para pedir valoración usamos:**

¿Te parece bien usar los donativos para la construcción de escuelas en África?
¿Te parece mal el sueldo de un cooperante *(aid worker)*?
¿No te parece una vergüenza que las organizaciones de ayuda ganen* dinero?

» **Para valorar usamos:**

Me parece bien / mal / bueno / malo
Es triste / increíble / alarmante
- **que** *los niños sufran* por no tener comida.*

Está claro
Es obvio / verdad
- **que** *los voluntarios tienen un papel fundamental en las ONG.*

---

*You will learn more about this verb form later in the unit. Can you guess how it is formed? Verbs ending in –**ar** end in –**e** and verbs ending in –**er**, –**ir** end in –**a**.
gan**ar** ▶ gan**a** ▶ gan**e**
sufr**ir** ▶ sufr**e** ▶ sufr**a**

17.21
(120)

Completa los espacios en blanco con número de las siguientes conversaciones con el verbo correcto para expresar sentimientos y emociones. Escoge una palabra de la lista para los espacios con letra. Después, escucha y comprueba.

vergüenza • claro • preocupante • seria • triste • preocupada

- ● Pero, ¿qué te pasa? Desde que llegaste de Guatemala (1) .... muy (a) ....
- ● Es que (2) .... (b) .... por la situación económica del país. Colaboré allí en la creación de unas escuelas rurales, y (3) .... (c) .... que en los gobiernos no vean esto y ayuden más.
- ● Bueno, eso es normal, a mí también (4) .... (d) .... la pobreza que hay en nuestro país. Yo colaboro en una ONG de ayuda a gente sin techo y (5) .... (e) .... que las autoridades no les proporcionen ningún albergue.
- ● (6) .... (f) .... que los voluntarios tenemos un papel fundamental en esta sociedad.

17.22 Con un/a compañero/a, hagan turnos para preguntar y describir lo que piensan sobre los siguientes temas. Usen las expresiones aprendidas.

a. ¿Ser voluntario o dar donativos?

b. ¿Greenpeace o Unicef?

c. ¿Colaborar en un mercadillo benéfico *(rummage sale)* o en un comedor social?

17.23 ¿Te preocupa el estado de las cosas en el mundo? Con un/a compañero/a, hagan turnos para describir las situaciones que les hacen sentir de las siguientes maneras.

Modelo: Me molesta que los gobiernos no hagan nada para ayudar a los necesitados.

– Me molesta que…
– Me da rabia…
– Me siento mal si…

– Me pone nervioso/a que…
– Me da lástima que…
– Me parece mal…

– Está claro que…
– Me dan miedo…
– Me pone de mal humor…

PRONUNCIACIÓN

LOS DIPTONGOS E HIATOS: ACENTUACIÓN

» Además de representar sus sonidos vocálicos, las letras **i** y **u** también pueden aparecer combinadas con otras vocales para formar una sola sílaba (**diptongo**):
  n**ue**-vo, s**ie**-te, v**ei**n-te, g**ua**-po, **eu**-ro.
  En estos casos, hay que seguir las reglas de acentuación en general:
  ha-c**éi**s, can-c**ió**n, pen-s**ái**s, des-p**ué**s, c**uí**-da-lo.

» Sin embargo, las letras **i** y **u** no siempre se unen a otras vocales. Entonces se pronuncian en sílabas diferentes y llevan una marca de acento escrito (**hiato**):
  d**í**-a, r**í**-o, pa-**ís**, Ra-**úl**.

17.1 Escucha el audio y escribe las palabras que identifiques. Después, divídelas en sílabas.

(121)

....

....

17.2 Coloca las palabras de la lista anterior en la categoría correcta. Recuerda incluir los acentos (tildes).

Diptongos: ....

Hiatos: ....

Casting en Somalia

ANTES DEL VIDEO

17.1 Observa las imágenes y decide cuál de estas frases resume mejor la historia. Basa tu respuesta en lo que crees que puede ocurrir. Usa tu imaginación.

a. Juanjo está preparando un examen con Alfonso.

b. Juanjo está ensayando un discurso con Alfonso.

c. Juanjo está ensayando un comercial con Alfonso.

d. Juanjo está recitando una poesía a Alfonso.

e. Juanjo está discutiendo con Alfonso.

⚙ ESTRATEGIA

Inferring meaning from body language
A speaker's body language and behavior offers useful clues about the information being conveyed. Observing gestures and facial expressions can transmit information without necessarily knowing what is being said.

17.2 Lee las siguientes palabras que aparecen en el episodio. Mira otra vez las opciones en actividad 17.1. ¿Con cuál de los temas se relacionan estas palabras?

casting • campaña • ONG • televisión • guion • papel • memorizar

DURANTE EL VIDEO

17.3 Mira el episodio y responde las siguientes preguntas eligiendo la opción correcta.

a. ¿Dónde están los muchachos? En el **campus** / **campo**.

b. ¿Qué noticia trae Juanjo? Va a participar en un *casting* para **una obra de teatro** / **un comercial**.

c. ¿Cuándo es el *casting*? **Mañana** / **Pasado mañana**.

d. ¿Qué anuncia el comercial? Un **trabajo** / **voluntariado** en África.

e. ¿Qué hace Alfonso? **Le ayuda a ensayar** / **Le escucha el ensayo**.

f. A Juanjo el guion le parece **muy interesante** / **aburrido**.

g. Alfonso quiere que diga la última frase con **más fuerza** / **más gritos**.

h. Los muchachos deciden irse a ensayar **a una cafetería** / **a casa**.

4

5

6

17.4 Observa la imagen 2. ¿Por qué crees que Juanjo hace esos gestos? Explícalo.

....

....

....

....

17.5 Aquí tienes el texto que debe memorizar Juanjo. Completa las palabras que faltan. Puedes volver a ver el episodio, si es necesario.

¿Alguna vez pensaste en dedicar tu tiempo en ayudar a los demás?

¿Te gustaría proteger el medioambiente? ¿Te interesan el comercio justo y (a) ....?

En "Madre Tierra" estamos buscando gente como tú: valiente, creativa, (b) ....

Ahora tienes la oportunidad de unirte a un gran equipo de gente que trabaja de forma (c) .... en diferentes países de África y unirte a algunos de nuestros proyectos.

Puedes ayudar a construir (d) .... Somalia o trabajar de voluntario en un (e) .... en Burkina Faso.

"Madre Tierra" pagará tu viaje y te conseguirá el (f) .... en el país.

Tendrás la experiencia de vivir con familias nativas y cumplir tus sueños más solidarios. Esta es tu gran (g) .... Ven y vive con nosotros una experiencia que nunca (h) ....

17.6 Vuelve a mirar este segmento y ordena las frases según lo que ocurre.

 04:48 - 06:10

a. ☐ Toda la gente mira a los muchachos con sorpresa.

b. ☐ Alfonso sugiere a Juanjo que diga la última frase con más energía.

c. ☐ Los muchachos deciden marcharse a ensayar a otro lugar.

d. ☐ Juanjo grita y gesticula cada vez más.

17.7 El comercial del episodio habla del voluntariado. En parejas, decidan qué requisitos creen que debe reunir alguien que quiera participar en el proyecto "Madre Tierra".

Modelo: Para participar en este proyecto tienes que ser solidario, generoso con los demás...

DESPUÉS
DEL VIDEO

17.8 ¿Alguna vez has participado como voluntario? Escribe cómo fue tu experiencia.

GRAMÁTICA

1. PRESENT SUBJUNCTIVE: REGULAR VERBS

» In this unit you have learned to express wishes, hopes, and desires using a new form of the verb. This form is called the subjunctive mood. Unlike the indicative, which states facts, the subjunctive describes reality from the point of view of the speaker.

Quiero un helado. vs. Quiero que me compres un helado.
Este curso es muy difícil. vs. Espero que este curso no sea muy difícil.
Participo en una ONG para ayudar a los pobres. vs. Participo para que los pobres tengan lo esencial.

» Here are the forms of the present subjunctive.

	-AR HABLAR	-ER COMER	-IR VIVIR
yo	hable	coma	viva
tú	hables	comas	vivas
usted/él/ella	hable	coma	viva
nosotros/as	hablemos	comamos	vivamos
vosotros/as	habléis	comáis	viváis
ustedes/ellos/ellas	hablen	coman	vivan

» The subjunctive is also used to express goals for the future. Compare the following examples and determine which sentences refer to everyday habits and which ones refer to potential actions that may or may not happen.

Cuando termino de cenar, veo la tele un poco.
Cuando tengo dinero extra, lo gasto en videojuegos.
Siempre tengo hambre cuando llego a casa.

Cuando termine los estudios, buscaré trabajo.
Cuando tenga suficiente dinero, compraré una casa.
Comeré algo cuando tenga hambre.

17.1 Completa estas oraciones con el subjuntivo o el infinitivo de los verbos. Después, comprueba tus respuestas con un/a compañero/a. ¿Están de acuerdo?

a. Mario y Sara han venido para (presentar) .... su nuevo disco.

b. ¡Ojalá me (llamar) .... Juanjo!

c. Quiero (cambiar, yo) .... mi celular por un teléfono inteligente.

d. ¡No soporto que (usar) .... esas palabras con tu hermanito!

e. Cuando (hablar, tú) .... en español, debes abrir más la boca.

f. Cuando (vivir) .... solo en un apartamento, espero que mis amigos me (visitar) ....

17.2 ¿Quién crees que ha dicho las frases anteriores? Relaciónalas con las imágenes y justifica tu respuesta.

17.3 Contesta a lo que dice tu compañero/a.

Estudiante 1:

Dices:

1. "Soy el genio de la lámpara maravillosa: pide tres deseos y te serán concedidos".

2. Te vas de vacaciones dentro de una semana. ¿Qué quieres hacer?

3. Imagina que es fin de año. ¿Qué deseos pides para el año que empieza?

4. ¿Qué le pides a tu pareja ideal?

5. Piensa en ti dentro de quince años. ¿Qué le pides a la vida?

Estudiante 2:

Dices:

1. Estás en una isla desierta y al parecer el resto del mundo se ha olvidado de ti. ¿Qué desearías?

2. Se acerca tu cumpleaños. ¿Cuáles son tus deseos?

3. Imagina que vas a conocer al Presidente de tu país. ¿Qué le pides?

4. Mañana empieza el curso y tenéis nuevo profesor de español. ¿Cómo quieres que sea?

5. ¿Qué le pides a la ciudad ideal?

2. PRESENT SUBJUNCTIVE: IRREGULAR VERBS

» Almost all **irregular verbs** in the present indicative are also irregular in the present subjunctive.

- **Stem-changing verbs.** Verbs that stem change in the present indicative will have the same stem change in the present subjunctive in all forms but **nosotros** and **vosotros** with the following exceptions:
  - Verbs like **servir** that end in **–ir** and stem change **e ▶ i** will stem change in all forms: **sirva, sirvas, sirva, sirvamos, sirváis, sirvan**.
  - In addition to a stem change (**u ▶ ue**), the verb **jugar** has a spelling change: **juegue, juegues, juegue, juguemos, juguéis, jueguen**.
  - The verbs **dormir** and **morir** have two stem changes in the present subjunctive, **o ▶ ue** and **o ▶ u**: **duerma, duermas, duerma, durmamos, durmáis, duerman**.

- **Irregular *yo* form verbs.** The present subjunctive of verbs with irregular yo forms such as **poner**, maintain the irregular **yo** ending in all forms of the present subjunctive: **pongo ▶ ponga, pongas, ponga, pongamos, pongáis, pongan**.

» The only verbs in the present subjunctive that are completely irregular are: **haber, ir, saber, estar, ser, ver** and **dar**.

HABER	IR	SABER	ESTAR	SER	VER	DAR
haya	vaya	sepa	esté	sea	vea	dé
hayas	vayas	sepas	estés	seas	veas	des
haya	vaya	sepa	esté	sea	vea	dé
hayamos	vayamos	sepamos	estemos	seamos	veamos	demos
hayáis	vayáis	sepáis	estéis	seáis	veáis	deis
hayan	vayan	sepan	estén	sean	vean	den

17.4 Con un/a compañero/a, completen las tablas con las formas correctas del subjuntivo para los siguientes verbos. Usen la información de la presentación y las pautas *(patterns)* en las tablas.

PENSAR		PODER		PEDIR	
indicativo	subjuntivo	indicativo	subjuntivo	indicativo	subjuntivo
pienso	piense	puedo	pueda	pido	(f)
piensas	(a)	puedes	(c)	pides	pidas
piensa	piense	puede	pueda	pide	(g)
pensamos	(b)	podemos	(d)	pedimos	pidamos
pensáis	penséis	podéis	podáis	pedís	pidáis
piensan	piensen	pueden	(e)	piden	(h)

17.5 Observa los verbos con formas irregulares en la primera persona del presente de indicativo y completa las tablas con las formas correctas del subjuntivo. Después, comprueba tus respuestas con un/a compañero/a.

TENER		HACER		SALIR	
indicativo	subjuntivo	indicativo	subjuntivo	indicativo	subjuntivo
tengo	**tenga**	**hago**	**haga**	**salgo**	(e)
tienes	(a)	haces	**hagas**	sales	**salgas**
tiene	**tenga**	hace	(c)	sale	**salga**
tenemos	**tengamos**	hacemos	(d)	salimos	(f)
tenéis	**tengáis**	hacéis	**hagáis**	salís	**salgáis**
tienen	(b)	hacen	**hagan**	salen	**salgan**

17.6 Lee esta conversación entre Beatriz y Luis e identifica los verbos en presente de subjuntivo.

Beatriz: Toma, Luis, aquí tienes algunas cosas para el mercadillo benéfico. Oye, ¿cuándo es?
Luis: Es el sábado que viene.
Beatriz: ¿Estás bien preparado?
Luis: Sí, espero que la gente compre de todo para que podamos recaudar los fondos necesarios para la Cruz Roja.
Beatriz: ¿Quieres que te ayude con algo más?
Luis: No, gracias. Solo deseo que todos colaboren con su tiempo o con donativos.
Beatriz: Pues, que tengas suerte.
Luis: Gracias. Ya te contaré cuando te vea.

17.7 Escribe las estructuras con el presente de subjuntivo de la actividad anterior e indica su función. Después, comenta con tu compañero/a si los verbos son regulares o irregulares.

	Expresa deseos	Expresa finalidad	Expresa acciones futuras
a.			
b.			
c.			
d.			
e.			
f.			

17.8 Transforma estas frases para expresar los deseos de Beatriz y Luis.

a. Luis está contento. ▶ Beatriz espera que Luis…

b. Beatriz irá al mercadillo. ▶ Luis desea que Beatriz…

c. La gente es generosa. ▶ Ojalá que…

d. El sábado no lloverá. ▶ Esperamos que…

e. Muchas personas vendrán al mercadillo. ▶ Luis quiere que…

f. Luis organizará más actividades benéficas en el futuro. ▶ Ojalá que…

17.9

Primero, lee la conversación entre Carlos y Abel sobre un concierto benéfico que va a dar el cantante español Huecco. Con un/a compañero/a, completa la conversación con el infinitivo o el presente de subjuntivo de los verbos de la lista. Después, escucha y comprueba.

cantar • empezar • fabricar • ganar • hacer deporte
inventar • poder • producir • vender • tener

Abel: ¡Oye, Carlos! ¿Te apetece ir este sábado al concierto de Huecco con Raquel y conmigo?

Carlos: Uf, no sé, es que a mí los conciertos no me gustan mucho. Odio que la gente (a) .... a cantar, ahí, gritando… Prefiero oír el disco tranquilamente en mi casa.

Abel: ¡Hombre, pero no es lo mismo! A mí no me importa que la gente (b) .... Además, es un concierto benéfico, y ya sabes que a Raquel le encanta todo lo relacionado con las ONG.

Carlos: ¿Y para qué ONG es?

Abel: No lo sé muy bien, solo sé que es para recaudar fondos para (c) .... unos balones que producen electricidad y llevarlos después a los países pobres.

Carlos: ¡¿Qué?! ¿Un balón que produce electricidad?

Abel: Sí, es un balón que dentro tiene una batería. Al jugar con él, el movimiento del balón produce energía y esta energía se guarda dentro de la batería. Después puedes enchufar cualquier tipo de aparato y ¡ya funciona!

Carlos: ¿En serio? Entonces el balón funciona como una batería, ¿no?

Abel: Exactamente. Con quince minutos es suficiente para que (d) .... unas cuantas horas de luz.

Carlos: ¡Qué buena idea! Ojalá (e) .... más aparatos como estos. ¿Te imaginas? ¡Energía gratis!

Abel: Sí, esta idea es genial, porque no solo ayuda a personas sino que además es bueno para el medioambiente… y para que la gente (f) .... deporte.

Carlos: Estoy completamente de acuerdo contigo. Espero que este proyecto (g) .... mucho éxito y ojalá Huecco (h) .... muchos discos para que (i) .... mucho dinero y (j) .... fabricar muchos balones.

Abel: Bueno, entonces, ¿vienes al concierto?

Carlos: Pues mira, sí, ¡todo sea por una buena causa!

17.10 Completa con la forma correcta del verbo entre paréntesis. Compara tus respuestas con un/a compañero/a.

a. Dame Vida es una fundación que desea (recaudar) .... fondos para (ayudar) .... a los necesitados.

b. Jessica Matthews y Julia Silverman son las creadoras del *soccket*, un balón con un acumulador de energía dentro que (generar) .... luz limpia al rodar por el suelo.

c. Cuando la pelota (cargarse) .... de energía, se convierte en horas de luz para las familias pobres.

d. Dame Vida quiere que cada hogar sin electricidad (tener) .... un balón con luz.

e. Dame Vida quiere que la música (servir) .... para que los más jóvenes (practicar) .... deporte.

f. Huecco declaró que el deporte y la música son las energías más limpias y que este proyecto va a servir para (llenar) .... de luz limpia el mundo.

g. El cantante quiere que esos niños jueguen al fútbol, que tengan luz para sus casas, y que esa luz (ser) .... una fuente de energía limpia y no contaminante.

h. Huecco declaró que quiere (dar) .... las gracias de corazón a todos los que participaron en la campaña.

VIDEOCLASES
33 y 34

17.11 Expresa tus propios deseos para organizaciones como la Cruz Roja y Dame Vida y coméntalos en grupos pequeños.

1. COMPRENSIÓN DE LECTURA

⚙️ **ESTRATEGIA**

Describing what you read

Retelling what you read to someone will help you simplify and summarize the content into manageable chunks. Communicating your ideas aloud to another person helps your brain to process the information in another way.

17.1 Selecciona la opción correcta.

1. Chile es un país de Sudamérica que está…
   - a. ☐ al norte.
   - b. ☐ en el centro.
   - c. ☐ en el sur.

2. El Nobel de Literatura es un prestigioso premio que se otorga a…
   - a. ☐ los nuevos escritores.
   - b. ☐ escritores latinoamericanos.
   - c. ☐ cualquier escritor del mundo.

17.2 Lee el siguiente texto sobre el poeta Pablo Neruda y responde las preguntas.

Pablo Neruda

Ricardo Eliécer Neftalí Reyes Basoalto (Chile, 1904-1973), más conocido como Pablo Neruda, ha sido uno de los poetas más influyentes en la literatura del siglo XX y así se le reconoció cuando en 1971 ganó el Premio Nobel de Literatura. Su obra es muy variada y extensa. En sus primeros años se caracterizó por el romanticismo y la melancolía, influenciado por el modernismo hispanoamericano de Rubén Darío y de su gran amiga la poetisa Gabriela Mistral.

De esta época es quizá una de sus obras más famosas: *Veinte poemas de amor y una canción desesperada* (1924).

En 1927 empieza a trabajar como cónsul *(diplomat)*. Gracias a esto, viaja por todo el mundo y conoce a los políticos y artistas más importantes de la época, convirtiéndose en un hombre culto y comprometido *(committed)* socialmente. Entre otros, conoce a Federico García Lorca en Buenos Aires, a Picasso en Barcelona y a los autores de la Generación del 27 en Madrid. Al estallar la guerra civil española en 1936, Neruda tiene que regresar a su país natal. Allí, impresionado por la guerra y el asesinato de Federico García Lorca, del que se había hecho muy amigo, escribe su obra *España en el corazón* (1937), un libro de poemas sobre el horror de la guerra y el dolor de las víctimas.

Pero Neruda siguió escribiendo bellos poemas de amor como los recogidos en *Cien sonetos de amor* (1959). Y no solo escribió sobre temas profundos, también los objetos más cotidianos *(everyday)* fueron fuentes *(sources)* de su inspiración. Ejemplo de ello son sus famosas *Odas elementales*: "Oda a la cebolla", "Oda al tomate", "Oda a los calcetines"… Neruda decía que él escribía para gente sencilla, incluso para los que no sabían leer.

- **a.** ¿A qué época de la obra del autor pertenece *Veinte poemas de amor y una canción desesperada*?
- **b.** ¿Por qué se caracteriza dicha época?
- **c.** ¿Qué hechos mueven al autor a escribir *España en el corazón*?
- **d.** ¿En qué se inspiran las *Odas elementales*?

17.3 ¿Qué pasó en la vida de Pablo Neruda en los siguientes años?

- **a.** 1904 ▶ ....
- **b.** 1924 ▶ ....
- **c.** 1927 ▶ ....
- **d.** 1936 ▶ ....
- **e.** 1937 ▶ ....
- **f.** 1959 ▶ ....
- **g.** 1973 ▶ ....

2. EXPRESIÓN ESCRITA

17.4 El próximo poema es parte de *Cien sonetos de amor*, poema que Neruda dedicó a su tercera mujer, Matilde Urrutia, su gran amor, su musa y compañera hasta su muerte. Con un/a compañero/a, completen el poema con las palabras de la lista.

amé • arena • luz • manos • mar • muera • oídos • pelo • viento • vivas

Cuando yo (a) .... quiero tus (b) .... en mis ojos:
quiero la (c) .... y el trigo de tus manos amadas
pasar una vez más sobre mí su frescura:
sentir la suavidad que cambió mi destino.
Quiero que (d) .... mientras yo, dormido, te espero,
quiero que tus (e) .... sigan oyendo el (f) ....,
que huelas el aroma del (g) .... que amamos juntos
y que sigas pisando la (h) .... que pisamos.
Quiero que lo que amo siga vivo
y a ti te (i) .... y canté sobre todas las cosas,
por eso sigue tú floreciendo, florida,
para que alcances todo lo que mi amor te ordena,
para que se pasee mi sombra por tu (j) ....,
para que así conozcan la razón de mi canto.

⚙ ESTRATEGIA

Connecting to emotions

To write poetry you need to start with an idea, sensation, or emotion you wish to convey. Create lines that capture the tone and feeling you are trying to express.

17.5 Escucha el audio y comprueba tus respuestas.

(123)

17.6 Escribe un poema usando la misma estructura que el soneto de Neruda.

Cuando yo… quiero…	y que…	para que…
Quiero que …	Quiero que…	para que…
quiero que…	por eso…	
que…	para que…	

17.7 Pídele a tu compañero/a que lea lo que has escrito y pregúntale si hay algo que no se entiende. Antes, revisa bien tu poema: a quién va dirigido y tu propósito. ¿Está bien escrito y tiene una buena estructura? Decide si la organización tiene sentido y si necesitas cambiar alguna parte.

3. INTERACCIÓN ORAL

17.8 Memoriza tu poema para presentarlo a la clase.

⚙ ESTRATEGIA

Memorizing poetry

Whether it is a published poem or one of your own, take the time to get to know your poem. Write it out by hand. The process of handwriting is linked to memory. Read it aloud several times using different voices. Identify patterns and highlight interesting rhyme or structure in your poem. Use these strategies to help you remember the whole piece.

VOLUNTARIADO EN
AMÉRICA LATINA

Mapa de Bolivia y países vecinos

Si quieres vivir una experiencia única en tu vida, hacer un voluntariado en América Latina puede ser una opción interesante. Allí puedes proteger la selva amazónica, enseñar inglés o rescatar tortugas. ¿Te interesa? Sigue leyendo.

Sucre, capital de Bolivia

EL VOLUNTARIADO EN AMÉRICA LATINA

Ser voluntario es hacer un trabajo sin cobrar* para ayudar a una parte de la sociedad desfavorecida. En América Latina se pueden encontrar muchísimas opciones para ser voluntario.

«América Latina comprende muchísimos países y culturas», dice Suso García, coordinador de voluntarios de la organización Cooperatour en el área de Perú, «y, por lo tanto*, existen muchas oportunidades para ayudar. Ahora mismo, mi organización tiene proyectos de protección de la selva amazónica en Perú, de educación de niños en Guatemala, de protección y rescate de tortugas en Costa Rica...».

Los programas de voluntariado varían en duración: desde un par de semanas hasta un año o más.

BOLIVIA

Bolivia es uno de los países, junto a Perú y Guatemala, que más programas de voluntariado ofrecen en este momento. Bolivia limita con Brasil, Paraguay, Argentina, Chile y Perú. Es el sexto país más grande de América Latina y uno de los países con mayor biodiversidad del mundo. Allí están la Amazonía, el Altiplano, el Chaco, los Llanos de Moxos y la Cordillera de los Andes.

La capital de Bolivia es Sucre, aunque la sede* del Gobierno está en La Paz. El español es la lengua oficial aunque, por la multietnicidad del país, se hablan hasta treinta y siete lenguas distintas.
Bolivia tiene una historia rica en influencias multiculturales. Antes de la llegada de los conquistadores españoles ya había muchas culturas precolombinas. Los pueblos indígenas más populosos son los aimara y los quechua, aunque hay varias decenas más. De hecho, el presidente de Bolivia, Evo Morales, es de origen indígena.

¿Qué aspectos de Bolivia te interesan más? ¿Conoces el nombre de algunas de las lenguas que se hablan en el país?

SER VOLUNTARIO EN BOLIVIA

ADDA Bolivia es una asociación de voluntariado dedicada a la protección de los animales. «Trabajamos en Cochabamba pero tenemos proyectos en todo el país», dice Liliana Téllez, presidenta de la organización. «Nuestro trabajo es proteger animales, tanto en un medio silvestre* como en los hogares. Necesitamos personas que ayuden a rescatar y reeducar todo tipo de animales».

«Lucha por los Pueblos Indígenas es una asociación que informa sobre la historia, lengua y situación social de las comunidades indígenas tanto en Bolivia como en otros países latinoamericanos. También ofrece programas educativos a mujeres y niños indígenas que, por tradición, no accedían a ella».

«En Bolivia también hay pasantías* en Medicina, Periodismo y Deportes», dice la organización Projects Abroad Latin America. «En Cochabamba siempre tenemos vacantes para pasantías».

> ¿Qué actividad te interesaría desarrollar? ¿En qué campo harías un voluntariado?

Grupo de mujeres quechua con ropa tradicional

EXPERIENCIAS DE VOLUNTARIOS

Mary Lloyd, estudiante de Medicina en New Jersey, dice: «Inicialmente fui a Cochabamba para hacer una pasantía. Estaba en mi segundo año y quería tener esa experiencia. Pero me enamoré de Bolivia y su gente, y aprendí español y un poco de quechua. Ahora quiero volver para hacer un voluntariado en una de las comunidades quechua».

«Siempre quise visitar Bolivia porque me fascina», dice Mario Luchetti, de Buenos Aires. «Trabajé de voluntario con Sustainable Bolivia, me hospedé* con una familia local y aprendí que en Bolivia hay métodos de construcción sostenible que otros países deberían adoptar».

> ¿Has trabajado alguna vez de voluntario? ¿Qué cosas positivas o negativas tiene un voluntariado?

FUTURO

En Bolivia, alrededor de sesenta y ocho especies de animales están en peligro de extinción. Además, aproximadamente quince pueblos indígenas en aislamiento* voluntario pueden desaparecer en los próximos diez años. Las costumbres, lenguas y culturas de estos pueblos son ancestrales.

«Bolivia no tiene muchos recursos* económicos para la conservación de su patrimonio cultural y los voluntariados nos ayudan enormemente a promover nuestra cultura tanto en el país como en el exterior», dice Nelson Cox, director de Justicia Campesina.

> ¿Crees que es importante conservar las culturas indígenas de un país? ¿Qué cosas podemos aprender de estas culturas? ¿Por qué?

Voluntarios en la distribución de material escolar

REALIZA UNA INVESTIGACIÓN RÁPIDA EN INTERNET PARA ENCONTRAR LOS DATOS SIGUIENTES:

a ¿Cuánta gente habla quechua en América Latina y en qué países se habla?

b ¿Cuál es la población de Bolivia y cuál es su distribución étnica?

c ¿Qué otras actividades y programas de voluntariado ofrecen ADDA Bolivia y Cooperatour? Busca qué te interesaría hacer y por qué.

GLOSARIO

el aislamiento	isolation
me hospedé	I stayed
la pasantía	internship
por lo tanto	therefore
el recurso	resource
la sede	seat
silvestre	wild
sin cobrar	without pay

Fuentes: Unesco, Cooperatour, ADDA Bolivia, Oficina de Turismo de Bolivia, *El Diario de Bolivia*, Projects Abroad Latin America, Sustainable Bolivia y entrevistas.

VOCES LATINAS

Política en Chile y Argentina

EN RESUMEN

Situación

Asociación de estudiantes Vidactiva

You and a group of classmates have decided to join forces with Vidactiva, an international organization promoting the benefits of sports and healthy living, and want to start a local chapter on campus. You especially want to attract the international student community.

LEARNING OUTCOMES

	ACTION

Express purpose and wishes

17.1 Con un/a compañero/a, elaboren su manifiesto en el que presentan sus objetivos para difundir los beneficios de la práctica deportiva y la vida saludable en la comunidad universitaria.

Modelo: Vidactiva es una iniciativa por parte de un grupo de estudiantes universitarios cuyo *(whose)* objetivo es…

Talk about volunteering and NGOs

17.2 La universidad les ha dado la oportunidad de hablar más sobre Vidactiva en una asamblea. Prepara un discurso breve sobre las actividades que quieren / desean / esperan hacer.

Modelo: Todos en Vidactiva queremos que…

Discuss emotional reactions to events

17.3 Mientras tu compañero/a presentaba su discurso, algunos miembros de la asamblea reaccionaron de manera negativa a sus propuestas. Comparte con él/ella tus reacciones al comportamiento de esos miembros. Usa expresiones como:

– Me pongo…   – Me indigna(n)…   – Es obvio…
– Me da(n)…   – No soporto…   – No me parece bien…
– Me molesta(n)…   – No aguanto…

Use appropriate responses in social situations

17.4 La asamblea ha terminado. Despídete de los siguientes miembros con un deseo según las circunstancias que se indican.

– Luis Navarro se va a comer a un restaurante porque es su cumpleaños.
– María González está con gripe.
– Los hermanos Pablo y Amelia Guerrero se van de viaje.

LISTA DE VOCABULARIO

Expresiones de deseo
Expressing wishes

ojalá *I hope, let's hope (that)*
para + infinitivo *to order to*
para que + subjuntivo *so that others (subjunctive)*
Que aproveche. *Enjoy your meal, Bon appétite.*
Que disfrutes. *Have fun.*
Que duermas bien. *Sleep well.*
Que lo pases bien. *Have a good time.*
Que te mejores. *Get well.*
Que tengas buen viaje. *Have a good trip.*
Que tengas suerte. *Good luck.*

Planes de futuro
Goals for the future

cuando *when*
en cuanto *as soon as*
mientras (que) *while*

Las ONG NGOs

la ayuda desinteresada *selfless aid*
la campaña de sensibilización *awareness campaign*
la catástrofe natural *natural disaster*
el comercio justo *fair trade*
el conflicto bélico *armed conflict*
los derechos humanos *human rights*

los discapacitados *handicapped people*
el donativo *donation*
la financiación *finance, funding*
la labor social *social work*
las labores humanitarias *humanitarian relief*
la organización no gubernamental *non-governmental organization*
la orientación laboral *career counseling*
la protección del medioambiente *environmental protection*
sin ánimo de lucro *non profit*
el trabajo satisfactorio *successful work*
el voluntario / la voluntaria *volunteer*

Verbos Verbs

dar la voluntad *to give (an amount) at your descretion*
defender (e>ie) *to defend*
desatender *to neglect*
desear *to wish, desire*
esperar *to hope, to wait for*
luchar (por, en, a favor de, contra) *to fight (for, in, in favor of, against)*
ofrecer *to offer*
poner un granito de arena *to collaborate, to help*
recaudar fondos *to raise money*
salir adelante *to get ahead*

ser solidario *to be solidary, supportive*
trabajar codo con codo *to work hand in hand, shoulder to shoulder*

Hacer juicios de valor
Making value judgements

adoro *I adore*
es obvio / verdad *it is obvious / true*
está claro *it is clear*
me da(n) rabia / vergüenza / lástima *(someone/something) infuriates me, embarrasses me, makes me feel pity*
me impresiona(n) *(someone/something) impresses me*
me molesta(n) / indigna(n) *(someone/something) bothers me, outrages me*
me parece *I think*
me pone(n) triste / histérico / de los nervios *(someone/something) saddens me, angers me, gets on my nerves*
me pongo *I get, I become*
me siento *I feel*
no soporto / no aguanto *I can't bear / I can't stand*
odio *I hate*
¿Te parece bien…? *How does that work for you…?*

18

¿SUEÑO O REALIDAD?

Hablamos de…	Vocabulario y comunicación	¡En vivo!	Gramática	Destrezas	Sabor latino	En resumen
• Libros y cómics	• **Cartas formales y teléfonos celulares:** Relaying what another person said or asked • **Los correos electrónicos:** Expressing probability in the present and the past **Pronunciación** • Los extranjerismos	• **Episodio 18 ¡Hasta siempre, mis amigos!:** Analyzing errors	• Hypothetical expressions with the indicative and the subjunctive • Imperfect subjunctive	• *La vida es sueño,* **Calderón de la Barca** – **Comprensión de lectura:** Using background knowledge to support comprehension – **Expresión escrita:** Brainstorming – **Interacción oral:** Fluency and fluidity	• **Las telenovelas**	• **Situación:** Atención al cliente • Vocabulario

Esta abuela y su nieta comparten un libro.

- ¿Qué crees que están leyendo? ¿Qué crees que le está diciendo la niña a la abuela?
- ¿Recuerdas muchos cuentos de la infancia? ¿Ahora qué tipo de libros te gustan? ¿Conoces algún libro de la literatura hispana?
- ¿Sueles leer libros en formato digital o en papel?

LEARNING OUTCOMES

By the end of this unit, you will be able to:

- Relay what another person said
- Express probability in the past and present
- Use formal letters to communicate

18.1 Con tu compañero/a, miren la imagen y contesten las preguntas.

a. ¿Dónde están los muchachos?

b. ¿Cuál de los dos libros piensas que es más adecuado para un/una muchacho/a de tu edad?

c. ¿Cuál comprarías tú?

d. ¿Cuál es el último libro que compraste o leíste?

Punto de Encuentro con los Clásicos

Miguel de Cervantes Saavedra

Don Quijote de la Mancha

everest

mafalda

QUINO

18.2 Di cuál de los dos libros podría contener la siguiente información, basándote en la portada que ves. Después, compara tus respuestas con tu compañero/a.

	El Quijote	Mafalda
a. Es del año 1964.	☐	☐
b. Es del año 1605.	☐	☐
c. Su autor es Cervantes.	☐	☐
d. Su autor es Quino.	☐	☐
e. Otros personajes que aparecen son Felipe, Miguelito y Susanita.	☐	☐
f. Otros personajes que aparecen son Dulcinea, Sancho y Rocinante.	☐	☐
g. Es de origen español.	☐	☐
h. Es de origen argentino.	☐	☐

18.3 Escucha la conversación de Daniela y José y elige la opción correcta.

(124)

a. Daniela quiere comprar **un libro / una revista / un cómic**.

b. Felipe lee **solo novelas modernas / todo tipo de libros / poesía y teatro**.

c. Daniela **disfrutaba mucho con los cómics de Mafalda cuando era pequeña y su madre se los leía / no disfrutó de ellos hasta que no fue un poco mayor**.

d. A José el cómic no le parece un **buen regalo / mal regalo / regalo apropiado**.

e. José **ya tiene / no tiene todavía** regalo para Felipe.

18.4 Lee la conversación y comprueba tus respuestas.

Daniela: No sé qué libro comprarle a Felipe para su cumpleaños, ¡estoy hecha bolas!

José: La verdad es que es bastante complicado, tienes razón.

D.: Creo que finalmente voy a regalarle uno de estos dos, pero no sé por cuál decidirme. Son muy diferentes.

J.: Me parece que a Felipe le gusta leer novelas. Pero quizás no le guste *El Quijote*, es un poco antiguo para él.

D.: Es verdad que es un poco antiguo, pero Felipe lee toda clase de libros. En su casa tiene una colección enorme de novelas de todas las épocas. Es increíble que a un muchacho de veinte años le guste tanto leer.

J.: ¿Y sabes si también lee cómics? A lo mejor el libro de Mafalda es un poquito infantil.

D.: ¿Infantil? Todo lo contrario. En mi opinión deberían leerlo los adultos, es un poco filosófico. En estas historietas aparece una niña preocupada por la paz del mundo y por la humanidad. Yo, cuando era pequeña, tenía un montón de libros de Mafalda, pero no los entendí del todo hasta que fui adulta.

J.: Pues quizás sea esa una buena opción. Me parece que es más atractivo y más original como regalo.

D.: Pues ya está decidido. ¡Me lo llevo! Le voy a decir al dependiente que me lo envuelva. Oye, ¿y tú qué le vas a comprar?

J.: Ni idea, voy a darme una vuelta por aquí a ver si encuentro algo.

18.5 Busca información sobre las características de Don Quijote y de Mafalda y decide a quién pertenecen estas frases adaptadas de las obras.

PISTAS

- *Don Quijote está "loco" pero habla de la vida y la muerte con mucha cultura e imaginación.*
- *Mafalda representa el inconformismo, siempre está preocupada por la situación mundial pero tiene esperanzas en un futuro mejor.*

a. "Quien hace bien las cosas tendrá un premio en su vida".

b. "Como siempre: lo urgente no deja tiempo para lo importante".

c. "Lo malo de la gran familia humana es que todos quieren ser el padre".

d. "Donde una puerta se cierra, otra se abre".

e. "De gente bien nacida es agradecer los beneficios que recibe".

f. "Confía en el tiempo, que suele dar dulces salidas a muchas amargas dificultades".

g. "¿No será que esta vida moderna está teniendo más de moderna que de vida?".

h. "¿Y por qué si hay mundos más evolucionados yo tenía que nacer en este?".

i. "Crean en las obras y no en las palabras".

j. "Paren al mundo, que me quiero bajar".

APUNTES: La historia de Mafalda

- ✓ Mafalda, una de las niñas más irreverentes y queridas de la historieta argentina, cumplió 50 años en 2014.
- ✓ Mafalda fue concebida para anunciar electrodomésticos. La misma niña que tanto reflexionó sobre el capitalismo, la economía y el orden mundial es fruto mismo de la sociedad de consumo.
- ✓ A "Quino" (su autor) le pidieron diseñar a una familia de personajes para poder promocionar los electrodomésticos Mansfield en un periódico.
- ✓ La niña recibió el nombre de Mafalda, pero la campaña publicitaria nunca vio la luz y Quino guardó a su nena en el cajón.
- ✓ Finalmente, unos meses después, cuando le pidieron a Quino publicar una tira en el semanario *Primera Plana*, Mafalda comenzó su carrera a la fama.

1.A VOCABULARIO: CARTAS FORMALES Y TELÉFONOS CELULARES

The sender's address always goes first in a formal letter, followed by the date.

18.1 Identifica las partes de una carta formal con su nombre. Piensa en la familia de palabras a la que pertenecen algunos nombres para saber a qué se refieren. Después compara tu respuesta con tu compañero/a.

Modelo: destino ▶ destinatario

1. ☐ motivo
2. ☐ dirección del destinatario
3. ☐ firma
4. ☐ saludo
5. ☐ dirección del remitente
6. ☐ despedida
7. ☐ fecha

18.2 Ordena los elementos de esta carta de un cliente a su compañía de telefonía celular. Después, identifica a qué parte de la carta pertenece cada uno.

☐ Bogotá, 13 de enero de 2015

☐ Movilindo
Paseo de la Antena, 33
110988 Bogotá

☐ Atentamente,

☐ Juan Pérez
C/ Cliente, 130
117592 Bogotá

Dirección del remitente

☐ Les escribo esta carta porque llevo varios días teniendo problemas con mi teléfono celular. Hace cinco meses me regalaron un nuevo **aparato** por llevar como cliente en su empresa más de tres años. Pues bien, este **celular** no deja de darme problemas. A continuación, les explico punto por punto cada uno de ellos.

La **pantalla táctil** no funciona bien. Cada vez que intento marcar un número, el teléfono se apaga.

En muchos lugares no tiene **cobertura**. Es decir, que cuando salgo de la ciudad tengo muy poca señal y no puedo ni **llamar** ni **recibir llamadas**.

Cuando puedo llamar, **se corta** la **conversación** después de dos minutos.

Además, cuando intento **cargar** el teléfono, la **batería** solo dura cinco horas y, después, tengo que cargarlo otra vez. Al principio pensé que era problema del **cargador**, pero he probado con otro y sigo teniendo el mismo problema.

Debido a todos estos inconvenientes, espero que me reparen el **celular** o que me den uno nuevo. En caso contrario, cambiaré de compañía telefónica.

☐ Estimados señores:

☐ *(firma)*

18.3 Las palabras destacadas en la carta en amarillo son ejemplos de presentaciones y despedidas propias de las cartas formales. Aquí tienes otros ejemplos. Clasifícalos en la columna adecuada según sean presentaciones o despedidas.

Reciba un cordial saludo • Señor/a • Cordialmente • En espera de sus noticias
Distinguido/a señor/a • Se despide atentamente • Muy señor/a mío/a

Saludos	Despedidas

18.4 Relaciona los términos destacados en negrita en la carta anterior con su significado.

celular = móvil (España)

1. aparato .... ●
2. pantalla táctil ...... ●
3. cobertura .... ●
4. recibir llamadas ... ●
5. se corta .... ●
6. cargar .... ●
7. cargador .... ●
8. batería .... ●

● **a.** Acumula electricidad.
● **b.** Instrumento que conecta la electricidad con la batería.
● **c.** Instrumento o mecanismo que tiene una función determinada.
● **d.** Acción de recuperar la batería.
● **e.** Una de las funciones principales de un celular.
● **f.** Extensión geográfica de los servicios de telecomunicaciones.
● **g.** Cuando se pierde una llamada.
● **h.** Parte de algunos aparatos electrónicos que funciona con el contacto.

18.5 Con tu compañero/a, respondan las siguientes preguntas.

a. ¿Has tenido problemas con tu teléfono celular? ¿Cuáles?

b. ¿Los solucionaste? ¿Cómo?

c. ¿Qué otras quejas *(complaints)* tienes de tu celular o del servicio que recibes?

d. ¿Cómo sería tu celular ideal?

18.6 Ahora, escucha la conversación entre la secretaria y el director de la empresa Movilindo y escribe qué decisión toma el director.

....

....

When relaying what another person says, subject pronouns, possessives, and demonstrative pronouns will also need to be changed.

- "**Estos** son **mis** libros". ▶ Me dice que **esos** son **sus** libros.

- "**Quiero** (<u>yo</u>) salir de **aquí**". ▶ Dice que **quiere** (<u>él/ella</u>) salir de **allí**.

- "**Creo** que **tenemos este** modelo". ▶ Dice que **cree** que **tienen ese** modelo.

The present perfect can also be used in indirect speech.

- **Ha dicho** que / **Me ha ordenado** que…

» Para transmitir lo que **dice** otra persona, se usan verbos como: **decir, comentar, confesar** (e ▶ ie).
"***Eres** lo mejor de **mi** vida*". ▶ **Dice que soy** lo mejor de **su** vida.

» Para transmitir una orden o petición se usan verbos como: **ordenar, aconsejar, sugerir** o **recomendar** + presente de subjuntivo.
"*Compra pan*". ▶ **Me ordena** que **compre** pan.

» También se usa el pretérito para transmitir lo que **dijo** otra persona. En este caso se producen también los siguientes cambios verbales:

Direct speech	Indirect speech with: *Dice que…*	Indirect speech with: *Dijo que…*
"Estudio español".	**estudia** español.	**estudiaba** español.
"Estudié español".	**estudió** español.	**estudió / había estudiado** español.
"Estudiaba español".	**estudiaba** español.	**estudiaba** español.
"Estudiaré español".	**estudiará** español.	**estudiaría** español.

» Para transmitir la pregunta de otra persona se usa **preguntar** + **si / cuándo / cómo / dónde**…
"*¿Hicieron la comida?*". ▶ Nuestros padres **preguntan si** hicimos la comida.
"*¿Cuándo vendrá Luis?*". ▶ María nos **pregunta cuándo** vendrá Luis.

18.7 Marta está hablando con su amigo Pedro sobre el día que pasó con su amiga Elena. Completa la conversación telefónica con las palabras del cuadro. Trabaja con tu compañero/a.

ha recomendado • ha dicho • ayer • ha confesado • que • dice • si • ha dicho

Marta: Elena me (a) .... que se va a cambiar de casa. Que está muy contenta porque (b) .... encontró trabajo.
Pedro: Vaya, qué suerte.
M.: Me (c) .... que realmente no está enamorada de su novio y (d) .... quiere dejarlo.
P.: La verdad es que no hacen buena pareja.
M.: Tienes razón. Por lo visto el otro día discutieron en el cine… Por cierto, me (e) .... la película que vio, (f) .... que es muy buena.
P.: Pues si quieres, vamos a verla este viernes.
M.: Bueno… ¡Ah!, y también me (g) .... que cree que el mes que viene va a Nueva York a visitar a su hermano y a su cuñada, y me preguntó (h) .... quiero ir con ella.

18.8 Escucha la conversación y comprueba tus respuestas anteriores.

18.9 Transmite lo que estas personas dicen. Usa las expresiones que aparecen a continuación.

a. "Me acosté porque tenía sueño". ▶ Dice que ....

b. "Visita Madrid si quieres divertirte". ▶ Me recomienda ....

c. "Este libro lo escribimos entre mi mejor amigo y yo". ▶ Me confiesa ....

d. "¿Fuiste a la fiesta de Juan?". ▶ Me pregunta ....

e. "¿Dónde vive tu hermano?". ▶ Te pregunta ....

18.10 Vamos a jugar a los disparates. Fíjense en cómo juegan los muchachos de las imágenes. Después, hagan un círculo y sigan el modelo del juego. ¿Quién ha dicho el mayor disparate?

¿Quién es tu mejor amigo?

Mi mejor amigo es Ricardo.

¿Quién es tu actor favorito?

Mi actor favorito es Brad Pitt.

Marina

Luis

Marina me preguntó quién era mi mejor amigo y Luis contestó que era Brad Pitt.

18.11 Transmite lo que dijeron estas personas. Comienza cada frase con *Dijo que* o *Me preguntó* y haz los cambios necesarios.

a. "En agosto fui a mi pueblo a ver a mis abuelos".

b. "Ayer habíamos salido de fiesta cuando nos llamaron ustedes por teléfono".

c. "Ayer fuimos a tu casa pero no estabas allí".

d. "¿Quieres entrar en esta cafetería?".

e. "Todavía no he visitado el Museo del Prado y llevo diez años viviendo en Madrid".

f. "¿Sabes que ayer estrenaron la nueva película de Brad Pitt?".

g. "Tengo que llamar a su padre antes de las cinco".

h. "Cuando tu padre era pequeño solía echarse la siesta después de comer".

18.12 Contesta las preguntas. Después, haz turnos con tu compañero/a para compartir la información.

a. ¿Quién te ha dicho algo muy bonito? ¿Qué te dijo?

b. ¿Quién te ha dicho algo que no te gustó? ¿Qué te dijo?

c. ¿Quién te ha dado el mejor consejo? ¿Qué te dijo?

d. ¿Quién te pide muchos favores? ¿Qué te pide?

e. ¿Qué te ha mandado el profesor?

f. ¿Quién te ha confesado una mentirita *(little white lie)*? ¿Qué te confesó?

18.13 Esta es la barra de herramientas de un programa de correo electrónico en español. Con tu compañero/a, respondan las siguientes preguntas.

¿Dónde tengo que pulsar con el ratón si quiero…

a. ☐ responder a un mensaje?

b. ☐ enviar un mensaje que me han enviado?

c. ☐ borrar los mensajes indeseados y no volver a recibirlos?

d. ☐ seleccionar determinados mensajes en la bandeja de entrada?

e. ☐ escribir un mensaje?

f. ☐ responder a un mensaje que tiene varios destinatarios?

g. ☐ buscar una dirección de correo electrónico?

h. ☐ saber si tengo mensajes nuevos?

i. ☐ borrar un mensaje?

18.14 Este es el panel de navegación del correo electrónico en español. Completa las frases con la expresión adecuada del panel.

a. Para ver los correos nuevos tengo que pulsar en la ……………

b. Para conservar un mensaje que he escrito y que no he enviado tengo que pulsar en ……………

c. Para ver los mensajes que se están enviando tengo que pulsar en la ……………

d. Para ver los mensajes indeseados pulso en ……………

e. Puedo organizar mi agenda en ……………

18.15 ¿Utilizas habitualmente el correo electrónico? ¿Qué consecuencias crees que ha tenido esta herramienta en la forma de comunicarnos? Comparte tus opiniones con tus compañeros.

18.16 ¿Recuerdas la carta de reclamación que el cliente de Movilindo envió a la compañía de celulares? Movilindo le ha escrito un correo electrónico. Léelo y complétalo según los datos que aparecen en el cuadro.

– Nombre del cliente: Juan Pérez García
– Correo electrónico del cliente: juanperez_1973@edimail.com
– Correo electrónico de la compañía: movilindo@movilindo.com
– Motivo del correo: Su carta de reclamación

Asunto: ....

De: .... Para: ....

Estimado cliente:

Nos dirigimos a usted con la finalidad de expresarle nuestras disculpas por los problemas causados. Comprendemos perfectamente las molestias que puede haber tenido con el último celular que recibió y, por esa razón, ponemos a su disposición un nuevo modelo. Por favor, para recibir este nuevo aparato mándenos un correo electrónico con la dirección donde quiere recibirlo a movilindo-aparatos@movilindo.com. Si desea ver el modelo que le ofrecemos, puede hacer clic en el siguiente enlace: www.movilesmovilindo/nuevos.

Atentamente,

Movilindo
Paseo de la Antena, 33
110988

18.17 Relaciona los siguientes símbolos con su significado. Después, lee en voz alta las frases que aparecen al lado.

1. @   a. arroba ....●
2. /   b. punto com ....●
3. :   c. triple doble ve .....●   a. movilindo-aparatos@movilindo.com
4. -   d. barra ....●   b. www.movilesmovilindo/nuevos
5. _   e. dos puntos ....●   c. juanperez_1973@edimail.com
6. .com   f. guion bajo ....●
7. www   g. guion ....●

18.18 Eres el director de Movilindo. Escribe a Juan Pérez un correo con una respuesta diferente a la de la actividad 18.16. Intercambia después la respuesta con tu compañero/a.

Asunto:

De: Para:

Estimado señor Pérez:

18.19 Lee el correo de tu compañero/a y transmite la información al resto de la clase.

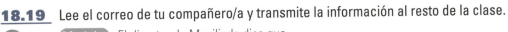
Modelo: El director de Movilindo dice que...

¿QUÉ LE PASA A LUIS?

» Para responder una pregunta conociendo o imaginando la información:

Conozco la información	Imagino la información
Está enfermo. (Present)	▶ **Estará** enfermo. (Future)
No durmió anoche porque **estaba** nervioso. (Imperfect)	▶ No durmió porque **estaría** nervioso. (Conditional)
Ayer **fue** a una fiesta. (Preterit)	▶ Ayer **iría** a una fiesta. (Conditional)

» Para hacer preguntas:

Sabemos que la persona que escucha la pregunta sabe la respuesta	Sabemos que nadie conoce la respuesta o estamos solos
¿Qué hora **es**? (alguien tiene reloj)	▶ ¿Qué hora **será**? (nadie tiene reloj)
¿Quién **rompió** el cristal ayer?	▶ ¿Quién **rompería** el cristal ayer?
¿Cuánta gente **había** ayer en la fiesta?	▶ ¿Cuánta gente **habría** ayer en la fiesta?

Está enfermo. / Estará enfermo.

18.20 Este perro está muy triste. ¿Por qué? Transforma las frases para imaginar qué le ocurre. ¡Atención! No sabes qué le pasa en realidad.

a. Le **duele** el estómago.
▶ ....

b. **Está buscando** a su dueño.
▶ ....

c. Ayer lo **llevaron** al veterinario porque no **se encontraba** bien.
▶ ....

d. Se **perdió**.
▶ ....

18.21 Con tu compañero/a, hagan turnos para responder las siguientes preguntas sobre el perro de la actividad anterior. ¿Qué pueden saber sobre su situación?

a. ¿Cómo (llamarse)? ....

b. ¿(Comer, hoy)? ....

c. ¿(Tener) dueño? ....

d. ¿(Escaparse, ayer) de la perrera (dog pound)? ....

e. ¿(Estar, ayer) con sus dueños (owners) y los (perder) de vista? ....

f. ¿Sus dueños le (abandonar) para irse de vacaciones? ....

18.22 Con un/a compañero/a, expliquen las siguientes imágenes. Describan lo que crean que está ocurriendo ahora y lo que piensas que ocurrió anteriormente.

PRONUNCIACIÓN

LOS EXTRANJERISMOS *(foreign words)*

» En español usamos algunas palabras que proceden de otras lenguas. Se dividen en:

– **Voces adaptadas:** se adaptan a la ortografía y pronunciación del español: *estrés, eslogan, cabaré…*

– **Voces no adaptadas:** se escriben igual que en la lengua original y su pronunciación es más o menos aproximada a ella: *pizza, rock and roll, jazz, pendrive…*

18.1 Escucha estos extranjerismos y escríbelos.

(127)

....

....

....

....

18.2 Compara las palabras que has escrito con un/a compañero/a. Después, digan cuáles de las palabras han sido adaptadas al español y cuáles no.

18.3 Completa los espacios en blanco con un extranjerismo de los que has aprendido.

a. Necesito ir a la .... para comprarme un vestido.

b. A mi hermana le encantan los .... con tomate.

c. Marta y Juan han quedado para jugar al .... esta tarde.

d. Mis padres desayunan un .... y un café con leche.

e. El .... es el equipamiento lógico de un sistema informático.

¡Hasta siempre, mis amigos!

ANTES DEL VIDEO

18.1 Observa la imagen 1. Describe a tu compañero/a lo que ves. ¿Por qué creen que están los amigos reunidos? Hagan hipótesis utilizando estas expresiones.

– A lo mejor…   – Es posible que…   – Será que…

18.2 Estos son seis fragmentos de conversaciones extraídas del episodio. ¿Quién los dijo? ¿A qué imagen corresponden? Basa tus respuestas en lo que ya conoces de los personajes. Usa tu imaginación.

		Personaje	**Imagen**

a. ● ¡Sí, cierto! Esta beca era seguramente la más interesante para continuar con mis estudios. ¡Y, además, voy a poder pagar mi propio apartamento!
● ¡Qué bien! ¡Espero que puedas un día invitarme a conocer la capital!

b. ● Pues mis cómics favoritos, sin duda, son los de manga.
● Sí, además te gusta dibujarlos. ¡Me encantó el que nos hiciste a Felipe y a mí jugando al básquetbol!

c. ● ¿Llegaste tarde a la fiesta porque estabas buscando un disco?
● Así que no quería venir a esta fiesta sin este disco. Hay aquí una canción muy especial que quiero compartir con ustedes.

d. ● ¿Entonces te fue bien la entrevista de trabajo?
● Claro, aunque al principio mi idea no era irme a trabajar fuera de la ciudad. Pero es un buen trabajo. No lo puedo rechazar…

DURANTE EL VIDEO

18.3 Observa la escena y contesta las preguntas. Compara con tu compañero/a.

00:47 - 01:30

a. ¿Qué le gusta a Alba?
b. ¿De quién hablan Sebas y Alba? ¿Por qué?
c. ¿Qué creen que le ha pasado a Felipe?
d. ¿Cómo dicen que es Felipe?

18.4 Ordena las frases y relaciónalas con cada personaje. Compara con tu compañero/a.

01:39 - 02:55

a. ☐ **Alfonso / Eli:** Pero podrán ustedes venir a visitarme cuando quieran.
b. ☐ **Alfonso / Eli:** Lo más difícil fue cuando me dijeron si estaba dispuesta a irme a trabajar fuera de la ciudad.
c. ☐ **Alfonso / Eli:** ¿Qué te preguntaron?
d. ☐ **Alfonso / Eli:** Me alegro mucho por ti, aunque me da un poco de tristeza…
e. ☐ **Alfonso / Eli:** Me dijeron que me escribirían pronto y hoy mismo he recibido la carta.
f. ☐ **Alfonso / Eli:** ¿Entonces te fue bien la entrevista de trabajo?
g. ☐ **Alfonso / Eli:** ¡Me dicen que el trabajo es mío!

18.5 Copia al dictado la carta que recibe Eli. Compara con tu compañero/a.

02:14 - 02:26

....
....
....

18.6 Completa las siguientes frases. Compara con tu compañero/a.

03:01 - 04:03

a. Es probable entonces que…

b. Es probable que…

c. Seguro que…

d. Espero que…

18.7 Habla con tu compañero/a. ¿Cómo se siente Juanjo?

⚙️ **ESTRATEGIA**

Analyzing errors

Using the video script, check your answers to the activities. Think about the specific errors you made and what may have prompted them. Was it because of a new or unfamiliar word? Was it a problem with words linked together? Was the intonation off or sounded strange to you? Analyzing errors will help you learn to listen more effectively the next time.

18.8 Escribe cómo le contarías a un amigo el mensaje formal que recibe Juanjo.

Me han mandado un mensaje y me han dicho que…

18.9 En grupos, escriban un nuevo guion para una fiesta siguiendo las pautas *(guidelines)*.

a. Elegir el motivo de la fiesta: cumpleaños, vuelta de las vacaciones, fin de los exámenes…

b. Crear los personajes: nombre, personalidad, aficiones, especialidad en los estudios…

c. Utilizar en algún momento frases con estructuras para hacer hipótesis y el estilo indirecto…

18.10 Cada uno de ustedes es un personaje diferente, memoricen su papel y represéntenlo ante la clase. El profesor los puede grabar.

DESPUÉS
DEL VIDEO

GRAMÁTICA

1. HYPOTHETICAL EXPRESSIONS WITH THE INDICATIVE

>> Other ways to express hypothesis or probability using the indicative.

Creo / Me parece
Me imagino / Supongo   **que**
Para mí / Yo diría

*ese modelo de celular no **es** uno de los mejores.*
*si está en la sierra no **tendrá** cobertura, llámalo mañana.*
***llovió** anoche, las calles están mojadas.*

A lo mejor
Lo mismo
Igual

es un problema de tu compañía porque yo sí tengo cobertura.

18.1 Mira estas imágenes y escribe dos hipótesis para cada situación. Después, en grupos y por turnos, intercambien sus impresiones.

¿Por qué no hay nadie?

a. ....

b. ....

¿Por qué está llorando?

a. ....

b. ....

¿Qué le pasa?

a. ....

b. ....

18.2 ⟨128⟩ Escucha el final de tres discusiones y, con tu compañero/a, hagan hipótesis sobre el motivo por el que empezaron.

18.3 ⟨129⟩ Ahora escucha las conversaciones completas y comprueba tus hipótesis.

2. HYPOTHETICAL EXPRESSIONS WITH THE INDICATIVE AND THE SUBJUNCTIVE

18.4 ⟨130⟩ Escucha las siguientes conversaciones y completa el cuadro.

Indicativo / subjuntivo
Probablemente / .... / **Seguramente** / .... / **Tal vez** ⟩ *la compañía telefónica **se pone** / **se ponga** en contacto conmigo después de mi reclamación.*

Subjuntivo
Es .... / **probable que** **Puede (ser) que** ⟩ *mi celular **tenga** algún defecto de fábrica, me lo compré hace poco y no me dura nada la batería.*

» With the first group of expressions, the use of the indicative or the subjunctive depends on how certain the speaker feels that the action will take place.

Probablemente la compañía telefónica **se pone** en contacto conmigo.
(Speaker feels there's a strong likelihood the company will contact him/her = indicative)

Probablemente la compañía telefónica **se ponga** en contacto conmigo.
(Speaker feels there is less likelihood that the company will contact him/her = subjunctive)

18.5 Escoge la opción adecuada en cada oración. En algunos casos, las dos opciones son correctas.

a. Es probable que mañana **llueve / llueva**.

b. Seguramente **tiene / tenga** más de veinte años.

c. Tal vez **viene / venga** mi hermana conmigo.

d. Es posible que **consigue / consiga** el trabajo.

e. Quizás no **quiere / quiera** trabajar con nosotros.

18.6 Escribe el final de las siguientes frases y compara tus respuestas con un/a compañero/a.

a. ¡Qué raro que no haya llegado Juan! Él es muy puntual. Es posible que…

b. La compañía telefónica me está cobrando un servicio que no utilizo. Seguramente…

c. Me dijo que me iba a llamar esta tarde, pero no lo ha hecho todavía. Tal vez…

d. Le he escrito un correo electrónico y no le ha llegado aún. Puede que…

e. He salido de casa y, cuando he entrado en el metro, no llevaba el monedero. Probablemente…

18.7 Con lo que has aprendido para expresar hipótesis y probabilidades, completa las siguientes frases con la forma correcta del verbo.

a. Es probable que (ser) .... su cumpleaños porque invitó a cenar a todos sus amigos.

b. Igual (mudarse, él) .... Hace mucho tiempo que quería cambiar de casa.

c. Quizás (comprarse, yo) .... un teléfono celular nuevo. Este ya no funciona.

d. A lo mejor Juan (ser) .... alérgico a los gatos. No para de estornudar.

e. Posiblemente yo (organizar) .... la fiesta. Soy su mejor amigo.

f. Yo diría que Carmen y Sonia (estar) .... enfadadas. Ya nunca van juntas.

g. Seguramente (ganar) .... el premio. Está haciendo un buen trabajo.

h. Me parece que Carlos no (estar) .... contento con su nuevo trabajo.

18.8 Con tu compañero/a, hablen sobre planes de futuro que todavía no son seguros.

tu próximo cumpleaños • tus próximas vacaciones • tus próximos estudios

18.9 Haz una breve descripción de cómo piensas que será la vida de tu compañero/a de clase cuando tenga cincuenta años. Incluye información sobre: profesión, familia, dónde vivirá, cómo será físicamente, etc. Después, intercambia impresiones. ¿Te sorprendió? ¿Piensas que la descripción de tu compañero sobre ti es acertada?

Modelo: Cuando tengas cincuenta años, es probable que / seguramente…

3. HYPOTHETICAL EXPRESSIONS WITH THE IMPERFECT SUBJUNCTIVE

18.10 Lee la conversación entre el director de Movilindo y su secretaria. Después, extrae las estructuras que se usan para expresar hipótesis y completa el cuadro.

¿Cómo está? Lo veo muy, muy preocupado.

*Es que el doctor me dijo que necesito hacer algo para combatir el estrés del trabajo. Me dijo que **si no trabajara tanto, no estaría siempre de mal humor**. Y yo pienso que **si no estuviera de mal humor, saldría más con mis amigos**. Y **si saliera más, necesitaría más dinero** para gastar. Y **si gastara mucho dinero, tendría que trabajar más** y... **¡volvería a sufrir** de un nuevo estrés!*

*Y **si yo aprendiera a no preguntar tanto**... **¡no tendría que escuchar** todo esto!*

Frases que expresan hipótesis	¿Se produce la acción?	
	Sí	**No**
Si	☐	☐
Si	☐	☐
Si	☐	☐
Si	☐	☐
Si	☐	☐

18.11 Contesta las preguntas sobre la conversación anterior en tu cuaderno.

a. En la conversación anterior, cuando hablan de las cosas que tendrían que hacer (pero no hacen), usan un nuevo tiempo verbal que se llama imperfecto de subjuntivo. Escribe las formas que aparecen.

b. Cuando describen el posible resultado (de estas acciones que no hacen), usan un tiempo verbal que ya conoces. ¿Cómo se llama este tiempo?

4. IMPERFECT SUBJUNCTIVE

» The imperfect subjunctive is formed using the **ellos** form of the preterit. Drop the **–ron** and add the appropriate endings. This is true for all regular and irregular verbs.

	-AR	-ER	-IR
yo	practica**ra**	bebie**ra**	salie**ra**
tú	practica**ras**	bebie**ras**	salie**ras**
usted/él/ella	practica**ra**	bebie**ra**	salie**ra**
nosotros/as	practicá**ramos**	bebié**ramos**	salié**ramos**
vosotros/as	practica**rais**	bebie**rais**	salie**rais**
ustedes/ellos/ellas	practica**ran**	bebie**ran**	salie**ran**

» The verb **haber (hay)** becomes **hubiera**.

» One of the uses of the imperfect subjunctive is in if-clauses to say what would happen if a certain condition was met. These are also known as contrary-to-fact statements because the action never actually took place. Look at some of the examples from Activity 18.10.

Si no estuviera de mal humor, saldría más. *If I were not always in a bad mood, I would go out more.*
(But in reality, I'm always in a bad mood.)
Y si saliera más, necesitaría más dinero para gastar. *And if I went out more, I would need more money to spend.*
(But in reality, I don't go out.)

» Contrary-to-fact statements have the following constructions:
   – **Si** + imperfect subjunitive, conditional.   – Conditional + **si** + imperfect subjunctive.

18.12 Completa la tabla de verbos irregulares en imperfecto de subjuntivo.

Infinitivo	Pretérito de indicativo	Imperfecto de subjuntivo
querer	quisieron	quisiera
hacer	hicieron	hiciera
poder	pudieron	pudiera
saber	supieron	
ser / ir		
estar		
tener		

Si no hubiera tantos colores, sería más fácil.

18.13 Relaciona las ideas con sus conclusiones. Compara tus respuestas con un/a compañero/a.

1. Si tuviera gato,
2. Si todos los jóvenes leyeran más,
3. Si hubiera menos leyes *(laws)*,
4. Si escribiera una novela,
5. Si mis padres fueran generosos,
6. Si todas las clases estuvieran en línea,

a. pasarían menos tiempo en Internet.
b. no iría nunca a la escuela.
c. me comprarían el último teléfono de Apple.
d. lo llamaría Minifus.
e. habría más criminales.
f. sería de ciencia ficción.

18.14 Usa la primera parte de las frases de la actividad anterior para hablar de ti mismo. Comparte tus frases con tus compañeros en grupos de cuatro. ¿Quién de ustedes tiene las frases más originales?

18.15 Pregúntale a tu compañero/a qué haría en las siguientes situaciones. Después, inventa una más.

Estudiante 1:

¿Qué harías si…:

1. (conocer) a Shakira?
2. (visitar) el Polo Norte?
3. (ganar) el concurso de La Voz?
4. ¿…?

Estudiante 2:

¿Qué harías si…:

1. (ser) el profesor / la profesora de la clase?
2. (no haber) videojuegos?
3. (ver) un zombi?
4. ¿…?

VIDEOCLASES 35 Y 36

1. COMPRENSIÓN DE LECTURA

18.1 Calderón de la Barca fue uno de los escritores más importantes de la Edad de Oro de la literatura española. Con un/a compañero/a, hagan turnos para preguntar y responder las siguientes cuestiones y aprender más sobre esta figura.

Estudiante 1:

1. Nombre: ....
2. Lugar de nacimiento: Madrid.
3. Año de nacimiento: ....
4. N.º de obras escritas: más de doscientas.
5. Una de sus obras mas importantes: ....

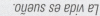

Estudiante 2:

1. Nombre: Pedro.
2. Lugar de nacimiento: ....
3. Año de nacimiento: 1600.
4. N.º de obras escritas: ....
5. Una de sus obras mas importantes: *La vida es sueño.*

⚙ ESTRATEGIA

Using background knowledge to support comprehension

To support your comprehension, read about the work, *La vida es sueño*, ahead of time. Find information about the major characters and their characteristics. Try to understand the intention of the author. In this way you will be better equipped to read and understand the text.

Para hacer suposiciones:

- Creo que…
- A lo mejor…
- Tal vez…
- Puede que…
- Es posible que…

18.2 Segismundo, el personaje principal de la obra *La vida es sueño*, ha sido encerrado en una torre desde que nació. ¿Puedes imaginar las razones por las que esto ha sido así? Comparte tus ideas con un/a compañero/a.

18.3 Para confirmar tus hipótesis, ordena las siguientes oraciones y conoce así el argumento de la obra *La vida es sueño*.

a. ☐ Para que nadie sepa que existe un príncipe sucesor, lo encierra en una torre.

b. ☐ Segismundo finalmente gana, pero muestra respeto por su padre, porque es el rey. Basilio en ese momento es consciente de que su hijo será un buen rey en el futuro y le deja el trono.

c. ☐ Una vez en libertad, actúa de forma violenta contra todo el mundo y lo encierran otra vez.

d. ☐ El rey Basilio, cuando nace su hijo Segismundo, cree en una superstición que dice que ese niño no será un buen sucesor del trono.

e. ☐ El pueblo descubre que existe un príncipe heredero y lo liberan. Segismundo lucha contra su padre.

f. ☐ En una ocasión decide darle una oportunidad para comprobar si podrá ser un buen rey y lo saca de la torre.

18.4 A lo largo de la obra, Segismundo piensa que está soñando y que su vida es un sueño. ¿Qué significan las palabras *sueño* o *soñar* para ti? Enumera todas las palabras que te vienen a la mente cuando piensas en estas. Comparte tus ideas con un/a compañero/a.

18.5   Une las siguientes palabras y expresiones relacionadas con los sueños y sus significados. ¡Atención! Hay dos expresiones que significan lo mismo.

1. No pegar ojo.
2. Dormir como un tronco.
3. Tener sueño.
4. Soñar con los angelitos.
5. Pasar la noche en blanco.
6. Cumplirse un sueño.
7. Tener un sueño.

a. Estar cansado y con ganas de dormir.
b. Hacerse realidad algo muy deseado.
c. No poder dormir.
d. Desear algo con mucha intensidad.
e. En lenguaje infantil: dormir.
f. Dormir muy profundamente.

2. EXPRESIÓN ESCRITA

18.6   En grupos de tres o cuatro, discutan sobre las siguientes cuestiones.

a. ¿Sueñas con frecuencia?
b. ¿Sueles tener sueños agradables o pesadillas?
c. ¿Hay algún sueño que tengas a menudo?
d. ¿Recuerdas tu último sueño?

⚙️ ESTRATEGIA

Brainstorming

Brainstorming is an exercise that will help you activate existing knowledge. To brainstorm, jot down key words and ideas that come to mind relating to the topic. Generating a profusion of ideas connected to the topic will not only help you organize the writing activity but also helps to activate your imagination in ways you might not have expected.

18.7   Escribe sobre algún sueño que tengas y te propongas hacer realidad. Puede ser un sueño relacionado con un viaje, o con algún aspecto de tu vida personal o profesional.

3. INTERACCIÓN ORAL

18.8   Ahora que ya has escrito, habla con tu compañero/a y contesten las siguientes preguntas.

¿Es muy difícil cumplir los sueños?
¿Es necesario planificar para poder cumplir los sueños?
¿Qué cosas deberías hacer para cumplir tu sueño?

⚙️ ESTRATEGIA

Fluency and fluidity

Often times you may be hesitant to speak out for fear of making too many mistakes or not knowing the vocabulary to express yourself. Accept the fact that you may commit some errors, but in order to achieve fluency you will need to pay less attention to making errors and strive for fluidity instead. That is, speaking calmly without interrupting yourself to make corrections.

18.9   Mafalda, la niña de la historieta que vimos en actividades anteriores, "sueña" con un mundo mejor. Habla con tu compañero/a sobre esta posibilidad. ¿Qué creen que hace falta para mejorar el mundo? Tengan en cuenta los siguientes temas.

ecología • dignidad y respeto • alimentación • colaboración • política

William Levy

Las telenovelas están entre los programas más vistos en Latinoamérica.

icons of
style
VANID

UNIT

LAS TELENOVELAS

Están entre los **programas favoritos** de los latinoamericanos. Tienen humor, pasión, drama e **historias de actualidad**: bienvenido al mundo de las telenovelas, una **expresión cultural latinoamericana** que se disfruta en el mundo entero.

CARAS NUEVAS

Muchos artistas latinos han comenzado su carrera en las telenovelas. Entre ellos, Ricky Martin, Salma Hayek y Thalía. Kate del Castillo es una de las actrices de telenovela más famosas en la actualidad. La mexicana ha protagonizado* *La reina del sur*, una telenovela basada en el libro del escritor español Arturo Pérez-Reverte.
La reina del sur se emitió en Estados Unidos por el canal latino Telemundo, con mucho éxito: casi dos millones y medio de espectadores* vieron el primer capítulo.
El actor William Levy, de origen cubano, es otra de las caras nuevas del mundo de las telenovelas. William ha trabajado como galán* en producciones como *Triunfo del amor* y *Sortilegio*. También ha aparecido en varias publicidades y en el programa norteamericano *Dancing with the Stars*.

Kate del Castillo

¿Quién es tu actor/actriz de telenovelas o televisión favorito/a? ¿Por qué?

HISTORIAS DE AMOR

«En América Latina, la telenovela tiene una existencia que se remonta* a la misma televisión», dice Nora Mazziotti, investigadora y autora del libro *Telenovela: industria y prácticas sociales*. Según Mazziotti, este tipo de programas fue considerado durante mucho tiempo inferior, dirigido a gente con poca cultura, pero con el tiempo se convirtió en una de las expresiones culturales latinoamericanas que más circulan por el mundo.
La investigadora identifica varios tipos de telenovela, en función de su origen geográfico: la mexicana,

donde los valores tradicionales son importantes y los personajes sufren mucho; las telenovelas brasileñas, donde se tratan temas modernos y de actualidad; la telenovela colombiana, llena de energía y humor... Por último, Mazziotti habla de la telenovela «global», generalmente producida en Miami, donde la idea de ser latino se traduce en color, ruido y pasión.

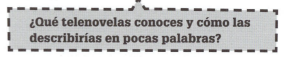

¿Qué telenovelas conoces y cómo las describirías en pocas palabras?

El personaje de Betty en *Ugly Betty*

EL ÉXITO QUE CAMBIÓ TODO

*B*etty, la fea es una de las telenovelas más famosas de todos los tiempos.

Betty (interpretada por la actriz América Ferrera) es una muchacha humilde y trabajadora que sufre burlas* por su falta de estilo. La telenovela original latinoamericana tuvo muchísimo éxito en todo el mundo. La versión norteamericana es más cómica y fue muy popular gracias, en parte, a sus personajes secundarios.

Salma Hayek se entusiasmó* al ver la versión original y produjo la telenovela norteamericana. La actriz dijo que el humor y la pasión latinos están bien representados en la historia.

Pero también dijo que algunos de los aspectos de la historia fueron polémicos*. «Mucha gente estaba furiosa de que mostráramos a un hombre que vive en el país como ilegal. A mí me parece muy extraño que haya muchos personajes que hacen el papel de asesino y nadie tiene problemas por ello, pese a* que lo que hacen tampoco es legal, pero ¡¿un inmigrante?! No, prefieren apagar el televisor», dijo.

América Ferrera y Salma Hayek

REALIZA UNA INVESTIGACIÓN RÁPIDA PARA ENCONTRAR LOS DATOS SIGUIENTES:

a Mira dos capítulos de la telenovela mexicana *Triunfo del amor* en la página web de Televisa. ¿Cómo describirías a Max Sandoval Montenegro, el galán?

b Lee la programación de hoy en la página web de Univisión. Clasifica los programas en noticieros, películas, telenovelas, etc. ¿Qué tipo de programas son mayoría? ¿Por qué?

c La telenovela colombiana *Betty, la fea* fue adaptada en muchos países. Entre ellos, China, India, Polonia y Turquía. Busca un capítulo de una de estas versiones y compáralo con uno de la telenovela original.

¿Estás de acuerdo con que las telenovelas presenten temas de actualidad o polémicos? ¿Por qué?

*M*uchos artistas latinos han comenzado su carrera en las telenovelas. Entre ellos, Mark Indelicato, famoso por su papel de Justin Suarez en *Ugly Betty*, cuando solo tenía doce años.

Mark Indelicato

GLOSARIO

las burlas – teasing

el espectador – viewer

el galán – leading man

ha protagonizado – has starred in

pese a – despite

polémico – controversial

se entusiasmó – she was excited

se remonta – it dates

Fuentes: *Telenovela: industria y prácticas sociales*, Deutsche Welle, Telemundo, Televisa.

VOCES LATINAS

Las telenovelas en Argentina

EN RESUMEN

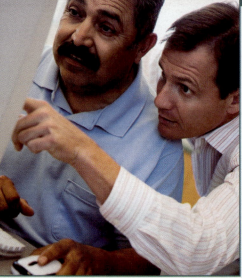

Situación

Atención al cliente

Your friend and you are volunteering at a community center offering services to mostly Spanish-speaking residents. The center is relying on your knowledge of Spanish to address the needs of the community in areas ranging from technology to tutoring.

LEARNING OUTCOMES

ACTION

Relay what another person said	**18.1** El director del centro ha dejado por escrito una serie de instrucciones para los estudiantes. Léelas y transmíteselas a tu compañero/a en una nota. Estimados estudiantes: Con el comienzo del nuevo trimestre se han cambiado algunas normas en el centro para mejorar el funcionamiento de algunos servicios. Les ruego que, a partir de ahora, sigan estas instrucciones: - Durante la hora del almuerzo es necesario establecer una serie de turnos. Por favor, pasen por secretaría para inscribirse en el turno que más les convenga. - La sala multimedia estará disponible para los estudiantes de tres a cinco y media. Para poder utilizarla, deben notificarlo un día antes por correo electrónico a esta dirección: salamultimedia@edimail.com - Por último, se han establecido nuevos horarios de tutorías. Pueden consultarlos en el tablón de anuncios de las aulas.
Express probability in the past and present	**18.2** Recibes una llamada de un señor mayor que no entiende por qué no puede mandar su correo electrónico. Intenta averiguar qué ha hecho y ayúdale a solucionar el problema. Usa expresiones como: *seguramente, probablemente, quizás, a lo mejor, puede que, me parece que…* Trabaja con tu compañero/a. Hagan turnos para cambiar de rol.
Use formal letters to communicate	**18.3** Un compañero ha visto un anuncio en una página web de una escuela de cocina en Guanajuato. Ayúdale a escribir una carta formal en español a la secretaría de la escuela para pedir información. Usa los elementos aprendidos en esta unidad. El mensaje debe: – preguntar qué tipos de cursos ofrecen; – pedir información sobre horarios y precios; – preguntar qué debe hacer para matricularse.

COCINANDO.COM

INICIO   CONTACTO   SECRETOS   FAVORITAS   Buscar receta

LISTA DE VOCABULARIO

Cartas formales Formal letters

a continuación following
Cordialmente kind regards, best wishes
la despedida closing (of a letter)
el destinatario addressee, recipient of letter
la dirección address
las disculpas apologies
Distinguido/a señor/a Dear Sir/Madam
En espera de sus noticias. In anticipation of your response.
Estimado/a señor/a Dear Sir/Madam
la fecha date
la finalidad purpose
la firma signature
la molestia bother
el motivo subject, motive
Muy señor/a mío/a Dear Sir/Madam
la queja complaint
el remitente sender (of a letter)
Se despide atentamente Sincerely yours
Un cordial saludo kind regards
Un saludo greeting

Telecomunicaciones Telecommunications

el aparato mechanical device
la arroba at, @
la bandeja de entrada inbox
la bandeja de salida outbox
la barra slash
la batería battery
el borrador draft
el calendario calendar
el cargador charger
la carpeta de búsqueda search folder
el celular mobile phone
los contactos contact list
el correo no deseado spam / junk mail
el diario diary
dos puntos colon
los elementos eliminados deleted items
los elementos enviados sent ítems
el guion hyphen
el guion bajo underscore
las notas notes
la pantalla táctil touch screen
punto com dot com
la señal signal
tener cobertura to have coverage
la triple doble ve www

Verbos Verbs

aconsejar to advise
cargar el teléfono to charge the phone
comentar to comment
confesar (e>ie) to confess
cortar to cut, drop (as in a call)
durar to last
enviar mensajes to send messages
enviar un e-mail to send an e-mail
hacer clic to click
ordenar to order
recibir llamadas to receive calls
recomendar (e>ie) to recommend
sugerir (e>ie) to suggest
suponer to suppose

Expresiones de hipótesis Expressions to make hypothesis

a lo mejor maybe
es probable que it's possible that
igual maybe
lo mismo maybe
Para mí que / Yo diría que I would say
posiblemente possibly
probablemente probably
puede (ser) que it can be that
quizás perhaps, maybe
seguramente surely
tal vez maybe

TABLA DE VERBOS

PRESENT INDICATIVE OF REGULAR VERBS

–AR CANTAR	–ER COMER	–IR VIVIR
canto	como	vivo
cantas	comes	vives
canta	come	vive
cantamos	comemos	vivimos
cantáis	coméis	vivís
cantan	comen	viven

PRESENT TENSE OF REGULAR REFLEXIVE VERBS

BAÑARSE	DUCHARSE	LAVARSE	LEVANTARSE	PEINARSE
me baño	me ducho	me lavo	me levanto	me peino
te bañas	te duchas	te lavas	te levantas	te peinas
se baña	se ducha	se lava	se levanta	se peina
nos bañamos	nos duchamos	nos lavamos	nos levantamos	nos peinamos
os bañáis	os ducháis	os laváis	os levantáis	os peináis
se bañan	se duchan	se lavan	se levantan	se peinan

PRESENT TENSE OF IRREGULAR REFLEXIVE VERBS

ACORDARSE	ACOSTARSE	DESPERTARSE	REÍRSE	VESTIRSE
me acuerdo	me acuesto	me despierto	me río	me visto
te acuerdas	te acuestas	te despiertas	te ríes	te vistes
se acuerda	se acuesta	se despierta	se ríe	se viste
nos acordamos	nos acostamos	nos despertamos	nos reímos	nos vestimos
os acordáis	os acostáis	os despertáis	os reís	os vestís
se acuerdan	se acuestan	se despiertan	se ríen	se visten

VERBS LIKE *GUSTAR*

DOLER	ENCANTAR	MOLESTAR	PARECER
me duele/duelen	me encanta/encantan	me molesta/molestan	me parece/parecen
te duele/duelen	te encanta/encantan	te molesta/molestan	te parece/parecen
le duele/duelen	le encanta/encantan	le molesta/molestan	le parece/parecen
nos duele/duelen	nos encanta/encantan	nos molesta/molestan	nos parece/parecen
os duele/duelen	os encanta/encantan	os molesta/molestan	os parece/parecen
les duele/duelen	les encanta/encantan	les molesta/molestan	les parece/parecen

IRREGULAR VERBS IN THE PRESENT INDICATIVE

CERRAR	COMENZAR	CONCLUIR	CONDUCIR
cierro	comienzo	concluyo	conduzco
cierras	comienzas	concluyes	conduces
cierra	comienza	concluye	conduce
cerramos	comenzamos	concluimos	conducimos
cerráis	comenzáis	concluís	conducís
cierran	comienzan	concluyen	conducen

CONOCER	CONSTRUIR	CONTRIBUIR	DAR
cono**zc**o	constru**y**o	contribu**y**o	**doy**
conoces	constru**y**es	contribu**y**es	das
conoce	constru**y**e	contribu**y**e	da
conocemos	construimos	contribuimos	damos
conocéis	construís	contribuís	dais
conocen	constru**y**en	contribu**y**en	dan

DECIR	DESTRUIR	DORMIR	EMPEZAR
digo	destru**y**o	d**ue**rmo	emp**ie**zo
d**i**ces	destru**y**es	d**ue**rmes	emp**ie**zas
d**i**ce	destru**y**e	d**ue**rme	emp**ie**za
decimos	destruimos	dormimos	empezamos
decís	destruís	dormís	empezáis
d**i**cen	destru**y**en	d**ue**rmen	emp**ie**zan

ENCONTRAR	ENTENDER	ESTAR	HACER
enc**ue**ntro	ent**ie**ndo	**estoy**	**hago**
enc**ue**ntras	ent**ie**ndes	**estás**	haces
enc**ue**ntra	ent**ie**nde	**está**	hace
encontramos	entendemos	**estamos**	hacemos
encontráis	entendéis	**estáis**	hacéis
enc**ue**ntran	ent**ie**nden	**están**	hacen

HUIR	IR	JUGAR	MERENDAR
hu**y**o	**voy**	j**ue**go	mer**ie**ndo
hu**y**es	**vas**	j**ue**gas	mer**ie**ndas
hu**y**e	**va**	j**ue**ga	mer**ie**nda
huimos	**vamos**	jugamos	merendamos
huis	**vais**	jugáis	merendáis
hu**y**en	**van**	j**ue**gan	mer**ie**ndan

OÍR	PEDIR	PENSAR	PERDER
oigo	p**i**do	p**ie**nso	p**ie**rdo
o**y**es	p**i**des	p**ie**nsas	p**ie**rdes
o**y**e	p**i**de	p**ie**nsa	p**ie**rde
oímos	pedimos	pensamos	perdemos
oís	pedís	pensáis	perdéis
o**y**en	p**i**den	p**ie**nsan	p**ie**rden

PODER	PONER	PROTEGER	QUERER
p**ue**do	**pongo**	prote**j**o	qu**ie**ro
p**ue**des	pones	proteges	qu**ie**res
p**ue**de	pone	protege	qu**ie**re
podemos	ponemos	protegemos	queremos
podéis	ponéis	protegéis	queréis
p**ue**den	ponen	protegen	qu**ie**ren

RECORDAR	SABER	SALIR	SER
rec**ue**rdo	**sé**	**salgo**	**soy**
rec**ue**rdas	sabes	sales	**eres**
rec**ue**rda	sabe	sale	**es**
recordamos	sabemos	salimos	**somos**
recordáis	sabéis	salís	**sois**
rec**ue**rdan	saben	salen	**son**

SERVIR	SOÑAR	TENER	TRADUCIR
s**i**rvo	s**ue**ño	**tengo**	tradu**zc**o
s**i**rves	s**ue**ñas	t**ie**nes	traduces
s**i**rve	s**ue**ña	t**ie**ne	traduce
servimos	soñamos	tenemos	traducimos
servís	soñáis	tenéis	traducís
s**i**rven	s**ue**ñan	t**ie**nen	traducen

TRAER	VENIR	VER	VOLVER
traigo	**vengo**	**veo**	v**ue**lvo
traes	v**ie**nes	ves	v**ue**lves
trae	v**ie**ne	ve	v**ue**lve
traemos	venimos	vemos	volvemos
traéis	venís	veis	volvéis
traen	v**ie**nen	ven	v**ue**lven

PRETERIT

Regular verbs

-AR CANTAR	-ER COMER	-IR VIVIR
cant**é**	com**í**	viv**í**
cant**aste**	com**iste**	viv**iste**
cant**ó**	com**ió**	viv**ió**
cant**amos**	com**imos**	viv**imos**
cant**asteis**	com**isteis**	viv**isteis**
cant**aron**	com**ieron**	viv**ieron**

Irregular verbs

ANDAR	CAER	COMENZAR	CONCLUIR
anduve	caí	comen**c**é	concluí
anduviste	caíste	comenzaste	concluiste
anduvo	ca**yó**	comenzó	conclu**yó**
anduvimos	caímos	comenzamos	concluimos
anduvisteis	caísteis	comenzasteis	concluisteis
anduvieron	ca**yeron**	comenzaron	conclu**yeron**

CONSTRUIR	CONTRIBUIR	DAR	DECIR
construí	contribuí	**di**	**dije**
construiste	contribuiste	**diste**	**dijiste**
constru**yó**	contribu**yó**	**dio**	**dijo**
construimos	contribuimos	**dimos**	**dijimos**
construisteis	contribuisteis	**disteis**	**dijisteis**
constru**yeron**	contribu**yeron**	**dieron**	**dijeron**

DESTRUIR	DORMIR	ELEGIR	EMPEZAR
destruí	dormí	elegí	empe**c**é
destruiste	dormiste	elegiste	empezaste
destru**yó**	d**u**rmió	el**i**gió	empezó
destruimos	dormimos	elegimos	empezamos
destruisteis	dormisteis	elegisteis	empezasteis
destru**yeron**	d**u**rmieron	el**i**gieron	empezaron

ESTAR	HABER	HACER	IR
estuve	**hubo**	**hice**	**fui**
estuviste		**hiciste**	**fuiste**
estuvo		**hizo**	**fue**
estuvimos		**hicimos**	**fuimos**
estuvisteis		**hicisteis**	**fuisteis**
estuvieron		**hicieron**	**fueron**

JUGAR	LEER	MEDIR	MORIR
ju**gu**é	leí	medí	morí
jugaste	leíste	mediste	moriste
jugó	le**yó**	m**i**dió	m**u**rió
jugamos	leímos	medimos	morimos
jugasteis	leísteis	medisteis	moristeis
jugaron	le**yeron**	m**i**dieron	m**u**rieron

OÍR	PEDIR	PESCAR	PODER
oí	pedí	pes**qu**é	**pude**
oíste	pediste	pescaste	**pudiste**
o**yó**	p**i**dió	pescó	**pudo**
oímos	pedimos	pescamos	**pudimos**
oísteis	pedisteis	pescasteis	**pudisteis**
o**yeron**	p**i**dieron	pescaron	**pudieron**

PONER	QUERER	SABER	SER
puse	**quise**	**supe**	**fui**
pusiste	**quisiste**	**supiste**	**fuiste**
puso	**quiso**	**supo**	**fue**
pusimos	**quisimos**	**supimos**	**fuimos**
pusisteis	**quisisteis**	**supisteis**	**fuisteis**
pusieron	**quisieron**	**supieron**	**fueron**

SERVIR	SONREÍR	TENER	TRADUCIR
serví	sonreí	**tuve**	**traduje**
serviste	sonreíste	**tuviste**	**tradujiste**
s**i**rvió	sonr**i**ó	**tuvo**	**tradujo**
servimos	sonreímos	**tuvimos**	**tradujimos**
servisteis	sonreísteis	**tuvisteis**	**tradujisteis**
s**i**rvieron	sonr**i**eron	**tuvieron**	**tradujeron**

TRAER	VENIR	VER
traje	**vine**	**vi**
trajiste	**viniste**	**viste**
trajo	**vino**	**vio**
trajimos	**vinimos**	**vimos**
trajisteis	**vinisteis**	**visteis**
trajeron	**vinieron**	**vieron**

IMPERFECT

Regular verbs

-AR CANTAR	-ER COMER	-IR VIVIR
cant**aba**	com**ía**	viv**ía**
cant**abas**	com**ías**	viv**ías**
cant**aba**	com**ía**	viv**ía**
cant**ábamos**	com**íamos**	viv**íamos**
cant**abais**	com**íais**	viv**íais**
cant**aban**	com**ían**	viv**ían**

Irregular verbs

SER	IR	VER
era	**iba**	**veía**
eras	**ibas**	**veías**
era	**iba**	**veía**
éramos	**íbamos**	**veíamos**
erais	**ibais**	**veíais**
eran	**iban**	**veían**

PRESENT PERFECT

Regular verbs

-AR CANTAR	-ER COMER	-IR VIVIR
he cant**ado**	he com**ido**	he viv**ido**
has cant**ado**	has com**ido**	has viv**ido**
ha cant**ado**	ha com**ido**	ha viv**ido**
hemos cant**ado**	hemos com**ido**	hemos viv**ido**
habéis cant**ado**	habéis com**ido**	habéis viv**ido**
han cant**ado**	han com**ido**	han viv**ido**

Irregular past participles

abrir ▶ **abierto**		freír ▶ **frito**		resolver ▶ **resuelto**	
absolver ▶ **absuelto**		hacer ▶ **hecho**		revolver ▶ **revuelto**	
cubrir ▶ **cubierto**		imprimir ▶ **impreso**		romper ▶ **roto**	
decir ▶ **dicho**		morir ▶ **muerto**		ver ▶ **visto**	
escribir ▶ **escrito**		poner ▶ **puesto**		volver ▶ **vuelto**	

AFFIRMATIVE AND NEGATIVE COMMANDS

Regular verbs

CANTAR	COMER	VIVIR
canta / no cant**es**	come / no com**as**	vive / no viv**as**
(no) cant**e**	(no) com**a**	(no) viv**a**
(no) cant**en**	(no) com**an**	(no) viv**an**

Irregular verbs

CAER	CONDUCIR	CONOCER	CONSTRUIR	CONTAR
cae / no **caigas**	conduce / no condu**zc**a	conoce / no cono**zc**as	constru**y**e / no constru**y**as	c**ue**nta / no c**ue**ntes
(no) **caiga**	(no) condu**zc**a	(no) cono**zc**a	(no) constru**y**a	(no) c**ue**nte
(no) **caigan**	(no) condu**zc**an	(no) cono**zc**an	(no) constru**y**an	(no) c**ue**nten

DECIR	DORMIR	ELEGIR	EMPEZAR	HACER
di / no **digas**	d**ue**rme / no d**ue**rmas	el**i**ge / no el**ij**as	emp**ie**za / no emp**iec**es	**haz** / no **hagas**
(no) **diga**	(no) d**ue**rma	(no) el**ij**a	(no) emp**iec**e	(no) **haga**
(no) **digan**	(no) d**ue**rman	(no) el**ij**an	(no) emp**iec**en	(no) **hagan**

HUIR	IR	JUGAR	LLEGAR	OÍR
hu**y**e / no hu**y**as	**ve** / no **vayas**	j**ue**ga / no j**uegu**es	llega / no lle**gu**es	**oye** / no **oigas**
(no) hu**y**a	(no) **vaya**	(no) j**uegu**e	(no) lle**gu**e	(no) **oiga**
(no) hu**y**an	(no) **vayan**	(no) j**uegu**en	(no) lle**gu**en	(no) **oigan**

PEDIR	PENSAR	PONER	SABER	SALIR
p**i**de / no p**i**das	p**ie**nsa / no p**ie**nses	**pon** / no **pongas**	sabe / no **sepas**	**sal** / no **salgas**
(no) p**i**da	(no) p**ie**nse	(no) **ponga**	(no) **sepa**	(no) **salga**
(no) p**i**dan	(no) p**ie**nsen	(no) **pongan**	(no) **sepan**	(no) **salgan**

SER	TENER	VENIR	VESTIR	VOLVER
sé / no **seas**	**ten** / no **tengas**	**ven** / no **vengas**	v**i**ste / no v**i**stas	v**ue**lve / no v**ue**lvas
(no) **sea**	(no) **tenga**	(no) **venga**	(no) v**i**sta	(no) v**ue**lva
(no) **sean**	(no) **tengan**	(no) **vengan**	(no) v**i**stan	(no) v**ue**lvan

FUTURE TENSE

Regular verbs

CANTAR	COMER	VIVIR
cantaré	comeré	viviré
cantarás	comerás	vivirás
cantará	comerá	vivirá
cantaremos	comeremos	viviremos
cantaréis	comeréis	viviréis
cantarán	comerán	vivirán

Irregular verbs

CABER	DECIR	HABER	HACER
cabré	diré	habré	haré
cabrás	dirás	habrás	harás
cabrá	dirá	habrá	hará
cabremos	diremos	habremos	haremos
cabréis	diréis	habréis	haréis
cabrán	dirán	habrán	harán

PODER	PONER	QUERER	SABER
podré	pondré	querré	sabré
podrás	pondrás	querrás	sabrás
podrá	pondrá	querrá	sabrá
podremos	pondremos	querremos	sabremos
podréis	pondréis	querréis	sabréis
podrán	pondrán	querrán	sabrán

SALIR	TENER	VALER	VENIR
saldré	tendré	valdré	vendré
saldrás	tendrás	valdrás	vendrás
saldrá	tendrá	valdrá	vendrá
saldremos	tendremos	valdremos	vendremos
saldréis	tendréis	valdréis	vendréis
saldrán	tendrán	valdrán	vendrán

PLUPERFECT (Past perfect)

había		
habías		
había	–**ado** (–ar verbs)	cant**ado**
habíamos	–**ido** (–er / ir verbs)	com**ido**
habíais		viv**ido**
habían		

Irregular past participles

abrir	▶	**abierto**	escribir	▶	**escrito**
hacer	▶	**hecho**	ver	▶	**visto**
decir	▶	**dicho**	poner	▶	**puesto**
romper	▶	**roto**	volver	▶	**vuelto**

CONDITIONAL

Regular verbs

HABLAR	COMER	ESCRIBIR
hablaría	comería	escribiría
hablarías	comerías	escribirías
hablaría	comería	escribiría
hablaríamos	comeríamos	escribiríamos
hablaríais	comeríais	escribiríais
hablarían	comerían	escribirían

Irregular verbs

caber ▶ **cabr–**	tener ▶ **tendr–**	hacer ▶ **har–**		–**ía**
haber ▶ **habr–**	poder ▶ **podr–**	decir ▶ **dir–**		–**ías**
saber ▶ **sabr–**	poner ▶ **pondr–**			–**ía**
querer ▶ **querr–**	venir ▶ **vendr–**		+	–**íamos**
	salir ▶ **saldr–**			–**íais**
	valer ▶ **valdr–**			–**ían**

PRESENT SUBJUNCTIVE

Regular verbs

HABLAR	COMER	ESCRIBIR
habl**e**	com**a**	escrib**a**
habl**es**	com**as**	escrib**as**
habl**e**	com**a**	escrib**a**
habl**emos**	com**amos**	escrib**amos**
habl**éis**	com**áis**	escrib**áis**
habl**en**	com**an**	escrib**an**

Irregular verbs

Stem-changing verbs

QUERER	VOLVER	JUGAR	PEDIR
e ▶ ie	o ▶ ue	u ▶ ue	e ▶ i
			(en todas las personas)
qu**ie**ra	v**ue**lva	j**ue**gue	p**i**da
qu**ie**ras	v**ue**lvas	j**ue**gues	p**i**das
qu**ie**ra	v**ue**lva	j**ue**gue	p**i**da
queramos	volvamos	juguemos	p**i**damos
queráis	volváis	juguéis	p**i**dáis
qu**ie**ran	v**ue**lvan	j**ue**guen	p**i**dan

>> The verbs **dormir** and **morir** have two stem changes in the present subjunctive: **o ▶ ue** and **o ▶ u**:
  – d**ue**rma, d**ue**rmas, d**ue**rma, d**u**rmamos, d**u**rmáis, d**ue**rman
  – m**ue**ra, m**ue**ras, m**ue**ra, m**u**ramos, m**u**ráis, m**ue**ran

Verbs with irregular **yo** forms in the present tense

poner	▶ **pong–**	traer	▶ **traig–**	–a	
tener	▶ **teng–**	hacer	▶ **hag–**	–as	
salir	▶ **salg–**	caer	▶ **caig–**	–a	
venir	▶ **veng–**	construir	▶ **construy–**	–amos	
decir	▶ **dig–**	conocer	▶ **conozc–**	–áis	
				–an	

Verbs that are completely irregular

HABER	IR	SABER	ESTAR	SER	VER	DAR
haya	**vaya**	**sepa**	**esté**	**sea**	**vea**	**dé**
hayas	**vayas**	**sepas**	**estés**	**seas**	**veas**	**des**
haya	**vaya**	**sepa**	**esté**	**sea**	**vea**	**dé**
hayamos	**vayamos**	**sepamos**	**estemos**	**seamos**	**veamos**	**demos**
hayáis	**vayáis**	**sepáis**	**estéis**	**seáis**	**veáis**	**deis**
hayan	**vayan**	**sepan**	**estén**	**sean**	**vean**	**den**

Other verbs with irregular forms in the subjunctive

e ▶ ie (except in the **nosotros** and **vosotros** forms)

cerrar	▶ c**ie**rre	encender	▶ enc**ie**nda	mentir	▶ m**ie**nta
comenzar	▶ com**ie**nce	encerrar	▶ enc**ie**rre	querer	▶ qu**ie**ra
despertarse	▶ se desp**ie**rte	entender	▶ ent**ie**nda	recomendar	▶ recom**ie**nde
divertirse	▶ se div**ie**rta	gobernar	▶ gob**ie**rne	sentarse	▶ se s**ie**nte
empezar	▶ emp**ie**ce	manifestar	▶ manif**ie**ste	sentir	▶ s**ie**nta

o ▶ ue (except in the **nosotros** and **vosotros** forms)

acordarse	▶ se ac**ue**rde	rogar	▶ r**ue**gue
acostarse	▶ se ac**ue**ste	soler	▶ s**ue**la
contar	▶ c**ue**nte	sonar	▶ s**ue**ne
llover	▶ ll**ue**va	soñar	▶ s**ue**ñe
probar	▶ pr**ue**be	volar	▶ v**ue**le
resolver	▶ res**ue**lva	volver	▶ v**ue**lva

e ▶ i (en todas las personas)

competir	▶ comp**i**ta
despedir	▶ desp**i**da
despedirse	▶ se desp**i**da
impedir	▶ imp**i**da
medir	▶ m**i**da
repetir	▶ rep**i**ta

IMPERFECT SUBJUNCTIVE

Regular verbs

PRACTICAR	BEBER	SALIR
practic**ara**	beb**iera**	sal**iera**
practic**aras**	beb**ieras**	sal**ieras**
practic**ara**	beb**iera**	sal**iera**
practic**áramos**	beb**iéramos**	sal**iéramos**
practic**arais**	beb**ierais**	sal**ierais**
practic**aran**	beb**ieran**	sal**ieran**

Irregular verbs

INFINITIVO	PRETERIT	IMPERFECT SUBJUNCTIVE
poner	**pusieron**	**pusiera**
dormir	**durmieron**	**durmiera**
conducir	**condujeron**	**condujera**
pedir	**pidieron**	**pidiera**
querer	**quisieron**	**quisiera**
hacer	**hicieron**	**hiciera**
poder	**pudieron**	**pudiera**
tener	**tuvieron**	**tuviera**
oír	**oyeron**	**oyera**
construir	**construyeron**	**construyera**
ser / ir	**fueron**	**fuera**
estar	**estuvieron**	**estuviera**
haber	**hubieron**	**hubiera**

RESUMEN GRAMATICAL

NUMBERS (100-999)

100	cien	400	cuatrocientos	700	setecientos
101	ciento uno	415	cuatrocientos quince	720	setecientos veinte
200	doscientos	500	quinientos	800	ochocientos
202	doscientos dos	526	quinientos veintiséis	897	ochocientos noventa y siete
300	trescientos	600	seiscientos	899	ochocientos noventa y nueve
303	trescientos tres	669	seiscientos sesenta y nueve	900	novecientos

SER AND *ESTAR*

» Use the verb **ser** to talk about:

– what a person or a thing is:
*Madrid **es** una ciudad.*

– physical characteristics:
*Isaac **es** guapísimo.*

– what an object is made of:
*La mesa **es** de madera.*

– what a person or an object is like:
*Carmen **es** muy simpática.*

– someone's nationality:
*Carlo **es** italiano.*

– what time it is:
***Son** las tres de la tarde.*

– someone's profession:
*Francisco **es** profesor.*

» Use the verb **estar** to talk about:

– where a person or an object is located:
*Javi no **está** en casa.*
*La Puerta del Sol **está** en Madrid.*
*Mi casa **está** lejos de la escuela.*

– temporary situations or conditions:
*Laura **está** enferma.*
*Luis **está** muy triste.*
*La biblioteca **está** cerrada los fines de semana.*

» Some adjectives in Spanish change meaning when used with **ser** or **estar**.

ADJECTIVE	SER	ESTAR
aburrido/a	*Ese libro es aburrido.* *That book is boring.*	*Estoy aburrido.* *I am bored.*
abierto/a	*Soy una persona abierta.* *I am a sincere, candid person.*	*La tienda está abierta.* *The store is open.*
listo/a	*¡Qué listo eres!* *You are so smart!*	*Ya estoy listo, vámonos.* *I'm ready, let's go.*
malo/a	*Ese gato no es malo.* *That cat is not bad/evil.*	*Ese gato está malo.* *That cat is sick.*
rico/a	*Carlos Slim tiene mucho dinero, es muy rico.* *Carlos Slim has a lot of money. He's very rich.*	*¡Las arepas que preparaste están muy ricas!* *The arepas you prepared taste great!*

PRESENT PROGRESSIVE TENSE

» Use **estar** + present participle to express an action in progress or the continuity of an action.
To form the present participle:

Verbs in **–ar** ▶ **–ando**		trabaj-ar ▶ trabaj**ando**
Verbs in **–er** / **–ir** ▶ **–iendo**		corr-er ▶ corr**iendo**
		escrib-ir ▶ escrib**iendo**

Irregular present participles:

dormir ▶ **durmiendo**   leer ▶ **leyendo**   oí ▶ **oyendo**   pedir ▶ **pidiendo**

INFORMAL COMMANDS

» Use the imperative verb form for **tú** when you want to give a command, to tell someone to do something, or to give advice and suggestions.

» To form the affirmative **tú** command, drop the **–s** from the present-tense form of **tú**.

INFINITIVE	AFFIRMATIVE *TÚ* COMMANDS	
habl**ar**	**habla**	▶ *Habla más lentamente. Speak more slowly.*
com**er**	**come**	▶ *Come despacio. Eat slowly.*
escrib**ir**	**escribe**	▶ *Escribe la carta. Write the letter.*
empezar (e ▶ ie)	**empieza**	▶ *Empieza la tarea. Start the homework.*
dormir (o ▶ ue)	**duerme**	▶ *Duerme bien. Sleep well.*
seguir (e ▶ i)	**sigue**	▶ *Sigue las direcciones. Follow the directions.*

» The following verbs have irregular **tú** commands in the affirmative:

Infinitive	oír	tener	venir	salir	ser	poner	hacer	decir	ir
Imperative	**oye**	**ten**	**ven**	**sal**	**sé**	**pon**	**haz**	**di**	**ve**

POR QUÉ / PORQUE

» Use **por qué** to ask the question why:

- *¿**Por qué** estudias español?*

» Use **porque** to answer and explain why:

- *(Estudio español) **porque** me gusta mucho.*

IMPERFECT

» Regular verbs:

	-AR	-ER	-IR
	HABLAR	**COMER**	**VIVIR**
yo	habl**aba**	com**ía**	viv**ía**
tú	habl**abas**	com**ías**	viv**ías**
usted/él/ella	habl**aba**	com**ía**	viv**ía**
nosotros/as	habl**ábamos**	com**íamos**	viv**íamos**
vosotros/as	habl**abais**	com**íais**	viv**íais**
ustedes/ellos/ellas	habl**aban**	com**ían**	viv**ían**

» Irregular verbs:

	SER	**VER**	**IR**
yo	**era**	**veía**	**iba**
tú	**eras**	**veías**	**ibas**
usted/él/ella	**era**	**veía**	**iba**
nosotros/as	**éramos**	**veíamos**	**íbamos**
vosotros/as	**erais**	**veíais**	**ibais**
ustedes/ellos/ellas	**eran**	**veían**	**iban**

» Use the imperfect tense for the following:
  – To refer to actions in the past that occurred repeatedly.
    *Antes **salíamos** todos los fines de semana.*
  – To describe people or circumstances in the past.
    *Mi abuelo **era** muy trabajador.*
  – To "set the stage" for an event that occurred in the past.
    *Aquella tarde yo **estaba leyendo** en el parque cuando empezó a llover.*

» The imperfect form of **hay** is **había**.

» The imperfect is often used with the following time expressions:
  Antes *me gustaba mucho el chocolate, ahora no.*   **Entonces** *la vida en España era diferente.*
  De pequeño / De joven *jugaba mucho con mis amigos.*   **Cuando** *estudiaba en la universidad, no salía mucho.*

UNIDAD **12**

SUPERLATIVE

» The **superlative** is used to express most and least as degrees of comparison among three or more people or things.

el/la/los/las	+	noun / ø	+	**más** / **menos**	+	adjective	+	**de** + noun / **que** + verb

*Mis sobrinas son **las** niñas **más** guapas **de** la familia.*   *Este camino es **el menos** conocido **de** la zona.*
*Este restaurante es **el más** caro **de** la ciudad.*   *Eres **la** persona **más** curiosa **que** conozco.*

» To express the idea of extremely, add **–ísimo/a/os/as** to the adjective.

Adjetivo masculino singular Adverbio	**+ ísimo/a/os/as**

EXPANSIÓN GRAMATICAL

» Rules for adding to adjectives and adverbs:

Adjectives and adverbs ending in a vowel	▶	Drop the vowel and add: **–ísimo** *último* ▶ *ultimísimo* *grande* ▶ *grandísimo*
Adjectives and adverbs ending in a consonant	▶	Add: **–ísimo** *fácil* ▶ *facilísimo* *difícil* ▶ *dificilísimo*
Adverbs ending in –mente	▶	Add **–ísimo** to the adjective and then add **–mente**: *rápidamente* ▶ *rapid* ▶ *rapidísimamente*

» Irregular forms:

bueno / bien	▶	**óptimo/a**	grande	▶	**máximo/a**	alto	▶	**supremo/a**
malo / mal	▶	**pésimo/a**	pequeño	▶	**mínimo/a**	bajo	▶	**ínfimo/a**

*Creo que es una solución **pésima**.*
*En estos casos, el director tiene la **máxima** responsabilidad.*
*En realidad es de una calidad **ínfima**, por eso no me gusta.*

PRESENT PERFECT

» The present perfect is formed with the present tense of **haber** and the past participle of the main verb.

yo	**he**
tú	**has**
usted/él/ella	**ha**
nosotros/as	**hemos**
vosotros/as	**habéis**
ustedes/ellos/ellas	**han**

visit**ado** (–ar verbs)
com**ido** (–er verbs)
viv**ido** (–ir verbs)

Irregular past participles			
morir	▶ **muerto**	escribir ▶	**escrito**
abrir	▶ **abierto**	ver	▶ **visto**
poner	▶ **puesto**	hacer	▶ **hecho**
decir	▶ **dicho**	volver	▶ **vuelto**
romper	▶ **roto**		

» Use the present perfect to talk about actions that have taken place in the past but are connected with the present.

*Esta semana **he tenido** que estudiar mucho.*   *Este año **he ido** a la playa.*

» The present perfect is often used with the following time expressions:
- **este** fin de semana / mes / verano / año…
- **esta** mañana / tarde / semana…
- **estas** navidades / semanas…
- **estos** días / meses…

- **hace** un rato / un momento / diez minutos…
- **ya**…
- **todavía no**…

DIRECT AND INDIRECT OBJECT PRONOUNS

	Direct object pronouns	Indirect object pronouns
yo	me	me
tú	te	te
usted/él/ella	lo/la	le (se)
nosotros/as	nos	nos
vosotros/as	os	os
ustedes/ellos/ellas	los/las	les (se)

*He agarrado las llaves y **las** he metido en el bolso.*
__Le__ he dicho a Javier la verdad.

>> When two object pronouns are used in a sentence, the order is always: indirect object + direct object.

- *¿Dónde me has dejado mi libro? Where did you leave me my book?*
- *__Te lo__ he dejado encima de la mesa.*
  a ti el libro

>> When **le/les** comes before **lo/la/los/las**, it changes to **se**:

le/les + lo/la/lo/las = **se** + lo/la/lo/las

(El libro, a él) ~~*Le lo*~~ *he dejado encima de la mesa.* ▸ *__Se lo__ he dejado encima de la mesa.*

>> Object pronouns are placed before the conjugated verb.
  __Me lo__ ha contado Carolina.

>> Object pronouns are attached to commands, infinitives, and present participles.
  Cuénta__melo__.
  Va a contár__melo__.
  Está contándo__melo__.

INDEFINITE PRONOUNS

People	Things	People and things
alguien	algo	alguno/a/os/as
nadie	nada	ninguno/a

- *¿__Alguien__ ha visto mi libro?*
- *No, __nadie__.*

- *¿Quieres __algo__ de comer?*
- *No quiero __nada__, gracias.*

- *¿__Algún__ muchacho es de Francia?*
- *__Ninguno__. Pero __algunos__ de mis amigos hablan francés.*

INDEFINITE ADJECTIVES

People and things
algún/alguna/os/as
ningún/ninguna

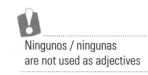
Ningunos / ningunas
are not used as adjectives

- *No hay __ningún__ muchacho de Francia.*
- *Tengo __algunos__ libros que te van a gustar.*

CONTRAST OF THE IMPERFECT AND THE PRETERIT

THE IMPERFECT

» Use the imperfect to describe ongoing or habitual actions in the past.

*Aquel día **llovía** mucho.*
*Antes yo siempre **iba** a la playa de vacaciones.*

» The imperfect is often used with the following time expressions:

- **todos los** días / años / veranos…
- **antes**
- **siempre**
- **a menudo**
- **muchas veces**
- **a veces**

***Todos los veranos** íbamos de camping.*
***Antes** era más común escribir cartas.*

THE PRETERIT

» Use the preterit to talk about specific actions that began and ended at a fixed point in the past.

*Ayer **fui** en bici a clase.*
*El año pasado **fui** de vacaciones a Ibiza.*

» The preterit is often used with the following time expressions:

- la semana / primavera… **pasada**
- el fin de semana / año / mes… **pasado**
- **hace** tres días / dos años…
- **ayer** / **anoche** / **el otro día**…
- **en** verano / otoño / 1980…
- **una vez**…

***Ayer** vimos una peli muy buena.*
***El otro día** no fui a clase.*
***En marzo** viajé a Bélgica.*

USING THE PRETERIT, IMPERFECT, AND PRESENT PERFECT

PRETERIT

» Use the preterit tense to **talk about specific actions** that began and ended at a fixed point in the past.

*Ayer **fui** en bici a clase.*
*El año pasado **fui** de vacaciones a Ibiza.*

IMPERFECT

» Use the imperfect to **describe** ongoing or habitual actions in the past.

*Aquel día **llovía** mucho.*
*Antes yo siempre **iba** a la playa de vacaciones.*

PRESENT PERFECT

» Use the present perfect **to say** what a person **has done**. You generally use it in the same way you use its English equivalent.

*Últimamente **he tenido** que estudiar mucho.*   *Este año **he ido** a Ibiza.*

SOLER + INFINITIVE

» Use **soler** + infinitive to talk about habitual actions and what people tend to do.

*Yo **suelo** ir en autobús al instituto, pero a veces, cuando hace calor, voy en bici. (present)*
*Antes **solía** comer en el instituto, pero ahora como en casa de mis abuelos. (imperfect)*

THE FUTURE TENSE

» Regular verbs:

	-AR VIAJAR	**-ER** COMER	**-IR** VIVIR
yo	viajar**é**	comer**é**	vivir**é**
tú	viajar**ás**	comer**ás**	vivir**ás**
usted/él/ella	viajar**á**	comer**á**	vivir**á**
nosotros/as	viajar**emos**	comer**emos**	vivir**emos**
vosotros/as	viajar**éis**	comer**éis**	vivir**éis**
ustedes/ellos/ellas	viajar**án**	comer**án**	vivir**án**

» Irregular verbs:

poder ▶ **podr–**	tener ▶ **tendr–**	hacer ▶ **har–**	–**é**
salir ▶ **saldr–**	poner ▶ **pondr–**	decir ▶ **dir–**	–**ás**
caber ▶ **cabr–**	venir ▶ **vendr–**		–**á**
haber ▶ **habr–**	valer ▶ **valdr–**		–**emos**
saber ▶ **sabr–**			–**éis**
querer ▶ **querr–**			–**án**

» The future is often used with the following temporal expressions:
– El año / mes / la semana / primavera **que viene**
– **Dentro de** dos años / un rato / unos días
– **El/la próximo/a** semana / mes / año
– **Mañana / Pasado mañana**

SI + PRESENT + FUTURE

» To talk about future actions that will occur if a certain condition is met, use the following:
– **Si** + **present** + **future**
Si no llueve, iremos a la playa.

AFFIRMATIVE COMMANDS

» Affirmative commands are used to give an order, to invite, give advice, make recommendations, or give permission to someone.

» Verbs ending in –**ar** will use the –**e**/–**en** endings in **usted** and **ustedes** commands. Verbs ending in –**er**/–**ir** will use the –**a**/–**an** endings in **usted** and **ustedes** commands.

>> Regular verbs:

	COMPRAR	COMER	SUBIR
tú	compra	come	sube
usted	compre	coma	suba
ustedes	compren	coman	suban

>> Irregular verbs:

	DECIR	HACER	PONER	TENER
tú	di	haz	pon	ten
usted	diga	haga	ponga	tenga
ustedes	digan	hagan	pongan	tengan

AFFIRMATIVE COMMANDS + PRONOUNS

>> Direct, indirect, and reflexive pronouns are attached to affirmative commands to form one word.

Pon el queso en la nevera. ▶ *Ponlo*.
Dime el secreto. ▶ *Dímelo*.

EXPANSIÓN GRAMATICAL

>> Other irregular verbs:

	VENIR	IR	SER	SALIR
tú	ven	ve	sé	sal
usted	venga	vaya	sea	salga
ustedes	vengan	vayan	sean	salgan

>> Stem-changing verbs in the command form maintain their stem change:

	CERRAR E ▶ IE	DORMIR O ▶ UE	JUGAR U ▶ UE	PEDIR E ▶ I	CONSTRUIR I ▶ Y
tú	cierra	duerme	juega	pide	construye
usted	cierre	duerma	juegue	pida	construya
ustedes	cierren	duerman	jueguen	pidan	construyan

NEGATIVE COMMANDS

>> Negative commands are used to tell someone what not to do.

>> To form the negative commands:
 – For **usted/ustedes**, use the same form as the affirmative command.

(usted) compre ▶ **no compre**   (ustedes) compren ▶ **no compren**

 – For **tú**, add –**s** to the negative command of **usted**.

(usted) no compre ▶ (tú) **no compres**

>> Regular verbs:

	COMPRAR	**COMER**	**SUBIR**
tú	no compr**es**	no com**as**	no sub**as**
usted	no compr**e**	no com**a**	no sub**a**
ustedes	no compr**en**	no com**an**	no sub**an**

>> Irregular verbs:

	DECIR	**HACER**	**PONER**	**TENER**
tú	no **digas**	no **hagas**	no **pongas**	no **tengas**
usted	no **diga**	no **haga**	no **ponga**	no **tenga**
ustedes	no **digan**	no **hagan**	no **pongan**	no **tengan**

NEGATIVE COMMANDS + PRONOUNS

>> Direct, indirect, and reflexive pronouns are placed before negative commands.

> No **lo** pongas en la estantería.
> No **se lo** digas a nadie.

EXPANSIÓN GRAMATICAL

>> Other irregular verbs:

	VENIR	**IR**	**SER**	**SALIR**
tú	no **vengas**	no **vayas**	no **seas**	no **salgas**
usted	no **venga**	no **vaya**	no **sea**	no **salga**
ustedes	no **vengan**	no **vayan**	no **sean**	no **salgan**

>> Stem-changing verbs in the command form maintain their stem change:

	CERRAR E ▶ IE	**DORMIR** O ▶ UE	**JUGAR** U ▶ UE	**PEDIR** E ▶ I	**CONSTRUIR** I ▶ Y
tú	no c**ie**rres	no d**ue**rmas	no j**ue**gues	no p**i**das	no constru**y**as
usted	no c**ie**rre	no d**ue**rma	no j**ue**gue	no p**i**da	no constru**y**a
ustedes	no c**ie**rren	no d**ue**rman	no j**ue**guen	no p**i**dan	no constru**y**an

UNIDAD 16

PLUPERFECT (PAST PERFECT)

>> The pluperfect is formed with the imperfect of **haber** + past participle of the verb.

yo	**había**
tú	**habías**
usted/él/ella	**había**
nosotros/as	**habíamos**
vosotros/as	**habíais**
ustedes/ellos/ellas	**habían**

–**ado** (–ar verbs)
–**ido** (–er / –ir verbs)

lleg**ado**
com**ido**
viv**ido**

Irregular past participles			
abrir ▶ **abierto**	escribir ▶ **escrito**
hacer ▶ **hecho**	ver ▶ **visto**
decir ▶ **dicho**	poner ▶ **puesto**
romper ▶ **roto**	volver ▶ **vuelto**

» Uses:

– To talk about an action that ended before another past action. Note the use of **todavía** and **ya**:

*Cuando llegué al cine la película no **había comenzado** todavía / la película todavía no **había comenzado**.*
(Llegué al cine a las ocho menos cinco, la película comenzó a las ocho)
*Cuando llegué al cine la película **había comenzado** ya / la película ya **había comenzado**.*
(Llegué al cine a las ocho y cinco y la película comenzó a las ocho)

– To talk about an action that took place before another past action, but with a sense of immediacy:

*Le compré un juguete y al día siguiente ya lo **había roto**.*
*Para mi cumpleaños me regalaron una novela y a la semana siguiente ya la **había leído**.*

– To talk about an action that we had never done before. Note the use of **nunca** and **nunca antes**:

*Nunca / Nunca antes **había estado** aquí / No **había estado** aquí nunca / nunca antes.*
*Nunca / Nunca antes **habíamos viajado** en globo / No **habíamos viajado** en globo nunca / nunca antes.*

– To ask if a person had ever done something before. Note the use of **antes** and **alguna vez**:

*¿**Habías estado** en Madrid alguna vez / antes?*
*¿**Habías estado** alguna vez / antes en Madrid?*

CONDITIONAL TENSE

» Regular verbs:

	HABLAR	COMER	ESCRIBIR
yo	hablar**ía**	comer**ía**	escribir**ía**
tú	hablar**ías**	comer**ías**	escribir**ías**
usted/él/ella	hablar**ía**	comer**ía**	escribir**ía**
nosotros/as	hablar**íamos**	comer**íamos**	escribir**íamos**
vosotros/as	hablar**íais**	comer**íais**	escribir**íais**
ustedes/ellos/ellas	hablar**ían**	comer**ían**	escribir**ían**

» Irregular verbs:

caber ▶ **cabr**–	tener ▶ **tendr**–	hacer ▶ **har**–		**ía**
haber ▶ **habr**–	poder ▶ **podr**–	decir ▶ **dir**–		**ías**
saber ▶ **sabr**–	poner ▶ **pondr**–			**ía**
querer ▶ **querr**–	venir ▶ **vendr**–		+	**íamos**
	salir ▶ **saldr**–			**íais**
	valer ▶ **valdr**–			**ían**

» Uses:

– To **give advice** or recommendations:

*Yo / yo que tú / yo en tu lugar le **diría** la verdad, seguro que lo entiende.*
***Deberías** comer menos dulces, no son muy saludables.*
***Podrías** presentarte al casting para el programa de baile, lo haces muy bien.*

– To **ask for permission** and favors:

*¿Te **importaría** acercarme la chaqueta? Es que yo no alcanzo.*

– To express **probability** or **hypothesize** in the past:

***Tendría** veinte años cuando empezó a cantar.*

PRESENT SUBJUNCTIVE

» Regular verbs:

To form the present subjunctive, start with the **yo** form of the present indicative, drop the **o** and switch to the opposite endings. For **–ar** verbs use: **–e**, **–es**, **–e**, **–emos**, **–éis**, **–en**. For **–er / –ir** verbs use: **–a**, **–as**, **–a**, **–amos**, **–áis**, **–an**.

	HABLAR	COMER	ESCRIBIR
yo	habl**e**	com**a**	escrib**a**
tú	habl**es**	com**as**	escrib**as**
usted/él/ella	habl**e**	com**a**	escrib**a**
nosotros/as	habl**emos**	com**amos**	escrib**amos**
vosotros/as	habl**éis**	com**áis**	escrib**áis**
ustedes/ellos/ellas	habl**en**	com**an**	escrib**an**

» Irregular verbs:

Almost all verbs that are irregular in the present indicative will be irregular in the present subjunctive.

Stem-changing verbs

	QUERER	VOLVER	JUGAR	PEDIR
	E ▶ IE	O ▶ UE	U ▶ UE	E ▶ I (in all forms)
yo	qu**ie**ra	v**ue**lva	ju**e**gue	p**i**da
tú	qu**ie**ras	v**ue**lvas	ju**e**gues	p**i**das
usted/él/ella	qu**ie**ra	v**ue**lva	ju**e**gue	p**i**da
nosotros/as	queramos	volvamos	juguemos	p**i**damos
vosotros/as	queráis	volváis	juguéis	p**i**dáis
ustedes/ellos/ellas	qu**ie**ran	v**ue**lvan	ju**e**guen	p**i**dan

» The verbs **dormir** and **morir** have two stem changes in the present subjunctive: o ▶ ue and o ▶ u:

– d**ue**rma, d**ue**rmas, d**ue**rma, d**u**rmamos, d**u**rmáis, d**ue**rman.
– m**ue**ra, m**ue**ras, m**ue**ra, m**u**ramos, m**u**ráis, m**ue**ran.

Verbs with irregular *yo* forms

poner ▶ **pong**–	traer ▶ **traig**–	–a
tener ▶ **teng**–	hacer ▶ **hag**–	–as
salir ▶ **salg**–	caer ▶ **caig**–	–a
venir ▶ **veng**–	construir ▶ **construy**–	–amos
decir ▶ **dig**–	conocer ▶ **conozc**–	–áis
		–an

Verbs that are completely irregular

HABER	IR	SABER	ESTAR	SER	VER	DAR
haya	vaya	sepa	esté	sea	vea	dé
hayas	vayas	sepas	estés	seas	veas	des
haya	vaya	sepa	esté	sea	vea	dé
hayamos	vayamos	sepamos	estemos	seamos	veamos	demos
hayáis	vayáis	sepáis	estéis	seáis	veáis	deis
hayan	vayan	sepan	estén	sean	vean	den

» Uses:

– To express **wishes** or **desires**. If there is only one subject in the sentence, use an infinitive. If there are different subjects, use the subjunctive:

*(Yo) Quiero (yo) **hablar** contigo. / (Yo) Quiero que (nosotros) **hablemos**.*
*(Yo) Espero (yo) **verte** pronto. / (Yo) Espero que (nosotros) nos **veamos** pronto.*

– To express **purpose** or **goals in the future**. If there is only one subject in the sentence or a subject that is not specified, use an infinitive. If there are different subjects, use the subjunctive:

*He hecho una tortilla para **cenar**. / He hecho una tortilla para que **cenen** los niños.*

– To express **future actions** after **adverbial conjunctions**:

  ● *¿Cuándo volverá Ana?*
  ● *Cuando **salga** de trabajar.*

EXPANSIÓN GRAMATICAL

» Other verbs with irregular forms in the subjunctive:

E ▶ IE (except in the **nosotros** and **vosotros** forms)

cerrar	▶ cierre	encender	▶ encienda	mentir	▶ mienta
comenzar	▶ comience	encerrar	▶ encierre	querer	▶ quiera
despertarse	▶ se despierte	entender	▶ entienda	recomendar	▶ recomiende
divertirse	▶ se divierta	gobernar	▶ gobierne	sentarse	▶ se siente
empezar	▶ empiece	manifestar	▶ manifieste	sentir	▶ sienta

O ▶ UE (except in the **nosotros** and **vosotros** forms)

acordarse	▶ se acuerde	rogar	▶ ruegue
acostarse	▶ se acueste	soler	▶ suela
contar	▶ cuente	sonar	▶ suene
llover	▶ llueva	soñar	▶ sueñe
probar	▶ pruebe	volar	▶ vuele
resolver	▶ resuelva	volver	▶ vuelva

E ▶ I (in all forms)

competir	▶ compita
despedir	▶ despida
despedirse	▶ se despida
impedir	▶ impida
medir	▶ mida
repetir	▶ repita

EXPRESSING FEELINGS AND EMOTIONS

» To express changing moods and feelings use the following structures:

   – Verb **estar** + adjective + **con** + noun.
      Mi hermana está muy contenta con su profesora de música.

   – Verb **estar** + adjective + **de** + infinitive (If the subject of both verbs is the same.)
      Estamos encantadas de asistir al estreno de la nueva película de Mario Casas.

   – Verb **estar** + adjective + **de que** + subjunctive (If the subject of both verbs is different.)
      Estoy encantada de que te quedes unos días más con nosotros.

   – Verbs **ponerse**, **sentirse** o **estar** + adjective + **cuando** / **si** + indicative.
      Yo me pongo furioso cuando dejo un libro y no me lo devuelven.
      Yo me siento mal si veo una noticia triste.

» Other verbs:

– **Odiar**	+ noun ***Odio** los lunes.*
– **No soportar**	+ infinitive (same subject) ***No soporto** madrugar.*
– **No aguantar**	
– **Adorar**	+ **que** + subjunctive (different subjects) ***No aguanto** que me empujen en el metro.*

» Verbs like **gustar**:

   – **Me**, **te**, **le**, **nos**… + **da rabia**, **pone alegre/s**, **molesta** + infinitive
   (If the person experiencing the emotion and carrying out the action is the same.)
      A mí me da vergüenza hablar en público.

   – **Me**, **te**, **le**, **nos**… + **da rabia**, **pone alegre/s**, **molesta** + **que** + subjunctive
   (If the person experiencing the emotion and the person carrying out the action are different.)
      A mí me da rabia que la gente toque los cuadros en los museos.

   – Remember that adjectives must agree with the subject in number and gender.
      *A mi **madre** le pone **enferma** que no recoja mi habitación.*

EXPRESSING OPINIONS

» To **ask for an opinion**:

   – **¿Qué piensas / crees / opinas de / sobre…?**
      ¿Qué piensas de este periódico?

   – **¿(A ti) qué te parece…?**
      ¿A ti qué te parece lo que está pasando con la organización de la fiesta?

   – **En tu opinión / Desde tu punto de vista / Según tú** + question.
      Desde tu punto de vista, ¿cuál es el anuncio más inteligente?

» To **give an opinion**:

   – **En mi opinión / Desde mi punto de vista…**
      En mi opinión, el blog no es muy interesante.

   – **Me parece que / Creo que / Pienso que** + indicative.
      Me parece que la marca es muy importante.

– **No me parece que / No creo que** + present subjunctive.

   No me parece que la marca sea tan importante.

» To show agreement and disagreement:

– **(No) estoy a favor de**	+ noun
– **(No) estoy en contra de**	+ infinitive (same subject)
– **(No) estoy (del todo) de acuerdo con**	+ que + present subjunctive (different subjects)

No estoy de acuerdo con todo tipo de anuncios.

Estoy en contra de ser manipulado por la publicidad.

Estoy a favor de que nos pidan opinión antes de vendernos sus productos.

» Other ways to express:

AGREEMENT	SOFTEN A DISAGREEMENT	DISAGREEMENT
– Sí, claro.	– Yo no diría eso…	– ¡No, no!
– ¡Desde luego!	– Tienes razón, pero…	– ¡No, de ninguna manera!
– ¡Claro, claro!	– Sí, es una idea interesante, pero por otra parte…	– ¡Qué va!
– Yo pienso lo mismo que tú.	– A mi modo de ver, ese no es el problema / el tema…	– ¡(Pero) qué dices! (coloquial)
– Por supuesto.	– Lo que pasa es que…	– ¡Anda ya! (coloquial)
– ¡Y que lo digas! (coloquial)		

MAKING VALUE JUDGEMENTS

» To **ask**:

– ¿**Te parece bien / mal** /… + noun / infinitive / **que** + present subjunctive?

   ¿Te parece mal el sueldo de un publicista?

   ¿Te parece bien poder usar buscadores para hacer trabajos de clase?

   ¿Te parece una tontería que los publicistas ganen mucho dinero?

» To **respond**:

– **Me parece bien / mal**	
– **Me parece / Es triste / increíble / cómico…**	+ **que** + present subjunctive
– **Me parece / Es una tontería / una vergüenza…**	
– **Es bueno / malo**	

Es increíble que se gasten tanto en anunciar sus productos.
Me parece bien que se entienda como una inversión y no como un gasto.
Creo que es una tontería que siempre veas los anuncios.

– **Está claro**	+ **que** + indicative
– **Es obvio / verdad**	

Está claro que la publicidad es creación.

– ¡**Qué** + **bien / interesante**… + sentence!

   ¡Qué interesante este artículo!   *¡Qué bien poder compartir tanta información a través de Facebook!*

   ¡Qué guay que nuestro instituto tenga una página web!

INDIRECT SPEECH

» To repeat information use verbs like **decir**, **comentar** or **confesar** in the present or present perfect tenses:

"*Eres lo mejor de mi vida*". ▶ *Dice / Ha dicho* **que soy** *lo mejor de* **su** *vida.*

"*Estuve aquí comiendo con Pedro*". ▶ *Dice / Ha dicho* **que estuvo allí** *comiendo con Pedro.*

"*Cree que tenemos este libro*". ▶ *Dice / Ha dicho* **que** *cree que* **tienen ese** *libro.*

» While the verb tenses in these cases do not change, other changes will take place in the following:

– Subject pronouns

"**Yo** *quiero ir*". ▶ *Dice que* **él/ella** *quiere ir.*

"**Tú** *quieres hablar siempre*". ▶ *Dice que* **yo** *quiero hablar siempre.*

– Demonstrative adjectives and pronouns

"**Te** *daré* **este** *libro*". ▶ *Dice que* **me** *dará* **ese** *libro.*

» When repeating questions, use the interrogative word in the question (**cómo**, **dónde**, **qué**, **cuándo**…) or **preguntar** + **si** (for questions without interrogatives):

"*¿Han hecho la tarea?*". ▶ *El profesor nos ha preguntado si hemos hecho la tarea.*

"*¿Cuándo van a hacer la tarea?*". ▶ *El profesor nos ha preguntado cuándo vamos a hacer la tarea.*

HYPOTHETICAL EXPRESSIONS WITH THE INDICATIVE AND SUBJUNCTIVE

– **Creo / me parece que**		
– **Me imagino / supongo que**	+ indicative	*Creo que ese modelo de celular* **es** *uno de los mejores.*
– **Para mí / yo diría que**		

– **A lo mejor / lo mismo / igual** + indicative

Igual **es** *un problema de tu compañía.*

– **Probablemente / posiblemente / seguramente / quizás / tal vez** + indicative / subjunctive

Quizás la compañía se **pone / ponga** *en contacto conmigo después de mi reclamación.*

– **Es posible / es probable / puede** (ser) + **que** + subjunctive

Puede que mi teléfono **tenga** *algún defecto de fábrica, me lo compré hace poco y no me dura nada la batería.*

» We can also express probability with the following verb tenses:

    – Present ▶ Future   – Preterit ▶ Conditional

      ● *¿Sabes dónde está Javier?*   ● *¿Sabes cómo vino ayer a clase?*

       ● *No sé,* **estará** *todavía en el metro.*   ● *No lo sé.* **Vendría** *andando.*

» We use the imperfect subjunctive in if-clauses to express actions that are contrary to fact, meaning the actions are purely hypothetical and did not occur.

» Forms of the imperfect subjunctive:

Preterit of *ellos*, drop –**ron**, add endings:		-AR / -ER / -IR		IRREGULARS	
–**ra**	–**ramos**	viajar ▶ viajaron		tener ▶ **tuvieron**	
–**ras**	–**rais**	beber ▶ bebieron		ser ▶ **fueron**	
–**ra**	–**ran**	vivir ▶ vivieron		poder ▶ **pudieron**	

	-AR / -ER / -IR	IRREGULARS
yo	viaja**ra**, bebie**ra**, vivie**ra**	tuvie**ra**, fue**ra**, pudie**ra**
tú	viaja**ras**, bebie**ras**, vivie**ras**	tuvie**ras**, fue**ras**, pudie**ras**
usted/él/ella	viaja**ra**, bebie**ra**, vivie**ra**	tuvie**ra**, fue**ra**, pudie**ra**
nosotros/as	viajá**ramos**, bebié**ramos**, vivié**ramos**	tuvié**ramos**, fué**ramos**, pudié**ramos**
vosotros/as	viaja**rais**, bebie**rais**, vivie**rais**	tuvie**rais**, fue**rais**, pudie**rais**
ustedes/ellos/ellas	viaja**ran**, bebie**ran**, vivie**ran**	tuvie**ran**, fue**ran**, pudie**ran**

» Contrary-to-fact statements have the following constructions:

Si + imperfect subjuntive, conditional.	Conditional + **si** + imperfect subjunctive.
Si viajara a España, visitaría Madrid y Barcelona.	*Comería muchos tacos si viajara a México.*

GLOSARIO

A	
a continuación (18)	following
a la plancha (16)	grilled
a lo mejor (18)	maybe
¿A que no sabes…? (13)	I bet you don't know…
abierto/a (10)	candid, open
aburridísimo (12)	extremely boring
aburrido/a (10, 11)	boring / bored
(el) aceite de girasol (16)	sunflower oil
(el) aceite de oliva (16)	olive oil
aceptar (15)	to accept
acompañado/a (10)	accompanied
aconsejar (18)	to advise
acordarse de (o>ue) (13)	to remember
actividades de ocio (12)	leisure activities
adoro (17)	I adore
agarrar (13)	to catch, to grab
¿Ah, sí? (13)	Seriously?
ahorrar (14)	to save
(el) alcalde / (la) alcaldesa (14)	mayor
algo (12)	something
alguien (12)	someone, somebody
alguna vez (12)	ever
alguno/a/os/as (12)	some, any
aliñar (16)	to dress (salad)
¿Aló? (10)	Hello (when answering the telephone)
(el) alojamiento (12)	lodging
¡Anda ya! (11, 13)	Come on, no way!
(la) anécdota (13)	anecdote, story
antes (11)	before
añadir (16)	to add
(el) aparato (18)	mechanical device
(la) arroba (18)	at, @
(la) aspiradora (15)	vacuum cleaner
(el) autor (13)	author
(la) ayuda desinteresada (17)	selfless aid
(el) azúcar (16)	sugar
B	
(el) balón (15)	ball
(el) balonmano (15)	handball
(la) bandeja de entrada (18)	inbox
(la) bandeja de salida	outbox

(18)	
(la) barra (18)	slash
barrer (15)	to sweep
(la) basura (14, 15)	garbage, trash
(la) batería (18)	battery
(la) berenjena (16)	eggplant
(el) bistec (16)	steak
(el) bizcocho (16)	cake
(el) borrador (18)	draft
botar (15)	to bounce, to throw away
bromista (11)	jokester
(la) brújula (12)	compass
¿Bueno? (10)	Hello (when answering the telephone)
C	
caer(se) (i>y) (13)	to fall
(el) calabacín (16)	zucchini
(el) calendario (18)	calendar
(el) calentamiento global (14)	global warming
callado/a (11)	quiet
(la) campaña (14)	campaign
(la) campaña de sensibilización (17)	awareness campaign
(el) campo (15)	field
(la) cancha (15)	court
(el/la) candidato/a (14)	candidate
(las) características (11)	characteristics
(el) cargador (18)	charger
cargar el teléfono (18)	to charge the phone
cariñoso/a (11)	affectionate
(la) carne (16)	meat
(la) carne picada (16)	ground beef
(la) carnicería (10)	meat department / butcher shop
(la) carpeta de búsqueda (18)	search folder
(las) cartas formales (18)	formal letters
(el) cartón (14)	cardboard
casar(se) (13)	to marry
castigar (14)	to punish
(la) catástrofe natural (17)	natural disaster
(el) celular (18)	cell phone
(las) cerezas (16)	cherries
(el) chorizo (16)	Spanish-style sausage
(la) chuleta de cerdo (16)	pork chop
chutar (15)	to shoot

Claro que sí. (15)	Of course.
cocer (16)	to boil, cook
combatir (14)	to fight, to combat
comentar (18)	to comment
(el) comercio justo (17)	fair trade
¿Cómo? (13)	What do you mean?
¿Cómo / Qué tal te ha ido? (12)	How was it?
¿Cómo / Qué tal te lo has pasado? (12)	Did you have a good time?
¿Cómo va a pagar? (10)	How are you paying?
conceder (15)	to grant
confesar (e>ie) (18)	to confess
(el) conflicto bélico (17)	armed conflict
congelar (16)	to freeze
(el) Congreso de los Diputados (14)	Congress
(el) consumidor (10)	consumer
consumir (14)	to consume
(el) consumo responsable (14)	ethical consumerism
(los) contactos (18)	contact list
(la) contaminación (14)	pollution
contar (12)	to tell, to count
convertirse (e>ie) (13)	to change into, to become
(el) cordial saludo (18)	kind regards
Cordialmente (18)	kind regards, best wishes
(el) correo no deseado (18)	spam / junk mail
cortar (18)	to cut, drop (as in a call)
Creo que… (14)	I believe that…
¿Cuál es tu opinión sobre…? (11)	What is your opinion about…?
cuando (11, 17)	when
¿Cuánto cuesta? (10)	How much does it cost?
¿Cuánto es? (10)	How much is it?
¡Cuánto lo siento! (13)	You don't know how sorry I am!
(la) cuenta (10)	the check
Cuenta, cuenta… (13)	Tell me, tell me…
(el) cuento (13)	tale
D	
dar la voluntad (17)	to give (an amount) at your descretion
dar permiso (15)	to give permission
de joven (11)	as a youngster

de miedo (12)	awesome
¡De ninguna manera! (15)	No way!
¿De parte de quién? (10)	Who is calling?
de pequeño/a (11)	as a child
de rebajas (10)	on sale
¿De verdad? (13)	Really? / Is that true?
Deberías… (16)	You should…
defender (e>ie) (17)	to defend
(la) deforestación (14)	deforestation
dejar (12)	to leave, to lend
dejar (13)	to leave (something) behind
dejar (16)	to allow
dejar de + infinitivo (16)	to quit, to stop doing something
dejar un mensaje (10)	to leave a message
denegar (15)	to refuse
dentro de + (periodo de tiempo) (14)	within a (period of time)
dentro de un rato (14)	in a moment
(los) deportes (15)	sports
(los) derechos humanos (17)	human rights
desatender (17)	to neglect
(las) descripciones (10, 12, 16)	descriptions
Desde luego. (15)	Of course.
desear (17)	to wish, desire
(los) desechos (14)	trash, waste
(el) deshielo (14)	melting, thawing
desnatado/a (16)	skimmed
(la) despedida (18)	closing (of a letter)
despierto/a (10)	awake
(el) destinatario (18)	addressee, recipient of letter
(las) desventajas (10)	disadvantages
(el) diario (18)	diary
¿Dígame? (10)	Hello (when answering the telephone)
(la) dirección (18)	address
(los) discapacitados (17)	handicapped people
(las) disculpas (18)	apologies
diseñar (14)	to design
disfrutar (14)	to enjoy
Distinguido/a señor/a (18)	Dear Sir/Madam
divertidísimo (12)	hilarious

divertido/a (11)	fun, funny
doblar la ropa (15)	to fold clothes
(el) donativo (17)	donation
dormido/a (10)	asleep
dos puntos (18)	colon
dos veces (12)	twice, two times
(los) dulces (16)	candies, sweets
durar (18)	to last

E

(el) efecto invernadero (14)	greenhouse effect
(las) elecciones (14)	elections
(el) electrodoméstico de bajo consumo (14)	energy-saving appliance
(los) elementos eliminados (18)	deleted items
(los) elementos enviados (18)	sent ítems
(el) elevador (12)	elevator
eliminar (14)	to eliminate
emocionante (11)	exciting
en cuanto (17)	as soon as
en efectivo (10)	in cash
en el concierto (13)	in the concert
en el hotel (12)	in the hotel
En espera de sus noticias. (18)	In anticipation of your response.
en la tienda (10)	in the store
(la) energía renovable (14)	renewable energy
ensuciar (12)	to dirty
entero/a (16)	whole
entonces (11)	then
entretenido/a (11)	entertaining, enjoyable
(el) envase (14)	container
enviar mensajes (18)	to send messages
enviar un e-mail (18)	to send an e-mail
Es obvio / verdad (que…) (17)	It's obvious / true (that…)
Es probable que… (18)	It's possible that…
Es que… (16)	It's just that…
(el) escaparate (10)	shop window
(el) escenario (13)	stage
escurrir (16)	to drain
esperar (17)	to hope, to wait for
(las) espinacas (16)	spinach
esquiar (12)	to ski
Está claro (que)… (17)	It's clear (that)…
estar en forma (14)	to be in shape

estar enamorado/a de (16)	to be in love with
Estimado/a señor/a (18)	Dear Sir/Madam
estresado/a (11)	stressed
estresante (11)	stressful
estupendo (12)	amazing, wonderful,
(la) etiqueta (14)	label

F

(la) fábula (13)	fable
(la) falta (15)	foul
fatal (12)	awful
(la) fecha (18)	date
(la) finalidad (18)	purpose
(la) financiación (17)	finance, funding
(la) firma (18)	signature
firmar (13)	to sign
flotar (15)	to float
(los) frijoles (16)	beans
frío/a (11)	cold, distant
frito/a (16)	fried
(la) fruta (16)	fruit
(la) frutería (10)	fruit and vegetable store

G

(los) garbanzos (16)	chick peas
genial (12)	great
golpear (15)	to hit
(los) grandes almacenes (10)	department store
(el) grupo (13)	group
guardar la ropa (15)	to store, put away clothes
(el) guion (18)	hyphen
(el) guion bajo (18)	underscore
(los) guisantes (16)	peas

H

Ha sido sin querer. (13)	I didn't mean to.
(la) habitación doble (12)	double room
(la) habitación individual (12)	single room
hacer buceo (12)	to dive
hacer clic (18)	to click
hacer conjeturas y promesas (14, 17)	to make assumptions and promises
hacer juicios de valor (17)	to make value judgements
hacer la cama (15)	to make the bed

hacer la comida (15)	to cook
hacer la compra (10)	to do the food shopping
hacer puenting (12)	to go bungee jumping
hacer senderismo (12)	to go hiking
hacer surf (12)	to surf
hacerse (13)	to become (with professions)
herido/a (13)	hurt

I

igual (18)	maybe
impresionante (11)	impressive
impuntual (11)	perpetually late
(el) incendio (13)	fire
¡Increíble! (13)	Incredible!, Unbelievable!
(los) indefinidos (12)	indefinite pronouns and adjectives
indiferente (11)	indifferent
interesante (11)	interesting
inútil (11)	useless
ir a un parque acuático (12)	to go to a water park
ir de camping (12)	to go camping
ir de compras (10)	to go shopping

J

jugar al ajedrez (12)	to play chess

K

(el) kiwi (16)	kiwi

L

(la) labor social (17)	social work
(las) labores humanitarias (17)	humanitarian relief
(los) lácteos (16)	dairy
lanzar (13, 15)	to throw
(la) lata de aluminio (14)	aluminum can
(la) lavadora (14, 15)	washing machine
(el) lavaplatos (15)	dishwasher
lavar los platos (15)	to wash the dishes
(la) leche (16)	milk
(las) legumbres (16)	legumes
(las) lentejas (16)	lentils
(la) leyenda (13)	legend
(la) librería (10)	bookstore
limpiar el suelo (15)	to clean the floor
listo/a (10)	smart, ready

(la) llamada perdida (10)	missed call
(la) llave (12)	key
Lo haré sin falta. (14)	I'll be sure to do it.
lo mismo (18)	maybe
Lo siento (mucho / muchísimo / de verdad). (13)	I am (so / very / really) sorry.
luchar (por, en, a favor de, contra) (17)	to fight (for, in, in favor of, against)

M

(la) magdalena (16)	muffin
malgastar (14)	to waste
malo/a (10)	bad, sick
(la) manifestación (14)	demonstration, protest
(la) mantequilla (16)	butter
marcar un gol (15)	to score a goal
(la) más arriesgada (12)	the most daring
más o menos (12)	more or less
me da(n) rabia / vergüenza / lástima (17)	(someone/something) infuriates me, embarrasses me, makes me feel pity
¿Me dejas…? (16)	Will you allow me…?
Me imagino que… (14)	I imagine that…
Me impresiona(n). (17)	(Someone/Something) impresses me.
Me molesta(n) / indigna(n). (17)	(Someone/Something) bothers me, outrages me.
Me parece (que)… (11, 17)	I think / I believe…
¿Me permites / permite? (15)	Will you allow me to…?
¿Me podría decir el precio? (10)	Could you tell me the price?
Me pone(n) triste / histérico / de los nervios… (17)	(Someone/Something) saddens me, angers me, gets on my nerves…
Me pongo… (17)	I get, I become…
¿Me prestas…? (16)	Will you lend me…?
Me siento… (17)	I feel…
(la) media pensión (12)	half board (breakfast and dinner)
(el) medioambiente (14)	environment
(el) mes que viene (14)	next month
(el) miedo (12)	fear
mientras (que) (17)	while
(la) molestia (18)	bother
monótono/a (11)	monotonous, routine

montar a caballo (12)	to go horseback riding
montar en globo (12)	to ride in a hot-air balloon
(la) moraleja (13)	moral
morir (12)	to die
(el) motivo (18)	subject, motive
multicereales (16)	multi-grain
Muy señor/a mío/a (18)	Dear Sir/Madam

N

nada (12)	nothing
nadie (12)	no one, nobody
ni (11)	nor, not even
ni fu ni fa (12)	so-so
¡Ni hablar! (15)	Don't even mention it!
ninguno/a (12)	none, not any
No contesta. (10)	No answer.
No estoy (totalmente) de acuerdo con… (11)	I don't agree (completely) with…
(Yo) No lo sabía. (13)	I didn't know it.
No lo voy a volver a hacer más. (13)	I won't do it again.
¡No me lo puedo creer! (13)	I can´t believe it!
No sé qué decir. (11)	I'm not sure what to say.
No soporto / No aguanto… (17)	I can't bear / I can't stand…
No te preocupes. (13)	Don't worry.
No te puedo decir. (11)	I can't say.
No tiene importancia. (13)	It's not important.
No va a volver a pasar. (13)	It won't happen again.
No, (lo siento) es que… (15)	No, (I'm sorry) it's just that…
(las) notas (18)	notes
(la) noticia (13)	news
(la) novela (13)	novel
(el) número equivocado (10)	wrong number
Nunca jamás. (11)	never ever.

O

ocupado/a (10)	busy
odio (17)	I hate
ofrecer (17)	to offer
ojalá (17)	I hope, let's hope (that)
olvidar(se) de (13)	to forget
(las) ONG (17)	NGOs
ordenar (18)	to order
ordinario/a (11)	usual

(la) organización no gubernamental (17)	non-governmental organization
(la) orientación laboral (17)	career guidance

P

(la) panadería (10)	bakery (bread), bread shop
(la) pantalla táctil (18)	touch screen
para + infinitivo (17)	to order to
Para mí que / Yo diría que… (18)	I would say…
¡Para nada! (11)	Not at all!
para que + subjuntivo (17)	so that others (subjunctive)
(la) pared (15)	wall
(el) partido político (14)	political party
pasado mañana (14)	day after tomorrow
pasar la aspiradora (15)	to vacuum
(el) pase (15)	pass
pasear al perro (15)	to walk the dog
(la) pastelería (10, 16)	bakery (cakes and pastries)
patinar (12)	to skate
(la) pechuga de pollo (16)	chicken breast
pedir permiso, concederlo y denegarlo (15)	to ask, give, and deny permission
pedir y aceptar disculpas (13)	to make and accept apologies
pedir y dar consejos (16)	to ask for and give advice
pedir y dar opiniones (11)	to ask for and give opinions
pelear(se) (15)	to fight
peligroso/a (11)	dangerous
(la) pensión completa (12)	full room and board
Perdón. (13)	Excuse me. Forgive me.
Perdóname. (13)	Forgive me.
Perdone / Perdona, ¿para…? (15)	Excuse me, how do I…?
perezoso/a (11)	lazy
(la) perfumería (10)	beauty supply shop
(el) periódico (13)	newspaper
pero (13)	but
(las) personalidades (11)	personality traits

(la) pescadería (10)	fish store / market
(la) pila (14)	battery (not rechargeable)
(la) piña (16)	pineapple
planchar (15)	to iron
¿Podría…? (16)	Could I…?
Podrías… (16)	You could…
¿Podrías…? (16)	Could you…?
(el) poema (13)	poem
(la) política (14)	politics
(el) polvo (15)	dust
poner en remojo (16)	to soak
poner la lavadora (15)	to do the laundry
poner la mesa (15)	to set the table
poner un granito de arena (17)	to collaborate, to help
¿Por qué? (11)	Why?
¿Por qué no…? (15)	Why don't you…?
Por supuesto. (15)	Of course.
porque (11)	because
(la) portería (15)	goal
(el) portero (15)	goal keeper
posiblemente (18)	possibly
práctico/a (11)	practical
(e/la) presidente/a (14)	president
probablemente (18)	probably
(el) producto envasado (14)	packaged goods
(el) programa (14)	platform (of a political party)
(la) promesa (14)	promise
prometer (14)	to promise
¡Prometido! (14)	Promised!
(la) propina (12)	tip
(la) protección del medioambiente (17)	environmental protection
(la) publicidad (10)	publicity, advertisement
(el) público (13)	audience
puede (ser) que… (18)	it can be that…
¿Puedes / Podrías decirme cómo…? (15)	Can / Could you tell me how…?
¿Puedo / Podría…? (15)	Can / Could I…?
¿Puedo…? (16)	Can I…?
Pues resulta que… (13)	Well it turns out that…
punto com (18)	dot com
puntual (11)	punctual

Q

¡Qué + adjetivo! (10)	How + adjective!

¡Qué + sustantivo + más! (10)	What a + adjective + noun!
¡Qué + sustantivo + tan! (10)	What a + adjective + noun!
Que aproveche. (17)	Enjoy your meal, Bon appétite.
¡Qué apuro! (13)	How embarrassing!
¡Qué dices! (11)	What are you talking about?
Que disfrutes. (17)	Have fun.
Que duermas bien. (17)	Sleep well.
Que lo/la pases bien. (17)	Have a good time.
¡Qué me dices! (13)	What are you saying!
¿Qué opinas / piensas sobre…? (11)	What do you think about…?
¿Qué precio tiene? (10)	What is the price?
¿Qué puedo hacer? (16)	What can I do?
Que te mejores. (17)	Get well.
¿Qué te parece…? (11)	What do you think about…?
Que tengas buen viaje. (17)	Have a good trip.
Que tengas suerte. (17)	Good luck.
¡Qué va! ¡Que no! (11)	No way!
¡Qué vergüenza! (13)	How embarrassing!
quedarse (14)	to stay
(la) queja (18)	complaint
quejarse (15)	to complain
¿Quieres…? (15)	Do you want…?
quitar la mesa (15)	to clear the table
quizás (18)	perhaps, maybe

R

(la) raqueta (15)	racket
rebotar (15)	to rebound
recaudar fondos (17)	to raise money
(el/la) recepcionista (12)	receptionist
recibir llamadas (18)	to receive calls
(el) reciclaje (14)	recycling
reciclar (14)	to recycle
recomendar (e>ie) (18)	to recommend
(los) recursos naturales (14)	natural resources
(la) red (15)	net
reducir (14)	to reduce
(la) reforma (14)	reform
regresar (12)	to return
relajante (11)	relaxing

(el) relato (13)	short story
(el) remitente (18)	sender (of a letter)
(la) reservación (12)	reservation
(los) restos orgánicos (14)	organic waste
reutilizar (14)	to reuse
rico/a (10)	rich, tasty
(la) rima (13)	rhyme
romper (12)	to break, to break up
ruidoso/a (11)	loud, noisy

S

(las) sábanas (15)	bed sheets
¿Sabes cómo…? (15)	Do you know how to…?
¿Sabes qué …? (13)	Do you know what…?
(el) sabor (16)	taste, flavor
sacar la basura (15)	to take out the trash
(la) sal (16)	salt
(el) salchichón (16)	salami
salir adelante (17)	to get ahead
salir con amigos (12)	to go out with friends
(la) salsa (16)	sauce
saludable (11, 16)	healthy
(el) saludo (18)	greeting
sano/a (16)	healthy
Se despide atentamente (18)	Sincerely yours
¿Se encuentra…? (10)	Is… there?
(la) secadora (15)	dryer
seguramente (18)	surely
seguro/a (11)	secure, safe, certain
(el) Senado (14)	Senate
(la) señal (18)	signal
(la) sequía (14)	drought
ser solidario (17)	to be solidary, supportive
¿Sería tan amable de…? (16)	Would you be so kind as to…?
Sigue, sigue… (13)	Continue, keep talking…
silencioso/a (11)	quiet
sin ánimo de lucro (17)	non profit
soler (o>ue) (13)	to tend to do something
solo/a (10)	alone
(el) sondeo electoral (14)	election polls

soso/a (11, 16)	dull, bland
suena ocupado (10)	busy signal
sugerir (e>ie) (18)	to suggest
superbién (12)	super
(el) supermercado (10)	supermarket
suponer (14, 18)	to suppose
Supongo que… (14)	I guess that…

T

tal vez (18)	maybe
(las) tareas del hogar (15)	household chores
tarjeta de crédito / débito (10)	credit / debit card
tarjeta de regalo (10)	gift card
Te doy mi palabra. (14)	I give you my word.
¿Te / Le importa si…? (15)	Do you mind if…?
¿Te importa si…? (16)	Do you mind if…?
¿Te importaría…? (16)	Would you mind…?
Te juro que… (14)	I swear that…
¿Te parece bien…? (17)	How does that work for you…?
Te perdono. (13)	I forgive you.
Te prometo que… (14)	I promise you that…
(las) telecomunicaciones (18)	telecommunications
(el) tema (13)	topic, musical composition
(la) temporada alta (12)	high season
(la) temporada baja (12)	low season
¡Ten cuidado! / ¡Cuidado! (13)	Be careful!
tender la ropa (15)	to hang out clothes to dry
Tendrías que / Deberías… (15)	You should…
tener cobertura (18)	to have coverage
(la) tienda de electrónica (10)	electronics store
(la) tienda de ropa (10)	clothing store
Tienes razón. (11)	You are right.
(las) tiendas (10)	the stores
tirar (13)	to throw
tirar la basura (15)	to take out the trash
(la) toalla de playa (8)	beach towel
todavía no (12)	not yet

¡Totalmente! (11)	Totally!
trabajar codo con codo (17)	to work hand in hand, shoulder to shoulder
(el) trabajo satisfactorio (17)	successful work
tranquilo/a (11)	calm, quiet
Tranquilo/a, no pasa nada. (13)	Don't worry, it's Ok.
(el) transporte ecológico (14)	ecologically friendly transportation
(la) triple doble ve (18)	www
triturar (16)	to grind up
(el) trozo (16)	de piece of
¿Tú qué harías? (16)	What would you do?

U

últimamente (12)	lately
un desastre (12)	a disaster
una vez (12)	once, one time
(la) urna (14)	ballot box

V

(la) ventaja (10, 15)	advantage
(la) verdura / (las) verduras / (los) vegetales (16)	vegetables
(el) vertedero (14)	dumping site
(el) vidrio (14)	glass
(el) vinagre (16)	vinegar
volar en un parapente (12)	to go paragliding
(el) voluntario / (la) voluntaria (17)	volunteer
votar (14)	to vote
(el) voto (14)	vote

Y

ya (12)	already
¡Yo qué sé! (11)	What do I know!
Yo que tú / Yo en tu lugar… (16)	If I were you…
(el) yogur (16)	yogurt

Z

(la) zapatería (10)	shoe store

CREDITS

The authors wish to thank the many people who assisted in the photography used in the textbook. Credit is given to photographers and agencies below.

We have made every effort to trace the ownership of all copyrighted material and to secure permission from copyright holders. In the event of any question arising as to the use of any material, please let us now and we will be pleased to make the corresponding corrections in future printings.